ÉTUDES DE LITTÉRATURE DES XXe ET XXIe SIÈCLES
sous la direction de Didier Alexandre
104

Apollinaire, les musiciens et la musique

Alessandro Maras

Apollinaire, les musiciens et la musique

PARIS
CLASSIQUES GARNIER
2021

Alessandro Maras est docteur en musicologie et chercheur postdoctoral à l'université La Sapienza de Rome. Il travaille sur les relations entre la musique, la littérature et les arts figuratifs du XIXe au XXe siècle. Il a notamment publié des essais sur le surréalisme, le néoclassicisme et la musique du XXe siècle.

ISBN 978-2-406-12351-4 (livre broché)
ISBN 978-2-406-12352-1 (livre relié)
ISSN 2100-3335

Je dédie ce livre à Alessandra, mon épouse
et à tous ceux qui ont eu et auront
la possibilité d'être bien-aimés.

LISTE DES ABRÉVIATIONS

BIBLIOGRAPHIE

AM Michel Décaudin (dir.), *Apollinaire et la musique – Actes du colloque*, (Journées Apollinaire, Stavelot, 27-29 août 1965), Stavelot, Éditions « Les amis de G. Apollinaire », 1967.

AMA Madeleine Boisson, *Apollinaire et les mythologies antiques*, Paris, Schena-Nizet, 1989.

AMT Peter Read, *Apollinaire et Les Mamelles de Tirésias – La revanche d'éros*, Rennes, PUR, 2000.

CG Guillaume Apollinaire, *Correspondance générale*, éd. V. Martin-Schmets, Paris, Honoré Champion, « Bibliothèque des correspondances », 2015.

CGA Laurence Campa, *Guillaume Apollinaire*, Paris, Gallimard, 2013.

DA Daniel Delbreil (dir.), *Dictionnaire Apollinaire*, Paris, Honoré Champion, 2020.

GA *La Revue des Lettres modernes*, série « Guillaume Apollinaire », n°s 1 à 21, Paris, Minard, 1962-2001.

Po Guillaume Apollinaire, *Œuvres poétiques*, éd. P.-M. Adéma et M. Décaudin, Paris, Gallimard, « Bibliothèque de la Pléiade », 1965.

Pr1 Guillaume Apollinaire, *Œuvres en prose complètes*, vol. 1, éd. M. Décaudin, Paris, Gallimard, « Bibliothèque de la Pléiade », 1977.

Pr2 Guillaume Apollinaire, *Œuvres en prose complètes*, vol. 2, éd. P. Caizergues et M. Décaudin, Paris, Gallimard, « Bibliothèque de la Pléiade », 1991.

Pr3 Guillaume Apollinaire, *Œuvres en prose complètes*, vol. 3, éd. P. Caizergues et M. Décaudin, Paris, Gallimard, « Bibliothèque de la Pléiade », 1993.

LIEUX

BHVP Bibliothèque Historique de la Ville de Paris
BNF Bibliothèque Nationale de France

AVERTISSEMENTS

Les ouvrages qui n'ont pas d'auteur ni l'abréviation « s. a. » dans la référence bibliographique sont de Guillaume Apollinaire.

Les traductions des textes en langues étrangères, sauf indication contraire, sont effectuées par l'auteur de cette recherche.

INTRODUCTION

La musique d'Apollinaire

« La musique n'a pas le moindre attrait pour moi et je la tiens en peu d'estime[1] ». Voilà ce que dit Apollinaire de la musique en 1917, juste un an avant sa mort. Phrase époustouflante si l'on pense qu'elle a été prononcée par un artiste d'une érudition extraordinaire, extrêmement fécond dans tous les domaines de la littérature et qui aura vécu l'un des âges d'or de l'histoire de la musique française, à savoir l'époque de Debussy, de Ravel, de Stravinsky, des dernières œuvres de Fauré, de Saint-Saëns et de Massenet, des jeunes Six et des expérimentations bruitistes des futuristes. Notre recherche est le fruit de cette contradiction.

On a souvent tenté de trouver la clef de lecture du rapport qu'entretient Apollinaire avec la musique. Tout a commencé avec un court article anecdotique et plutôt imprécis de Louise Faure-Favier (1946), suivi d'un bref essai de Georges Auric en 1952 et d'une conférence scientifique organisée par Michel Décaudin en 1965. Impossible toutefois de parvenir à des conclusions, tant partielles que définitives. D'une part parce que les écrits du poète portant explicitement sur la musique sont très peu nombreux ; parler du rapport entre notre artiste et la musique signifie s'occuper de la part la plus infime de sa pensée et de sa production littéraire. Si l'on compare les écrits d'Apollinaire à ceux de ses contemporains, on observe que l'attention qu'il réserve à la musique est minuscule. Pour s'en apercevoir, il suffit de rappeler les affinités électives entre Proust et la musique, ou bien entre Claudel et Milhaud, ou encore à l'intérieur de la pensée symboliste. Le seul compositeur auquel Apollinaire dédie plus d'un écrit n'est ni Debussy ni Stravinsky, mais Alberto Savinio, musicien excentrique dont il fait l'un des premiers musiciens d'avant-garde, au sens moderne du terme.

1 Joan Pérez-Jorba, « Interview à Apollinaire », *La Publicidad*, 24 juillet 1918 (*Pr2*, p. 994).

D'autre part, ses déclarations, ses œuvres et son attitude à l'égard de la musique ont été très souvent contradictoires. Malgré cette phrase acerbe, on sait qu'Apollinaire a toujours aimé la musique : on la retrouve dans ses contes (*Le Roi-lune*, par exemple), dans sa poésie (*Chantre*, *Le musicien de Saint-Merry*), dans ses pièces théâtrales (*Le Marchand d'anchois*, *Les Mamelles de Tirésias*, *Casanova*), dans ses échos et dans les témoignages de ses amis, qui parlent souvent d'un Apollinaire qui chante, qui danse et, certes plus rarement, qui tape sur un piano. Il faut d'ailleurs rappeler qu'Apollinaire composait souvent ses poèmes en les chantant sur des mélodies de comptine, qu'on a dénommées sa *petite musique* : la poésie était pour lui, avant tout, chanson. Ses écrits théoriques sur l'art viennent préciser ce cadre. Il faut par exemple prendre en considération que les références à la musique dans les *Méditations esthétiques* ne sont pas fortuites, mais reprennent les théories symbolistes et s'insèrent dans le contexte des avant-gardes historiques.

À l'inverse, il nous faut également nous demander de *quelle musique* parle Apollinaire lorsqu'il dit qu'il la tient « en peu d'estime » : du mélodrame ? De la musique symphonique ? Des chansons populaires ? Des comptines ? À quelle époque fait-il référence ? À quelle langue ? Apollinaire n'a jamais caché ses préférences : « le Boulodrome de Montmartre, [est un] endroit charmante où la musique est, à mon gré, plus plaisante que celle de M. [Richard] Strauss[2] ». Lorsqu'il manifeste son dégoût envers la musique, le poète semble surtout se référer à un certain type de musique : la musique cultivée, bourgeoise, *pompière*, académique, celle qui va des élèves de D'Indy à Ravel, de Widor aux épigones de Fauré. Mais là encore, en dépit de ses affirmations, Apollinaire ne cachera pas son estime pour Debussy. Il écrira également le livret du mélodrame *Casanova*, une comédie lyrique qu'il construisit en collaboration avec Henry Defosse, un des directeurs de l'orchestre des Ballets russes, ancien élève de Gabriel Fauré. Il y a donc bien une musique pour Apollinaire, mais sa définition reste obscure.

Pour démêler cet écheveau complexe, nous nous pencherons sur trois niveaux analytiques. Premièrement, le niveau historique ou généalogique qui voit toute nouvelle génération se rebeller contre celle de ses pères, à la manière d'Œdipe. Comme le disait Décaudin, notre poète appartient à la génération qui met en crise les valeurs symbolistes. Il n'était

2 « La vie anecdotique – Francis Carco », *Mercure de France*, 1er juin 1914 (*Pr3*, p. 207).

possible ni pour Apollinaire ni pour ses amis d'être wagnériens, de placer la musique au-dessus des autres arts et de croire que tout l'art se sublimait en elle. Pour cette génération, la musique devait céder la place aux découvertes esthétiques et conceptuelles des arts figuratifs, et les vieux artistes ne pouvaient que se taire devant les moyens d'expression nouveaux, du cubisme aux poèmes-conversations. Le chemin parcouru par Apollinaire est différent de celui de la génération précédente, dans le domaine de la musique également. Cela n'enlève rien au fait qu'Apollinaire ait hérité des symbolistes une partie importante de son bagage poétique. *Alcools*, l'un de ses plus importants recueils poétiques, est imprégné de symbolisme. S'il apparaît donc nécessaire de se référer au symbolisme au cours de cette recherche, cela ne sera cependant pas comme point de référence exclusif, mais plutôt en tant qu'*argumentum a contrario*, et ce même si certains ont tenté avec force de faire de la pensée musicale d'Apollinaire l'une des dernières expressions du symbolisme[3]. D'un point de vue heuristique, les relations d'Apollinaire et des symbolistes à la musique sont clairement différentes : chez notre poète, le dialogue avec les musiciens est sporadique et très sélectionné, remplacé par une confrontation étroite avec les révolutions picturales en cours et leur tradition. L'on notera également que son idée de musique ne passe jamais par une vraie réflexion sur les musiciens savants du présent et du passé.

Cela dit, il ne fait aucun doute qu'Apollinaire se rattache à une tradition poétique étroitement liée à la musique et qui, de Baudelaire à Mallarmé en passant par Verlaine, a conditionné le cours de la littérature française[4]. Si cela transparaît clairement dans sa poésie (le rythme, la musicalité du vers, *etc.*) comme l'ont abondamment démontré les spécialistes de ce domaine, il en reste aussi quelque chose dans son élaboration théorique, retravaillée toutefois à la lumière des nouvelles tendances de l'art moderne. Cela apparaît clairement dans la vague théorisation de la musique élaborée durant les années d'*Alcools* et des *Méditations esthétiques*.

Un autre plan de lecture, étroitement lié au précédent, concerne le niveau social. Si, dans sa jeunesse, Apollinaire a tenté de s'insérer dans le débat intellectuel sur la musique, il s'en est éloigné au fil des ans. Pour comprendre ce détachement, il faut souligner l'utilité de l'approche

3 V. p. ex. le chapitre « Music in Apollinaire » dans James R. Lawler, *The Language of French Symbolism*, Princeton, Princeton University Press, 1969.

4 V. chap. 1.

bourdieusienne, déjà efficacement appliquée au contexte socio-artistique de cette époque par les recherches musicologiques de Jane F. Fulcher[5] et à Apollinaire lui-même par Anna Boschetti[6]. Il ne s'agit pas tant de distinguer l'activité artistique de notre poète de celle de l'art bourgeois – mot fréquemment utilisé par le poète – dans un sens exclusivement économique, mais surtout dans le sens de la différence de *capitale symbolique* des *champs* respectifs (dans le cas d'Apollinaire, le *champ* de l'avant-garde et le *champ* de la bourgeoisie). Si notre auteur n'aura jamais à traiter directement avec Stravinsky, par exemple, ce ne sera pas tant à cause de la différence entre leur esthétique respective que parce que le compositeur russe aura agi dans un domaine distinct de celui de l'avant-garde, au moins jusqu'à la fin de la Première Guerre Mondiale : il s'est adressé à un public différent et a proposé des résultats qui n'avaient pas grand-chose à voir avec les recherches des artistes soutenus par Apollinaire. Si notre poète a collaboré avec des artistes indépendants et autonomes tels que Picasso ou Max Jacob, il cherchera souvent un musicien qui n'appartient pas aux rangs des académiciens, un compositeur qui préférait les pentes oisives de Montmartre plutôt que les attractions étincelantes de l'Opéra Garnier. Si l'on ouvre les manuels d'histoire de la musique, on lira certes que Debussy et Stravinsky ont été révolutionnaires et avant-gardistes, et c'est sans aucun doute vrai. Mais, pour Apollinaire, leur musique était celle de la haute société, faite expressément pour *épater le bourgeois*, au contraire des œuvres figuratives naissant d'une conception nouvelle de la réalité et – au moins en théorie – n'entretenant aucune relation avec le goût de leur public. Un musicien doté de toutes ces qualités a vraisemblablement existé en la personne d'Erik Satie, mais le destin aura voulu qu'Apollinaire et le compositeur ne se connaissaient que peu, tard et mal.

Le troisième et dernier niveau renvoie à l'esthétique élaborée par Apollinaire lui-même. Dans une période où la musique cherche à imiter

5 *Cf.* Jane F. Fulcher, *French Cultural Politics and Music from the Dreyfus Affair to the First World War*, Londres, Oxford University Press, 1999 ; *The Composer as Intellectual – Music and Ideology in France (1914–1940)*, New York, Oxford University Press, 2005 ; « Symbolic domination and contestation in French music : Shifting the paradigm from Adorno to Bourdieu », in Victoria Johnson, Jane F. Fulcher et Thomas Ertmann (dir.), *Opera and Society in Italy and France from Monteverdi to Bourdieu*, Londres, Cambridge University Press, 2007.

6 Anna Boschetti, *La poésie partout – Apollinaire, homme-époque (1898-1918)*, Paris, Seuil, 2001.

la nature (comme Debussy et sa *Mer*, Ravel et les barques sur l'océan) puis les machines, Apollinaire conçoit et présente un art – poétique, pictural, dramatique, *etc.* – qui n'entretient aucune relation avec la reproduction de la réalité, mais qui se veut « création pure ». Il s'agit de bouleverser la vie quotidienne par l'action de l'art, sans créer cependant un univers mythique et mystique tel que l'avaient envisagé les symbolistes et les wagnériens. Si le point de départ reste la réalité des objets communs qui s'entrecoupent et se superposent, cet art nouveau se concrétise à travers la simultanéité et non la séquentialité des arts du temps. Les moyens de réaliser ces idées doivent nécessairement s'inscrire dans le cadre de l'intermédia, pour utiliser un terme utile bien qu'anachronique[7], c'est-à-dire la zone artistique dans laquelle les barrières esthétiques sont brisées et où l'œuvre d'art peut s'exprimer à travers différents médias, comme dans le cas des calligrammes. Chez Apollinaire, cette tendance ira jusqu'à prédire l'arrivée du multimédia, c'est-à-dire la fusion et l'étroite collaboration de différents médias grâce à l'utilisation de la technologie[8].

Reste un dernier domaine à explorer : celui du goût, de l'absence d'*affinités électives* entre Apollinaire et les concerts symphoniques ou le mélodrame[9]. Apollinaire s'inscrit ouvertement dans ce que Derek B. Scott a appelé la première « révolution des musiques populaires[10] », qui a vu l'émergence dans des couches sociales toujours plus larges et sans distinctions économiques ou culturelles d'une musique orientée vers le commerce et le divertissement, plus ou moins liée à une conceptualisation

---

7 Mot conceptualisé par Dick Higgins, « Intermedia », *Something Else Newsletter*, vol. 1, n° 1, 1966 (republié dans *Leonardo*, vol. 34, n° 1, 2001).

8 Sur ce sujet, v. Claudia Jünke, « Intermédialité chez Apollinaire. Pureté esthétique et impureté médiatique de la littérature », in Didier Alexandre et Thierry Roger (dir.), *Puretés et impuretés de la littérature (1860-1940)*, Paris, Classiques Garnier, 2015. Je prends la distinction entre intermedia et multimedia de Sara Gennaro et Gianmario Borio, « Multimedialità e metamorfosi del concetto di opera », in Gianmario Borio et Carlo Gentili (dir.), *Storia dei concetti musicali. Espressione, forma, opera*, Rome, Carocci, 2007, vol. 2, p. 345-346.

9 La question du goût elle-même pourrait faire l'objet d'une lecture sociologique qui, toutefois, semble dépasser le cadre de cette recherche. Pour une contextualisation du discours, nous renvoyons à Philippe Coulangeon, « La stratification sociale des goûts musicaux. Le modèle de la légitimité culturelle en question », *Revue française de sociologie*, vol. 44, n° 1, 2003.

10 Voir Derek B. Scott, *Sounds of the Metropolis – The 19th-Century Popular Music Revolution in London, New York, Paris, and Vienna*, New York, Oxford University Press, 2008.

artistique mais toujours en contact étroit avec son public et avec la vie quotidienne – c'est-à-dire à Paris la musique des cafés-concert, du cabaret, de la rue. En discutant avec ses amis artistes, Apollinaire est définitivement sincère sur ce sujet, même si ses amis s'appellent Max Jacob, grand passionné de mélodrame, Henri Rousseau, peintre, violoniste et compositeur amateur, Gabriële Buffet-Picabia, pianiste ancienne élève de D'Indy et Busoni, ou Léopold Survage, autant peintre cubiste que pianiste et accordeur à la maison Pleyel. Si Georges Auric déclarait que « ce grand lyrique n'avait jamais le moindre souci, la moindre inquiétude de ce qu'il aurait souri d'appeler la "grande musique"[11] », dans une lettre à sa marraine de guerre, Apollinaire lui-même commente ainsi sa relation avec Jean Marnold, critique musical du *Mercure de France*, et avec la musique en général :

> Tout le monde n'est pas obligé d'être aussi érudit musicographe que lui, pas même M. Saint-Saëns. [...] M. Marnold n'admet point qu'on n'aime pas la musique, il en fait un cas de conscience et un cas de civilisation. [...] C'est comme si on faisait un cas de conscience et de civilisation de l'amour de la poésie qui n'est à la portée que d'un très petit nombre de gens. La civilisation réside surtout dans des sentiments. Dans des habitudes, dans les raffinements de l'esprit d'où émanent les traits d'esprit, les jeux de mots. Ni poésie, ni musique, ni science, ni arts en général n'en font partie d'une façon absolue, mais seulement les raffinements dont ils sont ornés. Mais pour ce qui me concerne il y a bien des choses qui m'ennuient mais me plaisent infiniment[12].

Malgré ces mots, Apollinaire aura pris position par rapport à une possible musique *d'art*, autant éloignée de la musique savante contemporaine que de la musique de divertissement ou populaire. D'un côté, Apollinaire croyait que la musique des concerts et de l'opéra ne permettait pas d'exprimer un art nouveau ; de l'autre il cherchait à élever la musique légère au niveau d'une musique avant-gardiste, comme le démontrent les musiques des *Mamelles de Tirésias*, cherchant à construire un pont sur ce que Andreas Huyssen a dénommé *great divide* entre le grand et le petit art, entre le modernisme et la culture de masse, avant même qu'il ne soit théorisé[13].

11 Georges Auric, « Apollinaire et la musique », *Revue musicale*, n° 210, 1952, p. 148.

12 Lettre à Georgette Catelain, 12 mars 1916 (*CG*, t. III, p. 122).

13 Voir Andreas Huyssen, *After the Great Divide – Modernism, Mass Culture, Postmodernism*, Bloomington et Indianapolis, Indiana University Press, 1986.

S'il est vrai, comme l'a dit Michel Décaudin, que « la musique laisse [Apollinaire] relativement indifférent », c'est aussi indubitablement que « les musiciens se sont bien vengés qui, sur tous les tons, se sont emparés de sa poésie[14] ». Le poète a rarement fréquenté les musiciens : pendant la jeunesse, il allait voir William Molard, compositeur scandinave avant-gardiste *ante litteram* ; à l'époque d'*Alcools* il se lia d'amitié avec Alberto Savinio et le jeune Edgard Varèse ; après la guerre il attira autour de lui des musiciens méconnus, tels Germaine Albert-Birot, Carol-Bérard ou Henry Defosse, mais aussi de futures étoiles de la musique française, comme Honegger, Auric et Poulenc. Il faut attendre la mort de notre poète pour que la rencontre entre son esprit et la musique connaisse ses premiers succès, bien que le premier compositeur à mettre en musique les poèmes apollinariens – sans aucun projet préalable d'Apollinaire, mais avec sa bénédiction – ait été Arthur Honegger en 1917. Peu après, Francis Poulenc écrira la première version musicale du *Bestiaire* (1918), puis Bohuslav Martinů, Dmitri Chostakovitch, György Kurtág et d'autres compositeurs s'ajouteront au groupe des *musiciens d'Apollinaire*, dont les places d'honneurs appartiennent certainement à Léo Ferré et à Francis Poulenc. On ne doit pas oublier non plus qu'en récompense de son amour pour la musique non-savante, Apollinaire a été chanté par de nombreux artistes issus des milieux les plus divers : de la musique légère et enjouée d'Yves Montand au free jazz américain de Steve Lacy jusqu'à la pop à succès de Marc Lavoine et des Pink Martini.

Si Apollinaire s'est tenu à l'écart de la musique durant sa vie, « je ne crois pas me tromper », disait son amie intime Louise Faure-Favier, « en déclarant qu'il admettait fort bien que ses poèmes pussent être mis en musique. Apollinaire, lui, répondrait rondement à Francis Poulenc et à Honegger : "Pourquoi pas ? L'idée est excellente"[15] ».

Cette recherche suit un parcours chronologique, en essayant de refléter les changements dans la relation entre Apollinaire et la musique au fil des ans. Le premier chapitre explorera la formation musicale du

14 Michel Décaudin, *Apollinaire*, Paris, Librairie Générale Française, 2002, p. 208.

15 Louise Faure-Favier, « Apollinaire et la musique », in Pierre-Marcel Adéma (dir.), *Guillaume Apollinaire*, cahier spécial de *Rimes et Raisons*, Paris, La tête noire, 1946, p. 17-18.

poète, ses premiers contacts avec le monde musical contemporain à travers la *Revue d'art dramatique et musical* et *Le Festin d'Ésope*, et son départ soudain de ces territoires, ainsi que son profond engouement pour la peinture. La poésie et la peinture n'ont pas éliminé l'aspect sonore de l'art d'Apollinaire : on peut le déduire en lisant d'abord les *Méditations esthétiques* puis les différents articles consacrés à l'Orphisme, mouvement universalisant dont le nom montre clairement ses liens avec le chanteur thrace mythique. Si la musique populaire et à succès reste le fil conducteur de sa vie (et cela se voit d'abord dans le spectacle de revue de jeunesse *Le Marchand d'anchois*, puis dans les nombreux articles qu'il y consacre jusqu'aux derniers mois de sa vie), le début de son amitié avec le musicien Alberto Savinio (1913) marque un moment particulier de son rapport avec la musique. Ainsi commencera notre deuxième chapitre. Dès lors, Apollinaire s'intéressera davantage aux événements musicaux contemporains et au potentiel d'un art qu'il avait jusqu'alors négligé ; ainsi naissent la musique des *Mamelles de Tirésias* et le mélodrame *Casanova*, sa dernière œuvre pour le théâtre. À cette période appartiennent la querelle sur la simultanéité avec Barzun – qui finira par concerner aussi la musique –, l'éloignement définitif de sa pensée progressiste avec l'esthétique de Wagner, et certaines œuvres, complètes ou non, comme le ballet *HO.S.Y.N.O.* Enfin, le troisième chapitre est consacré à l'héritage d'Apollinaire dans la musique, dans la pensée musicale et chez les musiciens. Nous analyserons d'une part le vide que laisse son départ, à combler (selon Cocteau, par exemple) ou à défendre (selon Breton). Nous nous intéresserons d'autre part à l'appropriation de nombre de ses textes par les compositeurs et les interprètes ultérieurs. Plus de 120 musiciens ont travaillé sur Apollinaire au siècle dernier (ce nombre double si l'on inclut également les compositeurs amateurs ou semi-professionnels) et des dizaines de ses textes ont été mis en musique. Certains seront analysés en détail, soit en raison de la multiplicité de leurs réécritures musicales, soit en raison de la qualité de ces réécritures : *Le pont Mirabeau*, *L'adieu*, *Saltimbanques*, *La Chanson du mal-aimé* et les poèmes contenus dans *Le Bestiaire ou Cortège d'Orphée*. Une place particulière sera également accordée aux poèmes calligrammatiques et à la reprise, dramaturgique et/ou musicale, de ses textes pour le théâtre.

Je tiens à remercier Franca Bruera et Andrea Chegai, qui ont suivi mon travail du début à la fin ; Laurence Campa, Simone Caputo, Amalia Collisani, Claude Debon, Daniel Delbreil, Susanna Pasticci, Franco Piperno, Peter Read, Antonio Rostagno et Emanuele Senici ; et finalement Sarah Bach, relectrice et correctrice incomparable, pour nos échanges sur la littérature classique et la langue française.

DE LA JEUNESSE AUX *MÉDITATIONS ESTHÉTIQUES*

MUSIQUE ENTRE ITALIE, FRANCE ET ALLEMAGNE

Pour ceux qui ont connu le *cubiste* Apollinaire, il est surprenant d'apprendre que la musique fut l'un des centres d'intérêt principaux du jeune Guillaume, bien avant la peinture. Les documents scolaires attestent qu'il obtenait des bons résultats en Piano, matière obligatoire au collège : à douze et treize ans, il remporta le deuxième prix d'Excellence dans cet instrument, surpassé seulement par son ami René Dalize[1]. Sa famille aimait la musique et il semble que Francesco Flugi d'Aspermont, son père présumé, fut pianiste et flûtiste amateur. Dans l'un de ses premiers poèmes, Guillaume décrit ainsi son rapport avec le milieu musical et raconte ses préférences à l'égard de la musique méditerranéenne :

> Et je joue quelquefois du matin à la nuit
> Les morceaux de musique acquis par ma grand-mère
> Car les musiciens d'Allemagne m'ennuient
> Et quand je m'ennuie je m'ennuie comme les pierres
>
> Je passerais ma vie touchant mon piano
> En écoutant l'ivoire ordonner l'harmonie
> Cet ivoire que choque parfois mon anneau
> L'harmonie des beaux airs de France et d'Italie[2]

Même si son ami Ange Toussaint Luca, qu'il connaissait depuis 1897, rappelle qu'il « était musicien et [...] jouait fort bien du piano[3] », Guillaume

---

1 *Cf. Po*, LV-LVI. Il obtient aussi l'*accessit* en 1891 et 1895.

2 *Le guetteur mélancolique* (*Po*, p. 581).

3 Ange Toussaint Luca, *Guillaume Apollinaire – Souvenirs d'un ami*, Paris, La Phalange, 1920, p. 7.

n'avait pas l'intention de devenir pianiste. Il considérait cet instrument comme un simple divertissement ; il déclarera en 1915 à Madeleine Pages, sa fiancée : « moi aussi j'ai appris le piano pendant 10 ou 12 ans et je ne sais pas du tout jouer quoique j'aime bien m'amuser sur un piano ou un harmonium mais de la façon la plus puérile et rarement[4] ». Il cherchera néanmoins à faire concorder son penchant pour la poésie avec sa sympathie pour le piano, comme en témoigne un petit poème de cette époque d'adolescence, plein d'images antiques et d'héritage symboliste :

> Ô piano que mes caresses font chanter
> Tu peuples de beaux sons ma sourde solitude
> Couche sonore où mon âme peut s'aliter
> Tu m'es plus chère qu'un lit pour ma lassitude
>
> Dans ce cercueil un ménétrier trépassé
> S'agite encore et à mon gré il sonne, sonne
> Les branles, les chansons et les motets qu'il sait
> Puis il s'endort toujours toujours du dernier somme[5]

Pour Guillaume, la musique fut un premier moyen pour explorer un monde invisible à l'œil nu. Ses oreilles étaient toujours ouvertes en attente d'une musique, d'un son qui pourrait lui parler d'un monde rêvé et imaginaire, d'un espace presque magique dans lequel il pourrait s'immerger. Ces images, qui lui inspireront le roman arthurien *L'Enchanteur pourrissant* (1898-1909), proviennent en partie de ce qu'il appelle *acousmate*, mot qui sera aussi le titre de deux de ses poèmes écrits pendant les mois passés à Stavelot, dans les Ardennes belges (1899). Ce mot, qu'il tire de la cinquième édition du *Dictionnaire de l'Académie française* (1798), signifie « bruit de voix ou d'instruments qu'on croit entendre dans l'air », comme il l'écrit dans l'un de ses carnets. Les deux poèmes en question décrivent un sujet écoutant un son, mais ne voyant ni ne sachant d'où il vient. « J'entends parfois une voix quiète d'absente / Dire de petits mots / Qui font que j'aimerai chaque douleur / Et tout l'espoir des prochains maux / Mots finissant en el comme le nom des anges[6] ». Ouïr l'acousmate est une capacité commune, si tant est qu'on l'écoute. « Les bergers écoutaient ce que criaient les anges / Leurs âmes

4 Lettre à Madeleine Pages, 14 août 1915 (*CG*, t. II, p. 656).
5 Publié pour la première fois dans *AMA*, p. 574.
6 *Acousmate* (*Le guetteur mélancolique* ; *Po*, p. 513).

s'apaisaient comme un midi d'été / Les bergers comprenaient ce qu'ils croyaient entendre / Car ils savaient déjà tout ce qu'ils écoutaient[7] ». Le jeune Apollinaire semble parler d'une source d'inspiration ou de connaissance qui ne passe pas par la vue, mais qui provient d'un monde qui se place au-delà et au-dessus des sens et de l'intelligence. Un monde qui donne peut-être vie à un art supérieur, détaché de toute matérialité terrestre – idée qui reviendra plus tardivement et sera à la base des poèmes-conversation[8].

Une ligne de démarcation entre l'adolescence et la maturité d'Apollinaire en termes de goûts et de proximité avec la musique et le monde des sons peut être tracée vers 1901 ; c'est l'année de ses premiers poèmes publiés, de ses premiers (et pénibles) contacts avec les journaux parisiens, mais surtout de son premier voyage en Allemagne. La mère de l'un de ses amis l'avait introduit chez la vicomtesse Élinor de Milhau, dont elle était la professeure de piano de la petite fille, Gabrielle. Les Milhau firent de Guillaume le précepteur de la jeune fille et l'emmenèrent pour un an à Neu Glück, le château que la vicomtesse-mère, allemande d'origine, possédait à Oberpleis en Rhénanie. Dans cette petite ville non loin de Bonn, de Cologne et de Düsseldorf, Apollinaire eut l'occasion d'élargir ses horizons musicaux. Il le fit également lors de courts voyages qui lui permirent d'entrer en contact avec une manière de jouer et d'écouter la musique très différente de celles de France. En octobre 1901, Apollinaire se rend à Bonn où il assiste à quelques manifestations du Festival Beethoven. Il note tout simplement qu'« il faut vraiment aimer la musique pour l'écouter dans ce hangar hideux nommé Beethoven Halle[9] ». Au printemps 1902 à Vienne, ville dans laquelle il est arrivé après un long séjour en Europe centrale, il visite la XIVe exposition de la Sécession viennoise, entièrement dédiée au compositeur de Bonn. Il y reste impressionné par le *Beethoven* de Max Klinger, sculpture géante en marbre polychrome, qu'il trouve peu intéressante mais dont il croit devoir défendre le compositeur. « Klinger est évidemment un sculpteur fort habile et un graveur de premier ordre, mais ses œuvres, comme à mon sens toutes les œuvres artistiques allemandes, ont l'air d'objets sortant de la fabrique, on les dirait faites à la machine. Beethoven est

7 *Acousmate* (*Poèmes retrouvés* ; *Po*, p. 671).

8 Michel Décaudin, *Le dossier d'« Alcools »*, Paris, Droz, 1960, p. 55.

9 « Revue des revues », *Revue d'art dramatique et musical*, juillet 1903 (*Pr2*, p. 1225).

au-dessus de cela[10] ». Il n'y aura pas seulement Beethoven pour occuper les semaines passées entre le château de Neu Glück et les grandes villes au bord du Rhin. Il y aura aussi les *Lieder* de Schubert, qu'il aimait depuis l'adolescence[11] ; il y aura la musique de Schumann, que la petite Gabrielle jouait peut-être au piano et sur laquelle il écrira des *échos* à son retour en France ; il y aura les danses et les chansons populaires. Apollinaire donnera finalement son avis sur l'art allemand dans une chronique de voyage de 1902 intitulée *Le prestige français en Allemagne* : « à mon sens les Allemands sont supérieurs aux Français dans l'art de la musique, tandis qu'ils restent fort au-dessous comme peintres et sculpteurs[12] ». L'inverse, en somme, de ce qu'il en disait adolescent.

L'expérience rhénane ne laisse toutefois pas Apollinaire véritablement ébloui par la musique : ni pèlerinage à Bayreuth comme cela était en vogue parmi les jeunes écrivains à la fin du XIXe siècle, ni adoration pour les nouveautés hardies de Mahler (en juin 1902, à quelques dizaines de kilomètres de Neu Glück, à Krefeld, le compositeur conduisait la première exécution intégrale de sa troisième symphonie). Apollinaire « emportait des livres, des journaux, des carnets et des impressions, semences de souvenir, sources de poésie[13] », plus que jamais décidé à écrire sur n'importe quel sujet, de l'histoire à la politique, de l'art à la géographie, entrant aussi dans les débats sociopolitiques de son époque, tout en souhaitant que ses poèmes et ses récits fussent sa source économique principale. Bref, il voulait devenir un intellectuel[14]. Toutefois en France, et peut-être davantage encore que dans d'autres pays européens, parler de société, d'art et de politique signifiait parler de musique, et vice-versa. Le tout dans un contexte belliqueux depuis la *guerre civile* de l'Affaire Dreyfus[15]. Il s'agissait, selon Jane F. Fulcher, de « discussions omniprésentes sur la musique dans presque toutes les grandes publications politiques et culturelles de la France contemporaine[16] »,

---

10 *Ibid.* (*Pr2*, p. 1227-1228).

11 *Cf.* Georges Auric, « Apollinaire et la musique », *op. cit.*, p. 148.

12 « Le prestige français en Allemagne », *La grande France*, février 1902 (*Pr2*, p. 1073).

13 *CGA*, p. 129.

14 Pour une définition de *intellectuel*, voir Pascal Ory et Jean-François Sirinelli, *Les intellectuels en France, de l'affaire Dreyfus à nos jours*, Paris, Armand Colin, 2002 (I éd. 1986), p. 15.

15 Sur la politisation des arts pendant l'Affaire Dreyfus, v. Christophe Charle, *Naissance des intellectuels 1880-1900*, Paris, Les Éditions du Minuit, 1990.

16 Jane F. Fulcher, *French Cultural Politics and Music*, *op. cit.*, p. 162.

car chaque compositeur, chaque orientation musicale étaient – ou étaient perçues comme – l'expression d'une idéologie sociopolitique[17]. Quoiqu'Apollinaire ne se souciât que superficiellement des concerts et des compositeurs, et bien que l'engagement politique n'ait jamais été l'un de ses centres d'intérêt majeurs, la culture musicale était incontournable pour un jeune homme qui tentait de se faire un nom dans le milieu intellectuel bourgeois, d'autant que son retour à Paris coïncidait avec les grands discours autour de la nouvelle esthétique du *Pelléas et Mélisande* de Debussy, dont la première a eu lieu le 30 avril 1902 au Théâtre de l'Opéra-Comique.

Apollinaire se lançait donc dans les collaborations journalistiques les plus diverses, de *La Revue blanche* à *L'Européen.* Il alla jusqu'à travailler pour la *Revue d'art dramatique et musical*, pour laquelle il rédigeait les échos de la rubrique *Revue des revues.* Pendant six mois environ, il feuilleta journaux et revues français et étrangers pour y trouver des renseignements sur le théâtre et la musique. Ces articles, parmi une forêt de noms plus ou moins connus, nous livrent l'avis général d'Apollinaire au sujet de la musique contemporaine. Lorsqu'il cite Perosi, Purcell, Johann Kuhnau ou le norvégien Gerhard Schjelderup, Apollinaire ne fait rien d'autre que compiler des revues de presse – ou étaler son érudition. En revanche, quand il parle de Mascagni et de Berlioz, il cherche à prendre part aux principales discussions de l'époque sur la musique en France. L'une d'entre elles fut sûrement la querelle autour de ladite *invasion* des compositions étrangères. Selon certains auteurs, ces musiques auraient empêché la France de se construire une véritable musique national[18]. En octobre 1903, s'appropriant les mots du critique musical du *Ménestrel*, Apollinaire écrivait : « "Entre l'Allemagne philosophe et l'Italie *vériste* un art est possible. La France veut se ressaisir". Restons-en sur cette parole réconfortante[19] ». Toutefois, le problème ne réside pas tant dans la musique allemande – qu'Apollinaire au moins en public ne méprise pas du tout – que dans le mélodrame italien. À l'égard de Schumann,

17 Sur la fonction de la musique dans l'organisation de la société entre le XIXe et le XXe siècle, v. Jann Pasler, *Composing the Citizen – Music as Public Utility in Third Republic France*, Berkeley et Los Angeles, University of California Press, 2009.

18 *Cf.* Christophe Charle, « Opera in France, 1870-1914 : Between nationalism and foreign imports », in Victoria Johnson, Jane F. Fulcher et Thomas Ertmann (dir.), *Opera and Society in Italy and France*, *op. cit.*

19 « Revue des revues », *Revue d'art dramatique et musical*, octobre 1903 (*Pr2*, p. 1236).

par exemple, Guillaume écrivait que pour *Mignon* de Goethe « l'art du musicien de Zwickau a ajouté quelque chose au poète[20] » et il parle dans deux échos du « regretté Hugo Wolf », récemment disparu, « qu'on a appelé un nouveau Schubert » et qu'on a aussi dénommé « le Mozart de la chanson allemande[21] ».

Contre Pietro Mascagni, au contraire, Apollinaire a des mots qui sont tout sauf flatteurs. Ainsi, il se demande par exemple : « pensez-vous vraiment que M. Mascagni soit génial [...] ? Je ne voudrais pas tenter un essai sur le génie [de Mascagni] dont la *Cavalleria* jouée par tous les orgues de barbarie de l'univers est mon cauchemar[22] ». Il ne s'agit d'ailleurs pas là d'une opinion originale d'Apollinaire, qui reprend des idées courantes à Paris[23] et surtout un écrit contemporain de Debussy intitulé *Musiques de plein air*. Ce texte exprimait une forte intolérance envers ces « ineptes refrains », tels « l'entr'acte de *Cavalleria Rusticana*, la *Valse Bleue* et quelques autres chefs-d'œuvre », tout en évoquant la beauté des orgues de Barbarie[24]. On peut donc croire à la réelle aversion d'Apollinaire pour l'esthétique vériste, rejet qui s'est confirmé au fil des ans ; son opinion sur cette musique était néanmoins pleinement conforme à la lecture qu'en faisaient les compositeurs et musicologues de son temps.

Si Mascagni était à la tête de l'invasion de la musique italienne, qui pouvait bien être le champion de la musique française ? Les réponses à cette question étaient alors étroitement liées aux débats sociopolitiques et artistiques soulevés pendant l'Affaire Dreyfus. On parlait des concepts de nation, de tradition, de race[25]. À partir d'une querelle vieille de quarante ans, mais jamais émoussée, les musiciens et les intellectuels de l'époque cherchaient un maître : qui disait Wagner, qui Berlioz[26].

20 *Ibid.*, août 1903 (*Pr2*, p. 1230).

21 *Ibid.*, novembre 1903 (*Pr2*, p. 1237) et octobre 1903 (*Pr2*, p. 1231).

22 *Ibid.*, janvier 1904 (*Pr2*, p. 1243).

23 À cet égard, voir le chap. « L'opera verista a Parigi » in Fiamma Nicolodi, *Gusti e tendenze del Novecento musicale in Italia*, Florence, Sansoni, 1982.

24 Claude Debussy, « Musiques de plein air », *Gil blas*, 19 janvier 1903 ; puis dans *Monsieur Croche, antidilettante*, Paris, Dorbon-aîné, 1921, p. 71 et 67.

25 *Cf.* Jane F. Fulcher, *French Cultural Politics*, *op. cit.*

26 Sur la querelle Berlioz-Wagner, v. Lesley Wright, « Berlioz's impact in France », in Peter Bloom (dir.), *The Cambridge Companion to Berlioz*, Cambridge, Cambridge University Press, 2000. V. aussi Raymond Bouyer, « Berlioz et Wagner en 1903 », *La Nouvelle revue*, vol. 24, 1903.

Il y avait d'une part les symbolistes et l'extrême droite de D'Indy, qui voyaient Wagner comme le défenseur de toute la nouvelle musique et aussi, paradoxalement, de la grandeur française. Comme Vincent D'Indy l'écrivait dans les années Vingt, « j'estime que Wagner a rendu le plus grand service à la musique française, en ce qu'il l'a libérée du joug italo-judaïco-éclectique sous lequel elle se traînait péniblement[27] ». De l'autre, on trouvait de vieux dreyfusards, tels Bruneau ou Charpentier, qui tout en croyant en l'universalité de l'art proposaient une musique *française* dénuée de caractéristiques italiennes et plus proche de la tradition berliozienne[28]. Entre Berlioz et Wagner, Apollinaire choisit le premier en le mentionnant maintes fois dans la *Revue des revues*, bien davantage que Mascagni ou le maître de Bayreuth. Certes, comme le remarquent Caizergues et Décaudin, lorsqu'Apollinaire cite Berlioz, « c'est pour présenter l'auteur de *Benvenuto Cellini* comme une voie de salut pour la musique française, prise entre l'influence italienne et celle de l'Allemagne, et non pour souligner les qualités intrinsèques de sa musique[29] ». Apollinaire s'insère ainsi, sciemment ou non, dans l'une des querelles qui ont opposé non seulement des styles musicaux différents, mais aussi des factions sociopolitiques, essayant ainsi de faire son chemin dans le vaste et combatif monde des intellectuels.

Il existait à cette époque une tendance générale à la construction de canons musicaux chargés de définir une identité nationale claire et opposant les alternatives européennes à un concept valable de musique française. Bien qu'au début de la Grande Guerre, ce canon n'ait pas encore été soigneusement défini, la question de ses caractéristiques fondatrices a été largement débattue non seulement dans les milieux intellectuels, mais aussi dans le cadre d'enquêtes publiques. Au début du siècle, deux des plus importants périodiques parisiens s'en occupent presque simultanément : le *Mercure de France* publie l'« Enquête sur l'influence Allemande », coordonnée par Jacques Morland (novembre-décembre 1902, janvier 1903) ; la *Revue bleue* fait paraître « L'état actuel de la musique française », enquête organisée par Paul Landormy (janvier-juin

27 Réponse de D'Indy à une enquête publiée dans *La Revue musicale*, vol. 4, 1923, p. 271, cit. dans Jane F. Fulcher, *The Composer as Intellectual*, *op. cit.*, p. 94. V. aussi Anya Suschitzky, « *Fervaal*, *Parsifal*, and French National Identity », *19th-Century Music*, vol. 25, n° 2-3, 2002.

28 *Cf.* p. ex. Alfred Bruneau, *La Musique française*, Paris, Charpentier, 1901. *Cf.* aussi Jane F. Fulcher, *French Cultural Politics*, *op. cit.*, p. 414.

29 *Pr2*, p. 1760.

1903). Si la route a été tracée par ces revues, Apollinaire suit aisément le parcours des intellectuels de sa génération. Il crée d'abord sa première revue, l'éphémère *Festin d'Ésope*, puis lance une enquête sur la musique.

Cette revue, dont Apollinaire fut rédacteur en chef, naquit de la collaboration avec ses amis André Salmon et Nicolas Deniker. Ce mensuel « des Belles Lettres », comme l'indique le colophon du premier numéro, publiait « des œuvres, en tous genres, des littératures d'imagination et d'idées », y compris des renseignements sur la musique contemporaine. Il ne s'agit toutefois que d'articles satiriques se moquant des coutumes du public et des exécuteurs bourgeois durant les concerts. Dans le deuxième numéro du *Festin* avait déjà paru un article signé Thrank-Spiroberg (nom de plume de l'albanais Faïk Bég Konitza), intitulé *Esquisse d'une méthode pour se faire applaudir des bourgeois*. Dans ses quatre pages hilarantes, il prodiguait aux musiciens et aux chanteurs des conseils pour satisfaire le goût du public – « il est important que le pianiste porte une chevelure longue et touffue, et la secoue par moments d'un air inspiré en rejetant la tête en arrière[30] ». La même chose se produisit en mars 1904, après qu'Apollinaire assista à un concert donné par le violoniste Franz Kneisel et sa fille Adeline de Germain. Le compte rendu de la soirée se transforma en une raillerie de « personnages célèbres en d'autres contrées mais dont nous ignorions l'existence et dont voici les noms, pour l'édification des races futures : Théodore Dubois, Ambroise Thomas, etc. etc.[31] » – c'est-à-dire les deux derniers directeurs du Conservatoire de Paris.

Avec une certaine dose d'insouciance, mais sûrement dans un but sérieux, Apollinaire rejoignit la *Revue bleue* et le *Mercure de France* pour une enquête totalement centrée sur la musique : l'*Enquête sur l'orchestre*[32]. Elle parut dans deux numéros du *Festin d'Ésope*, entre février et mars 1904. Apollinaire et la rédaction de la revue la publièrent dans l'intention d'établir un dialogue entre intellectuels sur la société, la culture et la musique : « notre enquête portait à dessein sur un sujet spécial qui excluait les banalités qui sont souvent le résultat des enquêtes ordinaires[33] ».

---

30 Thrank-Spiroberg [pseud. de Faïk Bég Konitza], « Esquisse d'une méthode pour se faire applaudir des bourgeois », *Le Festin d'Ésope*, n° 2, 1903, p. 31.

31 « Notes du mois », *Le Festin d'Ésope*, 5, 1904, p. 77 (*Pr2*, p. 1252-1253).

32 Un compte-rendu de cette enquête a été rédigé par Charles-Henri Hirsch, « Revue du mois », *Mercure de France*, 1 avril 1904, p. 229-231.

33 « Enquête sur l'Orchestre », *Le Festin d'Ésope*, n° 4, 1904, p. 61.

La décision de choisir l'orchestre comme pierre de touche de la discussion fut sans doute le fruit d'un examen attentif. L'enquête définit une période d'étude maximale (environ deux cents ans) et circonscrit quelques genres musicaux (la symphonie, le concert, le poème symphonique). Elle rompt ainsi avec les autres enquêtes et court également le risque d'apparaître partielle. Elle a cependant le mérite de traiter avec un certain équilibre les différentes cultures européennes : si Landormy et Morland ont parlé de la France et de l'Allemagne, l'*Enquête sur l'orchestre* – au moins dans ses intentions – accueillait n'importe quelle réponse. On pourrait pourtant poser une question à l'enquête elle-même : pourquoi préférer l'orchestre, par exemple, au piano ou à la voix ? On soupçonne que la rédaction du *Festin* n'a pas voulu s'exposer aux tirs croisés des dreyfusards et des antidreyfusards, mais qu'elle ne put toutefois s'abstenir du choc. De fait, il ne semble pas que l'enquête voulût explorer le monde de la musique française dans l'espace européen, mais bien plutôt qu'elle voulût faire converger les réponses vers un seul objectif, le conflit entre Berlioz et Wagner. Sans trop s'exposer, comme l'avait fait auparavant le *Mercure de France*, Apollinaire semble trouver dans l'orchestre un dénominateur commun aux deux compositeurs. Tous deux ont en effet compté parmi ses représentants majeurs au XIXe siècle. Le Français et l'Allemand seront bien les deux auteurs les plus évoqués parmi les réponses. Il s'agissait donc d'une opération d'équilibre entre idéologies opposées, ou plutôt d'un acte en théorie presque désidéologisé. Dans ce balancement difficile, l'*esprit de litote*, comme le dit Jankélévitch, est très fort ; il semblerait qu'Apollinaire et ses amis eussent voulu discuter comme et avec les intellectuels, tout en restant silencieux sur les principaux enjeux musicaux.

L'enquête s'ouvre par une brève introduction théorique, mais se termine, dans le numéro suivant, sans bilan général. Quatre questions sont d'abord posées :

1. Que pensez-vous des transformations subies par l'orchestre depuis deux cents ans ?
2. Quelle a été l'influence de l'évolution de l'orchestre sur l'art musical ?
3. Pensez-vous que la composition actuelle de l'orchestre se modifiera bientôt ?
4. Quelle a été l'influence de l'orchestre sur la littérature[34] ?

Bien que *Le Festin* se soit prévalu de la collaboration de plusieurs personnes, la responsabilité et l'origine de cette enquête doivent probablement être

34 *Ibid.*

attribuées en premier lieu à Apollinaire[35]. S'y font donc jour quelques traits de ses connaissances musicales et de sa conception de cet art : une vision évolutive de la musique et de la technique musicale (peut-être aussi dans un sens organologique[36]), une confiance dans un progrès qu'il espère irrépressible, la conscience d'une relation étroite entre la musique et les autres arts, en particulier la littérature.

La dernière question, à laquelle peu de sondés ont répondu, concerne les points de contact entre les arts, vraisemblablement de façon synesthésique et sûrement intermédia. Apollinaire ne pose pas cette question de manière désintéressée : en la formulant en ces termes, la seule réponse possible est de formuler une opinion plus ou moins détaillée sur le phénomène littéraire du wagnérisme et sur les enjeux de la musique dans la poésie symboliste. De cette façon, tout en apportant sa propre contribution au débat politique et culturel et artistique de son temps, Apollinaire ne prend parti pour aucune faction.

Treize personnes ont réagi aux questions de l'*Enquête*, dont certaines des personnalités les plus remarquables de l'époque : les musicologues Romain Rolland, Edward J. Dent, Ernest Newman, Michel-Dimitri Calvocoressi, Raymond Bouyer, les écrivains Fernand Gregh, Alfred Mortier et Fagus. Mais il y eut aussi d'autres personnages actuellement méconnus, comme les compositeurs Louis Lombard[37], Gabriel Fabre[38] et William Molard[39], ou les critiques musicaux Eugène de Solenière[40] et Raymond-Charles Cazalys[41],

35 *Cf.* lettre à Madeleine Pages, 3 août 1915 (*CG*, t. II, p. 609).

36 Sur ce sujet, Apollinaire avait récemment publié une recension du livre *La trompette et sa signification dans la vie populaire* de Bruno Garlep. « Revue des revues », *Revue d'art dramatique et musical*, janvier 1904 (*Pr2*, p. 1243).

37 Compositeur, chef d'orchestre et mécène (1861-1927) ; en plus de beaucoup de musique instrumentale, il a également écrit *Errisiñola* (1907), un mélodrame avec livret de Luigi Illica. En tant que chef d'orchestre, il a dirigé les concerts Colonne et Lamoureux ; il a également fondé un orchestre privé dans son château suisse, dont les concerts ont accueilli les meilleurs musiciens de l'époque.

38 Compositeur (1858-1921), était élève de Chabrier ; il fut le premier à mettre en musique Maeterlinck (*Chanson de Mélisande*, 1893). *Cf.* Jean-David Jumeau-Lafond, « Gabriel Fabre (1858-1921) : un symboliste oublié », *Revue de musicologie*, vol. 90, n° 1, 2004.

39 *Cf. infra.*

40 Critique musical, musicologue et compositeur (1872-1904) ; collaborateur de plusieurs journaux parisiens, il est l'auteur d'une des premières études sur Massenet (*Massenet : étude critique & documentaire*, 1897), d'un pamphlet curieusement intitulé *La femme compositeur* (1895), d'une biographie de son ami Willy, d'ouvrages de musique de chambre.

41 Critique musical et compositeur, à l'époque il était collègue d'Apollinaire à la rédaction de *La Grande France*.

dont il ne reste que peu ou rien de l'œuvre. L'enquête n'a essuyé qu'un seul refus : celui du pianiste Moritz Moszkowski. Bien que les réponses aient été des plus variées, on peut y retrouver des facteurs communs, tel le concept évolutif de l'art – à tel point que Calvocoressi parlera même « non pas [d'une] *transformation* mais [d'une] *formation*[42] » de l'orchestre depuis les Anciens jusqu'à nos jours. Il existe pour tous une différence fondamentale entre la musique du XVIIIe siècle et celle du XIXe siècle : la première était une musique abstraite, c'est-à-dire rationnelle. La seconde s'apparente plutôt à de la musique poétique et doit être soutenue par un orchestre aussi riche et varié que possible, comparable, disent Bouyer et Fabre, à une palette de peintre[43]. L'enquête révèle également que plusieurs personnes estiment important de ne pas sous-estimer la profondeur du *dessin* musical, avant même la *peinture*. Rolland trouve beaucoup plus intéressants les derniers quatuors de Beethoven (comme s'ils étaient de petits orchestres) que les fresques sonores gigantesques de nos jours, « expression d'une intensité un peu trop cérébrale[44] ». Pour la plupart des participants cependant, il est clair que l'orchestre commence avec Gluck ou tout au plus avec Haydn, et trouve son expression maximale dans les œuvres de Berlioz en France et de Wagner en Allemagne. Le catalyseur de cette évolution serait à chercher dans les changements technologiques qui ont touché les instruments au cours du XIXe siècle, tandis que l'objectif lointain à atteindre prend corps, selon certains, avec Debussy et les debussystes, qui n'exploitent pas encore pleinement les nuances du timbre et les possibilités sonores des instruments de l'époque.

À la quatrième question, Newman et Lombard répondent que non, la musique orchestrale n'a aucune influence sur les écrivains parce que, ajoute Fagus, ils ne s'y intéressent pas ou ne la comprennent pas. Au contraire, fait remarquer Mortier, il n'est pas nécessaire de comprendre la musique pour être un bon auteur. Si Calvocoressi et Rolland éludent la question et que Gregh souligne plutôt qu'il ne faut pas seulement parler de l'influence de l'orchestre, mais aussi de celle de la musique toute entière, les réponses les plus intéressantes viennent de Dent, de De Solenière, de Bouyer et de Molard. Les deux premiers mentionnent expressément D'Annunzio comme exemple, entre autres, d'un auteur

42 « Enquête sur l'Orchestre », *op. cit.*, p. 66.
43 V. p. ex. *ibid.*, p. 68.
44 *Ibid.*, p. 65.

ayant délibérément essayé d'exprimer en prose et en poésie les effets techniques de la musique orchestrale. Bouyer déclare que de tels processus d'échanges entre les arts sont cependant difficiles à réaliser, mentionnant certaines expériences d'Hugo, tandis que Molard va jusqu'à affirmer que la musique et la littérature sont deux formes d'art parfaitement parallèles, qui utilisent le même type de langage, mais qui sont pour autant aussi incompatibles que les langues de deux pays différents.

Ce qu'Apollinaire démontre à travers l'*Enquête* et l'aventure du *Festin* est ainsi remarquablement clair : d'une part, il dépeint les concerts comme le milieu par excellence d'un art qui n'a pas de but subversif, mais qui souhaite, tout simplement, « se faire applaudir des bourgeois » ; d'autre part, il est de plus en plus évident pour lui que l'orchestre est un lieu privilégié pour construire des relations entre vision et représentation, entre figuration et son, où les différents timbres peuvent ressembler aux diverses couleurs de la palette du peintre et où il est donc possible d'illustrer ou suggérer (quelques années plus tard, Apollinaire dira, dans un sens négatif, « imiter ») la réalité. Les questions sociopolitiques liées au post-dreyfusisme l'intéressent finalement peu, sauf pour l'opportunité qu'elles lui offrent d'accéder aux querelles intellectuelles ou artistiques du moment. En ce qui concerne le conflit entre les deux géants, Apollinaire délaisse rapidement Berlioz, mais reste néanmoins convaincu que Wagner n'est pas non plus l'*exemplum* idéal d'une musique et d'un art modernes. Nous y reviendrons plus avant.

Voilà donc les dernières expériences du poète dans le domaine de la musique savante jusqu'en 1914 : Apollinaire comprend que s'immiscer dans cette musique-là n'est pas pour lui. Les années de l'*Enquête* et du *Festin* seront celles où il fréquentera le Bateau Lavoir et rencontrera Max Jacob. Avec Salmon, celui-ci deviendra son meilleur et plus fidèle ami. Pour longtemps, la musique savante sera seulement la cible de critiques plus ou moins circonstanciées de sa part, tandis que poésie et peinture représenteront son occupation vitale.

APOLLINAIRE ET LA MUSIQUE ENTRE 1900 ET 1914

L'Apollinaire qui allait publier le *Bestiaire* (1911) et *Alcools* (1913) ne se souciait pas des querelles musicologiques. Du moins n'en a-t-il laissé aucune trace dans ses écrits publics et privés jusqu'en 1914. Deux personnes en particulier conditionnèrent cette période de sa vie. C'est avec elles qu'il reconstruisit le monde de l'art sur une base visuelle. En 1905, il fit la connaissance de Picasso et lui dédia un de ses premiers articles de critique d'art, *Picasso, peintre* ; deux années plus tard, il tomba amoureux de Marie Laurencin, la peintre qui deviendra sa muse et sa partenaire de vie pendant cinq années intenses, mais difficiles.

Désenchanté à l'égard des milieux intellectuels, des diatribes politico-musicales de l'époque, de l'académisme et du conservatisme de la plupart des musiciens, Apollinaire développa une lourde antipathie pour tout ce qui concernait la musique au sens littéral du terme, des concerts au mélodrame. Cela est lié d'une part à sa nouvelle vision de l'art, de l'autre aux distances qu'il souhaite prendre avec la génération des symbolistes. Dans un article dédié à Théo Varlet (1908), dans lequel il renvoie au traditionnel débat sur musique et nature[45], notre poète conte et justifie ainsi la distance de ses amis à l'égard de l'art des sons :

> Le goût musical nuirait-il au goût poétique ? – Cela se pourrait bien... Je pense qu'un abîme est creusé entre les grands poètes et les grands musiciens. Des sons mélodieux frappent le poète, le touchent, le divertissent, l'inspirent même... Mais cela n'a rien à voir avec l'allégresse, l'émotion clair-écoutantes que ressent un musicien. C'est à peine si les poètes établissent une différence entre les rumeurs des fêtes foraines et les compositions symphoniques d'un Beethoven. On sait que ce grand homme fut navré par l'incompréhension musicale de Goethe, et, de nos jours, Jean Moréas, John-Antoine Nau, Jean Royère, André Salmon, Théo Varlet [...] ignorent les lois de la pure beauté musicale, et s'en passent[46]...

45 Débat trop complexe pour être résumé ici, je renvoie à Jean Boivin, « Musique et nature », in Jean-Jacques Nattiez (dir.), *Musiques. Une encyclopédie pour le XXIe siècle*, Arles, Actes Sud, t. I, 2003.

46 « Théo Varlet », *La Revue des lettres et des arts*, décembre 1908 (*Pr2*, p. 1017).

Comme le soulignent Caizergues et Décaudin, il faut évidemment ajouter Apollinaire lui-même à la liste des poètes qui ignorent les lois de la pure beauté musicale[47]. Par ailleurs, ce n'est évidemment pas la musique en général qui est ici en cause, mais exclusivement le répertoire cultivé ou bourgeois, celui qui, pourrait-on dire, descend de Beethoven. Le préjugé selon lequel la poésie doit nécessairement être associée à l'amour de la musique cultivée était certainement rafraîchi par les écrivains contemporains d'Apollinaire – Proust, Claudel, Valéry, même Max Jacob – mais notre poète, comme plusieurs de ses collègues, tenta de s'en libérer[48]. Le parallèle avec Goethe, utilisé à d'autres reprises, sert d'alibi à Apollinaire puisque, comme l'Allemand, il n'aime pas la musique cultivée. Tout comme « Goethe estimait infiniment les chansons de Béranger et Jean Moréas déclame celles de Pierre Dupont[49] », notre poète préférera longtemps exclusivement la musique de divertissement.

LA MUSIQUE DE DIVERTISSEMENT

Apollinaire était aussi éloigné du monde de Debussy et de Mascagni qu'il était proche de la musique populaire, c'est-à-dire de toutes les musiques que l'on pouvait entendre dans les cafés-concerts, dans les cabarets, au cirque, dans les fêtes foraines, dans les rues : musique folklorique et traditionnelle, chansons populaires, musique de bal, mélodies d'opérette et parfois d'opéra (bien retravaillées), marches et refrains de cirque, voire comptines et hymnes. Il exprima souvent son estime à l'égard de certaines de ces musiques et ne laissa aucune place à l'ambiguïté, notamment en comparaison avec la musique savante. Alors qu'il travaillait pour la *Revue d'art dramatique et musical*, il écrivit par exemple qu'au café du Départ, « en fait de chansons, vous en avez entendu une des plus populaires et dont la musique est belle comme celle du largo de Haendel. Je veux parler du *Pauvre laboureur*, chanté

47 *Cf. Pr2*, p. 1714.

48 Notons, par exemple, que Fagus, dans sa réponse à l'*Enquête sur l'orchestre*, a soutenu que « tandis que les musiciens romantiques se départaient de la musique, à peu près aucun écrivain de ce démocrate romantisme, aucun artiste, sauf Delacroix, et ne l'aima, ni même ne la comprit. Cela est un signe. Au contraire, les écrivains "symbolistes", depuis Baudelaire, et les artistes (Rodin, Fantin-Latour, Odilon Redon, etc.) sentent musicalement. Mais il est élémentaire que ce ne leur vint pas d'écouter des sonates ». « Enquête sur l'Orchestre », *op. cit.*, p. 83.

49 « Les livres », *Paris-Journal*, 28 janvier 1910 (*Pr2*, p. 1167).

par M. [Nicolas] Deniker[50] ». Dix années plus tard, il écrivit que les *bals-musettes* de Paris sont nombreux, et parmi eux « le Boulodrome de Montmartre, endroit charmant où la musique est, à mon gré, plus plaisante que celle de M. [Richard] Strauss[51] ». Nombreuses sont les chansons mentionnées dans les écrits d'Apollinaire. On peut lire par exemple *Viens poupoule*, cheval de bataille de Felix Mayol, *Non, je ne marche pas*, *Pétronille, tu sens la menthe*, ou encore *Elle avait une jambe en bois*, porté au succès par le fantaisiste Dranem en 1908 et appréciée de Stravinsky également, qui l'insère dans *Petrouchka*. De nombreux chanteurs – ou amis qui chantent – entrent dans ses anecdotes, de Xavier Privas « prince des chansonniers » à Armory[52], d'Aristide Bruant[53] au Douanier Rousseau, jusqu'à Marie Laurencin, grande experte en matière de chansons, de comptines et de refrains, qui « dans son atelier [...] chante *L'Ermite*, *La Romanesca*, *C'est à Cherbourg que la jeunesse brille*, ou encore : *Biron avait un' ceint' d'or*[54] ».

Notons également qu'il ne fait aucun doute, selon notre auteur, que « les plus belles chansons du monde sont les chansons françaises, et il faut plaindre ceux qu'elles ne charment pas[55] ». Mais force est tout de même de constater son intérêt, faible mais constant, pour les musiques ou les danses étrangères et d'outre-mer, à relier d'une part à sa curieuse passion ethnographique, d'autre part à son implication dans les modes de son temps. À la fascination pour certaines ballades allemandes connues à Neu Glück, au souvenir des chansons italiennes chantées par sa mère, il mélange des musiques et des danses bizarres. De son séjour à Stavelot, il emporta la « maclotte qui sautille », danse populaire wallonne qu'il ne manquera pas de dédier à sa Marie[56] ; de certaines de ses lectures, il découvrit le bal slave *kolo*, une « ronde obscène qu'on peut appeler : la danse de la croupe[57] » et qu'il mentionne plusieurs fois dans ses articles[58].

---

50 « Lettre parisienne », *Journal de Salonique*, 14 janvier 1904 (*Pr2*, p. 1093).

51 « La vie anecdotique – Francis Carco », *Mercure de France*, 1er juin 1914 (*Pr3*, p. 207).

52 *Cf.* « Le prince des chansonniers », *Paris-Journal*, 10 février 1910 (*Pr2*, p. 1284) ; Peter Read, « Apollinaire et Armory, chansonnier montmartrois », *Que vlo-ve ?*, nº 12, 1984.

53 V. *La femme assise*, chap. 2 (*Pr1*, p. 421).

54 « La vie anecdotique – Quelques artistes au travail », *Mercure de France*, 16 avril 1911 (*Pr3*, p. 57).

55 « Les livres », *Paris-Journal*, 28 janvier 1910 (*Pr2*, p. 1167).

56 *Marie* (*Alcools* ; *Po*, p. 81).

57 *Trois histoires de châtiments divins* dans *L'Hérésiarque et Cie* (*Pr1*, p. 127).

58 V. les notes à « Le kolo », *Paris-Journal*, 15 février 1910 (*Pr2*, p. 1283), dans *Pr2*, p. 1777.

Des fêtes foraines et des cafés-concerts, il apprend cette danse *nègre* qu'on appelait *cakewalk*, et qui a tant impressionné les artistes, de Georges Méliès avec son *Cake-walk Infernal* (1903) à Debussy dans *Golliwog's Cakewalk* (1908). Le terme générique de *cakewalk* définit différentes musiques et danses afro-américaines qui ont pénétré en France au début du XXe siècle[59]. Sur « cette danse du gâteau [...], inventée par les nègres des États-Unis, [qui] fut la folie de l'année 1904[60] », Apollinaire rencontrera Jarry pour la première fois, s'amusera aux soirées du journal *La plume*[61] et construira quelques passages dramaturgiques des *Mamelles de Tirésias*. Si Apollinaire a disparu trop tôt pour vivre l'invasion du jazz, l'arrivée de Joséphine Baker, le débarquement définitif du music-hall et de ses chansons, Apollinaire n'aura montré un grand intérêt pas même pour le tango, folie des années 1913-1914, bien qu'il l'ait défini « cette danse vénérieuse et merveilleuse, qui semble née sur un transatlantique[62] ». Il le défendit, mais lorsque Pie X (selon la légende) lui opposait à la forlane, une danse du XVIe siècle d'origine frioulane jugée moins scandaleuse, il préféra s'intéresser à cette dernière[63]. La danse qui intéresse Guillaume, c'est la danse populaire, les pas de cancan et une danseuse comme Loïe Fuller, dont il parlera à plusieurs reprises[64]. La haute chorégraphie, ou mieux l'art des Ballets russes qui secouera les masses à son époque – la mode des « balletomanes », comme il l'écrira en 1912[65] –, ne sera pas au centre de son attention pendant longtemps. Cela ne signifie pas que la danse ne soit pas une cause et un objet de réflexion sociologique ou

---

59 La littérature sur le *cakewalk* est très abondante ; je me limite à signaler Davinia Caddy, « Parisian Cake Walks », *19th-Century Music*, vol. 30, n° 3, 2007 et Nancy Perloff, *Art and the Everyday – Popular Entertainment and the Circle of Erik Satie*, Oxford, Clarendon Press, 1991, p. 46-59.

60 « La danse est un sport », *La culture physique*, février 1907 (*Pr3*, p. 400).

61 « Feu Alfred Jarry », *Les marges*, novembre 1909 (*Pr2*, p. 1039).

62 Ébauche de paragraphe du chapitre II de *La Femme assise* (*Pr1*, p. 1341).

63 *Cf.* Lucile Dubois [pseud. d'Apollinaire], « La France jugée à l'étranger », *Mercure de France*, 16 février 1914 ; *cf. Pr3*, p. 1248. Sur le tango a Paris, v. Béatrice Humbert, « Le tango à Paris de 1907 à 1920 », in Ramón Pelinski (dir.), *Tango nomade. Études sur le tango transculturel*, Montréal, Tryptique, 1995. La forlane sera également mentionnée dans *Casanova* : v. chap. 2.

64 *Cf.* p. ex. « Chronique des romans », *La Phalange*, novembre 1908 (*Pr2*, p. 1138) ; « Chroniques d'art – Les peintresses », *Le petit bleu*, 5 avril 1912 (*Pr2*, p. 446-447).

65 « Choses à la mode », *Le Petit Bleu*, 25 janvier 1912 (*Pr3*, p. 463-466). Dans cet article, on peut lire les noms de Maria Taglioni, l'une des plus importantes danseuses du XIXe siècle, d'Isadora Duncan et d'Alice Méva, danseuse de café-concert, actrice et chanteuse très célèbre à l'époque d'Apollinaire.

de coutume. Apollinaire dédiera nombre d'articles à cet art, soit sous la forme de l'écho soit sous celle de longs essais, comme dans le cas de *La danse est un sport* (1907)[66]. Dans sa jeunesse, il avait déjà collaboré avec Jacques Molina da Silva, professeur à Saint-Cyr, pour le livre *La grâce et le maintien français* (1901), qu'il ne signera pourtant pas, bien que Molina l'ait remercié pour « l'érudition obligeante [...] dont les notes et la riche collection d'anecdotes sur le sujet qui nous occupe m'a été d'un réel secours[67] ». Enfin, bien que ce ne soit pas le domaine qui nous concerne, nous voudrions souligner que les spécialistes apollinariens ont découvert de nombreuses significations, images et symboles dans les danses racontées ou poétisées par notre auteur[68].

Sa relation avec la musique populaire est analogue : pour lui, les chansons ne sont pas qu'une simple source de divertissement, mais peuvent être élevées au rang de poésie. Il ne se contente pas de regarder ces centres propulsifs que sont les *cabarets artistiques*, où la conscience contre-culturelle d'une grande partie de l'avant-garde parisienne s'est formée[69] (au point que cette dernière peut être considérée, selon Andreas Huyssen, comme un pont entre le modernisme et la culture du divertissement[70]). La conscience artistique d'Apollinaire est plus radicale, puisqu'elle ira jusqu'à inclure, dans la sphère musicale, le répertoire folklorique et populaire, et dans la sphère théâtrale les architectures dramaturgiques du café-concert. Selon lui, les poèmes de Paul Fort, par exemple, « possèdent des qualités toutes nouvelles et notamment une gaieté dont le lyrisme malicieux se retrouve souvent en France, mais que les poètes les plus familiers eux-mêmes ont rarement exprimée. [...] On ne retrouve cela que dans certaines chansons populaires[71] ». L'esprit de la musique populaire peut inspirer les artistes de façon semblable à la petite phrase de Vinteuil : « la musique nourrissait la peinture, et si le violon d'Ingres a passé en proverbe, sans le violon du Douanier, nous n'aurions point ces décorations étranges[72] ». Rousseau réunit parfaitement la soi-disant *grande* musique et la musique populaire : « les pompiers

---

66 « La danse est un sport », *op. cit.* (*Pr3*, p. 393-403). V. aussi *CGA*, p. 212-213.

67 Cit. dans Pierre-Marcel Adéma, *Guillaume Apollinaire*, Paris, La Table Ronde, 1968, p. 57.

68 *Cf.* Claude Debon, « Danse », *DA*, p. 284-285.

69 *Cf.* Derek B. Scott, *Sounds of the metropolis*, *op. cit.*, p. 196-197 *sq.*

70 *Cf.* Andreas Huyssen, *After the Great Divide*, *op. cit.*, p. VII.

71 « Paul Fort », *La Phalange*, mars 1909 (*Pr2*, p. 1021).

72 « La vie anecdotique – Rousseau le Douanier », *Mercure de France*, 1er mai 1911 (*Pr3*, p. 60).

sont les virtuoses de la peinture. Ils sont aux arts plastiques ce que les pianistes sont aux compositeurs. Rousseau n'était qu'un humble chansonnier. Mais les chansonniers s'élèvent parfois très haut[73] ». Apollinaire, cependant, n'arrivera jamais à une véritable théorisation de la musique et des danses de divertissement, comme ce fut le cas, par exemple, pour l'Anglais Arthur Symons à propos du music-hall[74], ou pour le Vénézuélien Rufino Blanco Fombona, pour qui le style d'Isadora Duncan renverrait aux théories de Darwin et d'Ernst Haeckel. Apollinaire lui répondit :

> Je ne vois pas bien ces deux maîtres de danse. À la rigueur Darwin eut pu enseigner à Miss Duncan que le cake-walk nous vient de ces gibbons dont l'un, récemment, faillit devenir pape. *Cake*, en effet, est mis pour macaque. *Walk*, il est vrai, n'est que l'abréviation de Walkyrie en hommage à Wagner. Nous aurons ainsi le mot complet terminé en grec pour les messes de l'Église romaine : *Macaque Walkyrie eleison*. La Duncan aurait pu choisir, au lieu de Haeckel et Darwin, les anges que le Talmud appelle : maîtres de danse[75].

Toutefois, en 1909 il demande que les nouveaux dramaturges s'inspirent du cirque et du spectacle de revue, un des genres théâtraux les plus représentatifs du café-concert, dont nous verrons bientôt l'importance[76]. Si l'ironie domine ici, ces mêmes concepts seront pourtant à la base de l'idée du théâtre sur laquelle il construira la pièce révolutionnaire *Les Mamelles de Tirésias*, drame surréaliste.

> Allez à la Gaîté-Rochechouart, auteurs dramatiques, vous y trouverez ce que vous avez perdu et qui s'appelle la verve. Les cafés-concerts sont les vestales de ce feu sacré de la comédie. Molière sortit tout entier des farces improvisées de la *commedia dell'arte*. Espérons qu'un nouveau Molière sorte du réalisme fantaisiste des revues de fin d'année et des lazzis anglo-français des clowns préférés : Footit ou Antonetti. Auteurs dramatiques, qui vous croyez destinés à devenir un Molière, allez à la Gaîté-Rochechouart. La revue est mirifique, les jambes des danseuses sont agréables[77].

---

73 « Les pompiers, Vallotton et le Douanier Rousseau », *Le Petit Bleu*, 3 février 1912 (*Pr2*, p. 404).

74 *Cf.* Barry J. Faulk, *Music Hall and Modernity – The Late-Victorian Discovery of Popular Culture*, Athens, Ohio University Press, 2004, p. 50-74.

75 « Revue des revues », *Revue d'art dramatique et musical*, juillet 1903 (*Pr2*, p. 1233).

76 Pour une mise en contexte de la revue, v. Christophe Charle, « Le carnaval du temps présent – Les revues d'actualités à Paris et à Bruxelles, 1852-1912 », *Actes de la recherche en sciences sociales*, n° 1, 2011.

77 « La vérité sur la vie et le théâtre – L'auteur à la Gaîté-Rochechouart » (*Pr3*, p. 1017). Ce court texte aurait dû être le début d'une revue de fin d'année ; le projet est resté inachevé

La proximité avec la musique et le divertissement populaires, l'attention qui ne se limite pas aux aspects superficiels de ce phénomène mais va jusqu'à en tirer quelques brèves conclusions spéculatives s'inscrivent pleinement dans cette « révolution des musiques populaires[78] » qui, dès la seconde moitié du XIXe siècle, avait ouvert un nouvel espace de production et d'écoute musicales opposé, ou au mieux complémentaire, à la musique savante. La musique *de divertissement* – par opposition à la musique *sérieuse* – recueillait des impressions, des détritus et des réminiscences de la haute culture et de la culture folklorique, se présentant comme une alternative nouvelle et souvent hédoniste à celles-ci, et se développant sur des bases essentiellement capitalistes (loin cependant de la ferveur avec laquelle l'industrie du disque sera animée quelques décennies plus tard). Opposition à la haute culture, hétérogénéité des stimuli et des produits, possibilité de gravir l'échelle sociale, divertissement : il ne fait aucun doute que Guillaume a été attiré par cette culture à tous points de vue et que, pendant une courte période de sa vie, il a même voulu en faire partie.

Fin 1905, il écrivit *Le Marchand d'anchois*, spectacle de revue destiné à *L'Européen*, une salle assez fréquentée rue Biot sous la butte Montmartre, et conçu pour être interprété par Jeanne Bloch, *vedette* aux Folies Bergère. Pour atteindre cet objectif difficile, Apollinaire travaille avec son ami André Salmon[79], lui aussi passionné de ce monde et qui sera plus tard l'auteur de *Garçon, de quoi écrire !* (1911), un spectacle de revue assez réussi, réalisé avec Alfred Mortier et représenté à la Salle Malakoff[80]. Les deux avaient 25 ans lors de l'écriture inachevée de cette revue, voire de « cette folie à grand spectacle – disait Salmon – que [...] nous composâmes candidement, toujours pour nous enrichir et plus que jamais sous l'anonymat[81] ».

---

et nous savons peu de choses à ce sujet, si ce n'est qu'une partie du texte a fini parmi les brouillons du *Poète assassiné*. *Cf. Pr3*, p. 1329-1330.

78 *Cf.* Derek B. Scott, *Sounds of the metropolis*, *op. cit.*

79 Sur les rapports Salmon-Apollinaire, v. Jacqueline Gojard, « Guillaume Apollinaire et André Salmon sur le pont des reviens-t'en », *Revue d'histoire littéraire de la France*, vol. 121, n° 1.

80 Apollinaire en fait la publicité avec enthousiasme dans « La vie anecdotique – On va jouer une *Revue littéraire* », *Mercure de France*, 16 avril 1911 (*Pr3*, p. 59). Sur cette revue, v. André Salmon, *Souvenirs sans fin (1903-1940)*, Paris, Gallimard, 2004 (I éd. 1955), p. 583-597.

81 André Salmon, *Souvenirs sans fin (1903-1940)*, *op. cit.*, p. 577-578.

Le Marchand d'anchois peut être défini comme une curieuse expérience de revue de fin d'année, une sous-espèce de revue d'actualité « constituée par une série de scènes passant effectivement en "revue" les principaux événements d'une année, ou d'une saison : événements politiques, artistiques, mondains, judiciaires – voire scandaleux[82] ». D'un point de vue morphologique, l'action théâtrale de la revue se mêle à des chansons salaces et légères, basées sur des mélodies préexistantes, des sketches comiques, des ballets, des déguisements et des chœurs, tout en s'adressant au public et en l'impliquant directement à travers ce qu'on appelle les *scies*, refrains faciles à apprendre et chantés ensemble avec le public[83]. En revanche, l'architecture narrative repose sur des piliers stables : « un meneur de jeu, le compère, souvent associé à une partenaire (la commère), assuraient les liaisons entre les tableaux, fréquemment de façon inattendue et arbitraire[84] ». Ces quelques lignes d'introduction ne constituent pas une simple digression sur le thème de la revue, mais servent à esquisser grossièrement l'idée qu'Apollinaire se faisait du théâtre. Tant dans *Le Marchand d'anchois* que dans *Les Mamelles de Tirésias* et même dans *Casanova*, le spectacle de revue est le point de référence d'une nouvelle idée dramaturgique.

L'intrigue de « cette folie à grand spectacle » raconte l'histoire d'un marchand norvégien, Jonas, qui souhaite s'installer à Paris pour commercialiser anchois, maquereaux fumés et animaux sauvages. Il sera aidé dans cette entreprise par ses amis, qui pour rester à ses côtés se sont transformés en ours polaires et autres bêtes, et par son amie Layouchka. Tout cela donne lieu à un spectacle de cirque qui chante le bonheur et la beauté de la capitale. À cette histoire fantasque s'ajoutent des références à l'actualité et des parodies de personnages ayant réellement existé, comme par exemple les chanteuses Polaire et Liane de Pougy, le nouveau roi de Norvège Haakon, et la question de la colonie marocaine[85]. Salmon fait converger ces deux dimensions du spectacle en précisant que *Le Marchand d'anchois* n'est rien d'autre qu'un « tableau

82 Jacques Feschotte, *Histoire du music-hall*, Paris, PUF, 1965, p. 76.

83 Sur les caractéristiques générales de la revue, v. François Caradec et Alain Weill, *Le café-concert (1848-1914)*, Paris, Fayard, 2007, p. 356-365.

84 Jacques Feschotte, *Histoire du music-hall*, *op. cit.*, p. 76.

85 Pour un commentaire de ces références (exposées dans *Pr1*, p. 1457-1462), v. Ikuko Morita, « Le théâtre de Guillaume Apollinaire : ses rapports avec la culture populaire », *Études de langue et littérature française*, vol. 38, 2008, p. 94-96.

sur le fjord animé par plusieurs caricatures de nos amis scandinaves de la rive gauche, d'Arne Hammer, filleul de Bjørnstjerne Bjørnson [...] jusqu'à Edward Diriks, notre ami l'impressionniste norvégien[86] ». Si le but avoué de cette œuvre est de gagner un peu d'argent, le spectacle de revue représente néanmoins sérieusement une forme de satire de l'actualité et des relations sociales. C'est une façon de *passer en revue*, c'est-à-dire d'analyser attentivement le quotidien qui, s'il aboutit parfois au divertissement le plus vulgaire, réussit à d'autres moments à prendre des formes dramaturgiques plus élevées, remontant jusqu'au théâtre classique. « Les titres de noblesse de la "revue de fin d'année", nous savons bien où ils sont : dans Aristophane. [...] Ses comédies [...] furent vraiment [...] de superbes et impitoyables *revues*[87] », dit Robert Dreyfus. Des auteurs tels Théodore de Banville (*Le feuilleton d'Aristophane*, 1852) et Clairville (*Aristophane à Paris*, 1873) se tournèrent de façon explicite vers le dramaturge grec ; Apollinaire s'en souviendra dans le prologue des *Mamelles de Tirésias* et dans ses *Chœurs*.

Cependant, la musique ne contribue que faiblement à l'originalité du *Marchand d'anchois*, car les chansons qu'il contient n'ont rien qui puisse suggérer une dramaturgie musicale assez articulée ou une recherche sonore particulière, encore moins une divergence d'avec la tradition de la revue. La pièce contient trente morceaux et aucun d'entre eux n'a été écrit spécifiquement pour le spectacle ; la plupart sont les « meilleurs timbres de l'année[88] », chantés originairement par des artistes comme Mayol, Polin, Paulus et Ouvrard. On y trouve également des compositions classiques ou traditionnelles.

Parmi les musiques à succès, il y a par exemple *My cosy-corner girl*, chanson composée dans les derniers mois de 1903 pour le music-hall anglais *The Earl and the girl*, qui connut des centaines de représentations tout au long de 1904[89] ; *Marche des souliers crottés*, chantée par Dalbret, et *Au r'voir* par Mayol, enregistrées à la nouvelle maison de disques Odéon entre 1904 et 1905 ; enfin *La machtagouine* (1895), à qui l'on doit le nom du personnage féminin du *Marchand d'anchois*, Layouchka,

86 André Salmon, *Souvenirs sans fin (1903-1940)*, *op. cit.*, p. 578.
87 Robert Dreyfus, *Petite histoire de la revue de fin d'année*, Paris, Charpentier et Fasquelle, 1909, p. 1.
88 André Salmon, *Souvenirs sans fin (1903-1940)*, *op. cit.*, p. 578.
89 *Cf.* Henry A. Lytton, *The secrets of a savoyard*, Londres, Jarrolds, 1922, p. 86.

et qui fut composée par le comique troupier Éloi Ouvrard. D'autres chansons sont propres à la tradition populaire, comme *Bonjour, mon ami Vincent* (1819) de Béranger, un auteur dont le café-concert s'est souvent inspiré[90] ; *La véritable Manola* (1877) d'Émile Bourgeois sur un texte de Théophile Gautier (1843) ; ou encore la célébrissime *En revenant de la revue* dont l'apogée se situe en 1886 grâce à Paulus qui en fit l'un des hymnes populaires du Boulangisme[91]. Pour se conformer à ce mélange des genres typique de la revue, Salmon et Apollinaire ajoutent aussi des musiques diverses, comme la comptine *Joli tambour*, la marche militaire *Le régiment de Sambre-et-Meuse* (1871), *L'internationale* et *O Tannenbaum*. Y sont également présents une mélodie des *Petites Barnett* (1898), opérette de Louis Varney, et l'*Air connu de Benjamin Godard* – comme l'écrivent les auteurs – à savoir *Oh ! ne t'éveille pas encore*, la célèbre berceuse du second acte de *Jocelyn* (1888).

L'appareil sonore suit les canons de la parodie, à la fois au sens littéraire de la contrefaçon burlesque et au sens étroitement musical de l'adaptation d'un texte à une mélodie musicale préexistante. Ce ne fut certainement pas une tâche difficile pour Apollinaire : la composition d'un texte poétique à partir du rythme et de l'inflexion d'une chanson était une méthode de travail que notre poète utilisa tout au long de sa vie. Un exemple de jeunesse en est *Le cercle « La fougère »* (c. 1899, *Le guetteur mélancolique*), explicitement basé sur la mélodie de *À Ménilmontant* (i. e. *Belleville-Ménilmontant* d'Aristide Bruant, publié en 1889). Autre exemple avec *J'ai du bon tabac*, dont la mélodie sera à la base de *Le tabac à priser* (c. 1915, *Le guetteur mélancolique*) et d'un passage musical à l'intérieur du premier acte de *Casanova*. Apollinaire, donc, réutilise de nombreuses mélodies. Comme nous le verrons, quand elles ne suffisent pas, il en compose d'autres personnellement, suivant un mode de création qui, de simple divertissement, constituera toujours un élément important de sa poétique.

Dans *Le Marchand d'anchois*, la construction des textes musicaux est extrêmement simple et repose sur des procédés amusants : les auteurs travaillent les textes originaux principalement par assonance, comme pour

90 *Cf.* André Chadourne, *Les cafés-concert*, Paris, Dentu, 1889, p. 367-368.

91 *Cf.* Octave Pradels (dit Paulus), *Trente ans de café-concert, souvenirs de Paulus*, Paris, Société d'édition et de publications, 1908, p. 4 ; pour une histoire de *En revenant de la revue*, v. François Caradec et Alain Weill, *Le café-concert*, *op. cit.*, p. 202-204.

Cette p'tite femme là qui devient « Ils sont épatants, ces animaux-là[92] » ; ou bien, au contraire, créent un contraste entre texte et musique, comme dans le boléro-séguidille *La véritable Manola* où chantent d'Ibsen et le roi Haakon, ou dans *L'internationale* qui, d'hymne socialiste, deviendra la mélodie sur laquelle Rick, très aristocratiquement, chante « Je suis un phoqu' comique / Palmé au nouvel an / Des palm's académiques / Par le duc d'Orléans[93] ».

Si *Le Marchand d'anchois* est conçu comme spectacle de revue, l'originalité d'Apollinaire fit cependant en sorte que l'essence de son spectacle s'éloigne des revues contemporaines et s'inscrive davantage dans son *corpus* littéraire que dans l'histoire du café-concert. Selon Décaudin, *Le Marchand d'anchois* « est d'une veine purement apollinarienne, et il ne faut pas s'étonner que de nombreux passages en furent plus tard utilisés par le poète à des fins diverses[94] ». Franca Bruera précise que « le langage [...] est envisagé tout au long de la pièce comme rythme forcené et répétition incessante de phonèmes et de sons au détriment de son sens logique et rationnel[95] ». Sa dimension n'est donc pas exactement celle du spectacle classique de café-concert, où la signification de la plaisanterie était renforcée par l'utilisation omniprésente de jeux rhétoriques simples comme le calembour[96].

Le Marchand d'anchois ne sera d'ailleurs jamais mis en scène à cause d'un trait particulier de langage, qu'expose Salmon :

> Guillaume n'a pas tenu, possédé, la bonne mesure du genre auquel nous consentions, dans l'espoir insensé de larges droits d'auteurs. Ce genre exige la moindre grivoiserie et Guillaume eut presque toujours la grivoiserie un peu trop robuste. C'est le cœur gros qu'il se résigna à supprimer certain rondeau du *Petit balai* dont je l'aurai connu curieusement fier. Fier à ce point que le retirant de nos feuillets manuscrits il le conservera dans ses papiers personnels, si soigneusement que je l'ai retrouvé un jour, si longtemps après la mort du poète, inséré dans une plaquette de vers licencieux, en édition clandestine[97].

---

92 *Le Marchand d'anchois* (*Pr1*, p. 1006).

93 *Ibid.* (*Pr1*, p. 1004).

94 Michel Décaudin, « *La Temperature* : une collaboration d'Apollinaire et d'André Salmon », *Que vlo-ve ?*, n° 6, 1985, p. 9.

95 Franca Bruera, « Des expériences théâtrales oubliées : Guillaume Apollinaire, André Salmon et l'échec du *Marchand d'anchois* », in Barbara Meazzi et Jean-Pol Madou (dir.), *Les oubliés des avant-gardes*, Chambery, Université de Savoie, 2006, p. 14.

96 Sur le calembour dans la revue, v. Robert Dreyfus, *Petite histoire de la revue de fin d'année*, *op. cit.*, p. XIV-XVI.

97 André Salmon, *Souvenirs sans fin (1903-1940)*, *op. cit.*, p. 579.

En fait, la proposition d'une comédie contenant la moindre obscénité pouvait donner lieu à un rejet clair de la part des gérants d'un café-concert, car les plaintes émanant de citoyens privés défendant la pudeur étaient alors fréquentes[98].

Bien que *Le Marchand d'anchois* n'ait eu d'autre but que de faire gagner à ses auteurs d'improbables revenus, il devint un véritable laboratoire langagier et dramatique. Une douzaine d'années plus tard, Apollinaire s'en rappellera en écrivant *Les Mamelles de Tirésias*.

LA CULTURE MUSICALE SAVANTE

Le flâneur des deux rives avait donc peu affaire à la mondanité de la Salle Gaveau, aux maquillages et aux plumes du Palais Garnier. Rares sont les musiques d'art avec lesquelles il entra en contact direct entre 1904 et 1914. Ses amis et collègues – comme Louise Faure-Favier ou le Douanier Rousseau, violoniste et ami de nombreux musiciens – l'invitaient à des soirées où l'on jouait non seulement de la musique de bal et des chansons populaires, mais où l'on pouvait également écouter Gounod, Schubert et quelques airs d'opéra. Mais lorsque Louise Faure-Favier tenta de l'entraîner voir Nijinsky, il s'échappa du Théâtre du Châtelet avec une bonne excuse peu après y être entré[99]. Dans ses écrits, aucune trace de commentaires ou de simples souvenirs sur la musique de ballet ou d'orchestre, bien que nous sachions, sans certitude cependant, qu'il vit en mars 1913 le *Sacre du printemps* dans une de ses premières reprises ; qu'il assistait en mai de la même année à une répétition de *La Pisanelle* de D'Annunzio (musiques d'Ildebrando Pizzetti, décor de Bakst, mise en scène de Meyerhold, Ida Rubinstein comme personnage principal)[100] ; et qu'il participa à l'inauguration du Théâtre des Champs-Élysées, comme nous le verrons ultérieurement.

S'il appréciait parfois certaines mélodies, il ne goûtait en aucun cas la société qui aimait ces musiques, voire il critiquait souvent le milieu

---

98 Condemi signale par exemple que « entre 1871 et 1898, sur un total de 1931 procès-verbaux concernant les cafés-concerts, 6 % d'entre eux, soit 117, signalent des plaintes pour cause de chansons grivoises ». Concetta Condemi, *Les cafés-concerts : histoire d'un divertissement (1849-1914)*, Paris, Quai Voltaire, 1992, p. 89. Sur la censure et les mesures de précaution contre les paroles des chansons, *cf. ibid.*, p. 28-48. *Cf.* aussi Derek B. Scott, *Sounds of the metropolis*, *op. cit.*, p. 58-84.

99 *CGA*, p. 439.

100 « La vie anecdotique – Une répétition de *La Pisanelle* », *Mercure de France*, 1er juin 1913 (*Pr3*, p. 148-149) ; *cf. Pr3*, p. 1193.

musical cultivé de son temps, stigmatisant notamment la musique de scène et le mélodrame en particulier. Il ne se jetait toutefois pas dans l'arène, mais préférait plutôt les commentaires plus ou moins sournois. On peut relever dans ses écrits des comparaisons entre un certain type de peinture et l'opéra – « la *Mort d'Henri Regnault*, par Frédéric Levé » lui paraît par exemple « un art équivalent à ce que le "mélo" est à l'art dramatique[101] » – ou des références aux compositions contemporaines – le « *Saint Sébastien* de M. Georges Desvallières » lui rappelait que « c'est un saint qui n'aime ni les lettres, ni les arts contemporains[102] » ; il se réfère ainsi au *Martyre de Saint Sébastien*, mystère blasphème de Debussy et D'Annunzio (1911). Remonte également à cette période la parodie d'une intrigue mélodramatique ensuite publiée dans *Le poète assassiné*[103]. Ses personnages, des ânes, singent les protagonistes des opéras wagnériens : on y trouve une séduisante Peau-d'Âne / Kundry, un traître qui s'appelle Melo comme le Melot de *Tristan und Isolde*, une métamorphose finale comme dans le *Lohengrin*, et diverses autres similitudes.

On peut affirmer que l'antipathie d'Apollinaire pour la musique cultivée reposait souvent sur une aversion de nature purement sociale : il ne critique pas les compositions en tant que telles, mais plutôt le public qui participe aux concerts ou les modes de production de la musique bourgeoise. On pourrait même dire qu'Apollinaire définit les artistes non-avant-gardistes avant tout en termes de relations sociales. Les mots qu'il a réservés aux peintres pompiers, et qu'il utilisera plus tard pour désigner certains musiciens, parlent d'eux-mêmes. Pour lui, ce sont eux surtout, et presque exclusivement, qui reçoivent le soutien des institutions nationales : « ce sont ceux à qui va la faveur gouvernementale. Ils ont à exécuter toutes les commandes officielles. Ils exposent dans tous les Salons importants, les sociétés artistiques les plus fermées. Les cercles élégants organisent des expositions où l'on ne voit que de leurs œuvres[104] ».

On trouve un exemple paradigmatique de cette situation dans l'article écrit pour le *Mercure de France* à l'occasion de la deuxième soirée de

101 « Au Grand Palais », *L'Intransigeant*, 1 mai 1910 (*Pr2*, p. 190).

102 « La vie artistique – Deuxième groupe à la galerie Druet. Le foyer coopératif », *L'Intransigeant*, 8 février 1912 (*Pr2*, p. 412).

103 *Pr1*, p. 264. Bien que ce recueil ait été publié en 1916, la section « Dramaturgie » a été écrite entre 1903 et 1909 ; *cf. Pr1*, p. 1216-1217.

104 « L'art – Les pompiers, Vallotton et le Douanier Rousseau », *Le Petit Bleu*, 3 février 1912 (*Pr2*, p. 400).

gala pour l'inauguration du Théâtre des Champs-Élysées, le 31 mars 1913 – seul article dans lequel Apollinaire avoue publiquement avoir assisté à un spectacle de musique cultivée. Les notables de la bourgeoisie internationale ont assisté à l'inauguration, qui comprenait l'exécution du *Benvenuto Cellini* de Berlioz conduite par Felix Weingartner. Voici le commentaire d'Apollinaire : « Le grand événement artistique et mondain de l'année (!) a été l'inauguration du théâtre des Champs-Élysées[105] », constat dans lequel le point d'exclamation résume toute la pensée du poète. Il avoue que son souci n'est pas la musique – « Je n'ai aucune peine à ne pas parler du *Benvenuto*, auquel je n'ai rien compris (je comprends rarement les paroles chantées) » – mais plutôt « la salle et les couloirs[106] ». Du concert, il dira juste que « Weingartner conduisait l'orchestre à la cravache[107] ». Il s'attarde plutôt sur des anecdotes qui exposent à la risée la musique cultivée et ses protagonistes ; il mentionne son voisin, le baryton Jacques Isnardon, non parce qu'il était le maître de Suzanne Vorska (Teresa dans *Benvenuto*), mais parce qu'il sentait l'ail[108] ; il parle des Américains présents au spectacle, y compris « la plus grande cantatrice américaine Miss A[lm]a G[luck] », juste pour inventer une sorte de scandale qui aurait impliqué les philantropes Otto Kahn et William K. Vanderbilt et parvenir finalement à la conclusion qu'une nouvelle en Amérique, et peut-être aussi parmi les mélomanes français, « est quelque chose de plus singulier et de plus particulier que partout ailleurs. [...] Un veau à cinq pattes, voilà une nouvelle. [...] Les nouvelles, en Amérique, doivent être avant tout des événements uniques[109] ». Selon Apollinaire, il suffit pour *épater un musicien* de lui présenter quelque chose de singulier

105 « La vie anecdotique – Inauguration du théâtre des Champs-Élysées », *Mercure de France*, 16 avril 1913 (*Pr3*, p. 142).

106 *Ibid.*

107 *Ibid.* (*Pr3*, p. 143).

108 *Ibid.* (*Pr3*, p. 142). Suzanne Vorska (1888-1915), décédée prématurément, a remporté plusieurs prix de chant au Conservatoire ; elle a fait ses débuts à l'Opéra-Comique et a participé à des concerts prestigieux aux côtés de Debussy et de Saint-Saëns. Jacques Isnardon (Marseille, 1860-1930), après avoir mené une excellente carrière d'interprète (il a chanté à la première de *Jocelyn* de Benjamin Godard [1888]), devint professeur au Conservatoire de Paris. Il est l'auteur du manuel *Le chant théâtral* (Paris, Marcel & Jane Vieu, 1911), qui comporte une préface de Reynaldo Hahn.

109 *Ibid.* (*Pr3*, p. 142-143). Décaudin et Caizergues supposent à tort que la chanteuse en question serait Suzanne Adams, jeune soprano américaine célèbre à l'époque. En réalité, comme le confirme le *New York Times* (s. a. « Paris has a new theatre », 1 avril 1913), c'est Alma Gluck qui a assisté à l'ouverture du théâtre avec M. et Mme Vanderbilt.

et de bizarre : « on apprend maintenant, dira-t-il sur *L'Intransigeant*, que le professeur F. Stein [...] vient de retrouver une symphonie en do majeur de Beethoven. Voilà qui va faire plaisir aux musiciens[110] ». L'art bourgeois consisterait donc en l'exhumation de grands chefs-d'œuvre (le *Benvenuto*, une symphonie retrouvée) proposés et reproposés dans le cadre d'une tradition immobile, c'est-à-dire comme monuments d'une identité statique et immuable, et transformés en simple événement dont il faut parler.

Il y a très peu de références dans les écrits d'Apollinaire à l'égard de la musique du passé, mais il est intéressant de noter qu'elles sont localisées dans des publications secondaires ou mineures, écrites par le poète à des fins économiques seulement. On en trouve des exemples dans les commentaires sur l'histoire du mélodrame, inclus dans *Le Théâtre italien* (*cf. infra*), ou bien dans les préfaces aux volumes de la Bibliothèque des curieux – Les maîtres de l'amour (1910-1913), qui deviendront *Les diables amoureux*. Dans ces derniers, les portraits de quelques figures musicales cultivées sont placés dans le contexte de la littérature érotique et sont donc éloignés de la solennité, voire de la sacralité, conférées par la culture bourgeoise. Un exemple nous est donné par l'introduction aux salaces *Mémoires* de Wilhelmine Schröder-Devrient, la première Senta dans le *Vaisseau fantôme*, qui n'intéresse pas autant Apollinaire pour ses exploits musicaux ou pour sa vie intense que pour l'authenticité des faits décrits dans le volume[111]. Apollinaire ajoute parfois quelques considérations personnelles sur l'histoire de la musique et sur ses questions principales. Il démontre alors une certaine compétence en la matière. On peut noter, par exemple, que dans la préface à l'œuvre de l'aventurier libertin André de Nerciat, il décrit sur plusieurs paragraphes l'histoire de la « comédie mêlée d'ariettes » *Constance ou l'Heureuse Témérité* (1780)[112] en la replaçant dans le contexte des querelles gluckistes, soulignant les préférences du dédicataire, le landgrave d'Hesse-Cassel, pour la musique française (le voici à nouveau revenu à la lutte entre musique française et

110 « On dit que... », *L'Intransigeant*, 9 mars 1910 (*Pr2*, p. 1297). Il se réfère à la *Symphonie Iéna*, attribuée à Beethoven par Fritz Stein (1909).

111 « Wilhelmine Schroeder-Devrient a-t-elle écrit *Aus den memoiren einer Sängerin* ? », in *Mémoires d'une chanteuse* (*Pr3*, p. 839-844).

112 Apollinaire s'est basé sur Jean-Jacques Olivier, *Les comédiens français dans les cours d'Allemagne au* XVIII*e siècle*, (4e série – *La cour du landgrave Frédéric II de Hesse-Cassel*), Paris, Société française d'imprimerie et de librairie, 1905.

étrangère), mais surtout comparant les paroles de *Constance* avec « certains livrets d'aujourd'hui [qui] ne valent pas celui de l'*Heureuse Témérité*[113] ». L'introduction à *La Galerie des femmes*, par Étienne de Jouy, est en revanche plus subtile dans son rapport à la contemporanéité. L'auteur, librettiste de *La Vestale* de Spontini et du *Guillaume Tell* de Rossini, œuvres qui continuaient à triompher à l'Opéra de Paris[114], ne serait « plus guère connu que des curieux de lettres à cause d'un ouvrage de ses débuts littéraires : *La Galerie des femmes* [...]. Cependant, [*La Galerie*] n'est pas un livre ennuyeux, on peut dire que c'est le seul ouvrage de M. de Jouy qui ne soit pas ennuyeux[115] ». Difficile d'être d'accord.

Après avoir lu et évalué tous ces témoignages, il n'est pas possible de soupçonner que l'aversion d'Apollinaire pour la musique cultivée soit le résultat de son insensibilité, comme il le déclarait candidement dans son article sur Varlet, ou de son ignorance de ce répertoire. Cela équivaudrait, entre autres, à méconnaître sa très forte curiosité et son érudition illimitée dans tous les domaines des sciences humaines. Il y a plutôt des distances sociales et esthétiques entre l'art bourgeois et l'art qu'Apollinaire promeut. Le premier se construit sur des règles préétablies et sur un rapport étroit avec la tradition, avec les académies, avec ces institutions formelles ou non qui règlent le bon goût et la morale d'état (les ministères, le clergé, l'élite culturelle du Tout-Paris) ; il n'y a en revanche aucune norme artistique préexistante chez le second, si ce n'est élargir la vision et la compréhension du monde en utilisant des outils aussi puissants et efficaces que ceux de la science[116]. Pour comprendre la position d'Apollinaire, il ne nous faut pas forcément nous référer au contenu novateur d'œuvres comme *Pelléas et Mélisande*, pourtant ignorée par Apollinaire, mais au contexte social qui a permis leur existence : comme le disait Satie, « Ravel refuse la Légion d'honneur, mais toute sa musique l'accepte[117] ». Pierre Bourdieu explique qu'il s'agit d'une division entre *champs* sociaux qui, bien que voisins, ont des buts et des

113 « [Le chevalier Andrea de Nerciat] », in *L'œuvre du chevalier Andrea de Nerciat* (*Pr3*, p. 752).

114 *La Vestale* a été mise en scène à l'Opéra le 24 janvier 1909, *Guillaume Tell* le 1er septembre 1909 et le 31 décembre 1910. *Cf.* aussi Roger Nichols, *The Harlequin Years – Music in Paris 1917-1929*, Londres, University of California Press, 2003, p. 65-66.

115 *La Galerie des femmes* (*Pr3*, p. 838-839).

116 Sur Cubisme et science, *cf.* Willard Bohn, *The Rise of Surrealism – Cubism, Dada, and the Pursuit of the Marvelous*, New York, State University of New York, 2001, p. 7-27.

117 s. a., *Le Coq*, n° 1, 1920, p. 1.

règles complètement différents. « Le microcosme social dans lequel se produisent les œuvres culturelles [...] est un espace de relations objectives entre des positions – celle de l'artiste consacré et celle de l'artiste maudit par exemple – et on ne peut comprendre ce qui s'y passe que si l'on situe chaque agent ou chaque institution dans ses relations objectives avec tous les autres[118] ». Selon Bourdieu, il ne serait donc pas possible de rapprocher le *champ* dans lequel travaillaient Apollinaire et Satie de celui de Proust et de Saint-Saëns, comme certains l'ont pourtant fait sans parvenir pour autant à des résultats définitifs[119]. Il importe donc de replacer la pensée d'Apollinaire dans le contexte de cette division socio-culturelle, tout en distinguant ses idées de celles des principaux musiciens de l'époque, étiquetés artistes d'*avant-garde* par les manuels et par la tradition, mais qui occupaient en réalité à cette époque une position socio-culturelle différente. Il peut être trivial, mais pas inutile, de rappeler une fois de plus que « la "trinité" formée par Fauré, Debussy et Ravel [...] est davantage un concept centré sur les besoins et les désirs de ses amis et admirateurs, plutôt que sur une représentation exacte des hiérarchies du goût musical ou des réalisations artistiques du temps[120] ». Certes, cette division était en partie dictée par des facteurs économiques : il n'est pas difficile d'imaginer la différence, même si elle n'est que symbolique, entre le Bateau Lavoir et le 10 rue d'Anjou, où habitait Cocteau, bourgeois mal accueilli par les cubistes avant la guerre malgré son amour pour l'art d'avant-garde. « On y était austère comme lorsqu'on prépare des révolutions. Ni Apollinaire, ni Max Jacob, ni Picasso ne virent arriver avec plaisir ce poète des salons », affirmait Maurice Sachs[121].

En suivant la théorie de Bourdieu, il ne faut pas concevoir la séparation entre champs simplement en termes de classe ou de catégorie sociale, mais plutôt d'*habitus* différents, l'un, celui de l'avant-garde, voué à la construction d'un art nouveau, l'autre, celui de la bourgeoisie, axé sur la préservation d'une tradition, d'un ordre établi, incapable de porter

118 Pierre Bourdieu, « Pour une science des œuvres », in *Raisons pratiques. Sur la théorie de l'action*, Paris, Éditions du Seuil, 1994, p. 68.

119 *Cf.* p. ex. Ornella Volta, « Du côté de chez Satie », in Carlo De Incontrera (dir.), *All'ombra delle fanciulle in fiore*, Trieste, Stella, 1987 ; Maria Luisa Belleli, « Apollinaire et Proust », *GA* 18.

120 Jann Pasler, *Writing through music – Essays on Music, Culture, and Politics*, Londres, Oxford University Press, 2007, p. 14.

121 Maurice Sachs, *Le Sabbat – Souvenirs d'une jeunesse orageuse*, Paris, Correa, 1946, p. 121.

l'art – et avec lui la vie – à une nouvelle étape de progrès, sous le signe de ce qu'Apollinaire appelait dans *La jolie rousse* « l'Aventure ». Pourtant, s'il y avait un désir de la part des avant-gardistes de se distinguer des artistes à succès sur le marché, cela n'enlève rien au fait qu'ils voulaient faire partie de ce petit groupe, bien que leurs recherches ne soient pas destinées à satisfaire le grand public[122]. Le champ de l'avant-garde était donc identifié non seulement par son opposition à un champ socialement et économiquement supérieur, mais aussi et surtout par ses objectifs et ses modes de production. La distance d'Apollinaire par rapport à la bourgeoisie ne doit pas être entendue comme une rupture avec les objets qu'elle a produits, mais plutôt comme une contestation de l'*habitus* par lequel ceux-ci deviennent une « barrière aux nouvelles générations[123] » d'artistes avant-gardistes. Tout en s'opposant à l'académisme et au conservatisme de la bourgeoisie, ni Debussy ni Ravel ne semblent vouloir saper son *habitus* de fond en comble. *Vice versa*, si Max Jacob s'approche du mélodrame, si les Picabia écoutent des concerts symphoniques, ils le font avec la conscience que cette musique peut être réinsérée dans un *habitus* qui, au lieu de freiner l'élan de l'avant-garde, le soutient. « Dieu m'est témoin – disait Apollinaire en temps de guerre – que j'ai voulu seulement ajouter de nouveaux domaines aux arts et aux lettres en général, sans méconnaître aucunement les mérites des chefs-d'œuvre véritables du passé ou du présent[124] ». Et pourtant, tenter d'inscrire précisément Apollinaire dans un champ commun à d'autres artistes contemporains est une entreprise difficile, si ce n'est pour s'opposer aux tendances d'un autre champ. Il faut en effet noter qu'Apollinaire, dans les derniers mois de sa vie, sans renoncer aux objectifs de l'avant-garde, cherchera de plus en plus à dialoguer avec le champ bourgeois, modifiant ainsi son champ d'appartenance – comme le fera Picasso, par exemple, mais pas Salmon, fidèle à son *credo* d'autonomie – et l'amenant à s'ouvrir à des mélanges impensables seulement une décennie plus tôt. Anna Boschetti soutient qu'Apollinaire

> a pris en compte la totalité des problèmes et des possibilités que son univers proposait, et a tout intégré, tout dépassé car l'intégration active de tous les acquis implique un dépassement. Si la grandeur se mesure à la faculté de

122 Sur ces distinctions, v. Anna Boschetti, *La poésie partout*, *op. cit.*, p. 25-32.
123 Lettre à André Billy, 29 juillet 1918 (*CG*, t. III, p. 563).
124 *Ibid.*

> maîtriser les possibles de son temps, on peut dire qu'Apollinaire a été [...] un de ces artistes complets, véritables « hommes-champs », qui sont très rares dans l'histoire artistique[125].

Pour situer cet « homme-champ » dans son époque et en rapport à la musique, il faut déchiffrer les documents qui expliquent le plus distinctement sa relation avec le domaine de l'art bourgeois. Nous avons déjà évoqué les allusions insérées dans divers écrits d'art, sur le costume, historiques, littéraires ; il nous reste à lire le manifeste qu'Apollinaire confie aux futuristes et dans lequel il exacerbe la distance avec le champ opposé tout en renforçant l'identité de son propre champ.

Avec le manifeste *L'Antitradition futuriste* (1913)[126], Apollinaire s'associe de manière ambiguë et ironique aux avant-gardistes italiens qui invoquent un art nouveau et une réalité renouvelée. Le poète semble alors à l'apogée de son attitude profanatrice envers la musique bourgeoise. On ne peut parler d'un manifeste ni entièrement futuriste ni entièrement apollinarien[127]. Bien que l'indépendance d'Apollinaire ne soit pas remise en cause, les influences des idéologues du Futurisme dans l'*Antitradition* sont très lourdes[128]. En ce qui concerne la musique, la pensée des deux parties était cependant sans doute très proche. Selon la dynamique habituelle de destruction-construction futuriste, Apollinaire insère dans la première section de l'*Antitradition* la « Suppression [...] de l'orchestre » et dans la seconde la « Construction [de la] musique totale et [de l'] Art des bruits ». En ce qui concerne l'aversion pour l'orchestre, il ne fait aucun doute que notre auteur était d'accord avec certains futuristes, tel Marinetti lui-même[129]. Il suffit, pour s'en rendre compte, de relire ses

125 Anna Boschetti, *La poésie partout*, *op. cit.*, p. 313-314.

126 Publié dans *Gil Blas* (3 août) et *Lacerba* (en italien, 15 septembre) ; v. *Pr2*, p. 937-939.

127 Sur la question vaste des rapports entre Apollinaire et les futuristes, je renvoie aux contributions fondamentales de Pasquale A. Jannini, *Le avanguardie letterarie nell'idea critica di Apollinaire*, Rome, Bulzoni, 1979 ; *Lettere a F. T. Marinetti*, éd. P. A. Jannini, Milan, All'insegna del pesce d'oro, 1978. *Cf.* aussi Jean-Jacques Carré, « Ardengo Soffici et Guillaume Apollinaire : au-delà du Futurisme », *GA* 7 ; *Guillaume Apollinaire, 202 Bd. Saint-Germain, Paris*, éd. L. Bonato, vol. 1, Rome, Bulzoni, 1992.

128 *Cf.* Barbara Meazzi, « Le Manifeste de l'*Antitradition futuriste* : Apollinaire et le Futurisme », in Michel Décaudin et Sergio Zoppi (éd.), *Quaderni del Novecento francese*, vol. 17, 1997 ; Noëmi Blumenkranz, « Sur la rédaction de l'*Antitradition futuriste* », *Que vlo-ve ?*, nº 15, 2001.

129 Mais Pratella, seul véritable musicien parmi les futuristes de cette époque, était plutôt favorable au perfectionnement de l'orchestre qu'à son élimination.

commentaires sur l'inauguration du Théâtre des Champs-Élysées. Pour la construction d'une nouvelle musique *totale*, Apollinaire s'appuie en revanche sur *L'arte dei rumori* (*L'art des bruits*), manifeste que le peintre Luigi Russolo, « maître bruiteur[130] » comme l'appelait Apollinaire, avait lancé quelques mois plus tôt. Bien que les bruits soient largement employés dans *Les Mamelles de Tirésias*, comme nous le verrons, ils ne semblent pas y être abordés dans le cadre du renouvellement esthétique mais, une fois de plus, du côté socio-culturel, comme une alternative possible et nécessaire au conservatisme bourgeois. L'explication réside précisément dans le manifeste de Russolo :

> Chaque son porte en soi un noyau de sensations déjà connues et usées qui prédisposent l'auditeur à l'ennui, malgré les efforts des musiciens novateurs. Nous avons tous aimé et goûté les harmonies des grands maîtres. Beethoven et Wagner ont délicieusement secoué notre cœur durant bien des années. Nous en sommes rassasiés. C'est pourquoi nous prenons infiniment plus de plaisir à combiner idéalement des bruits de tramways, d'autos, de voitures et de foules criardes qu'à écouter encore, par exemple, l'*Héroïque* ou la *Pastorale*[131].

Notre auteur expose son idée de l'art en opposant socialement et artistiquement deux camps, définissant, non sans une certaine ambiguïté, les champions de l'armée respective. Il dresse deux listes, l'une des artistes à détruire et à oublier, l'autre des personnes sur lesquelles fonder l'art nouveau. Il intitule ces deux listes respectivement « Merde », sous la forme d'un *jingle* créé pour renforcer le sens péjoratif du mot – une sorte de *petite musique*, fondamentale dans la création artistique apollinarienne de ces années-là (*cf. infra*) –, et « Rose ». Pour la première fois, et en termes non équivoques mais en se plaçant derrière le bouclier du Futurisme, il se prononce ouvertement contre la musique cultivée, ou plus précisément contre le « ballerussisme », le « melisandisme » (ces deux néologismes n'apparaîtront pas dans la version finale, mais en compensation il y aura « Bayreuth[132] »), Wagner et Beethoven.

Si ces noms étaient prévisibles, le fait qu'Apollinaire défende Stravinsky, jamais mentionné auparavant dans ses écrits, en l'incluant dans la liste des nouveaux venus n'est pas attribuable à son engouement soudain

---

130 « Les arts – *Lacerba* », *Paris-Journal*, 10 mai 1914 (*Pr2*, p. 689).

131 Luigi Russolo, *L'art des bruits* [1913], Paris, Allia, 2006, p. 15.

132 *Cf.* le manuscrit (*Pr2*, p. 1680).

pour le compositeur russe, mais plutôt à une multiplicité de facteurs. C'est un nom de musicien – mais pas l'unique[133] – dont Marinetti et Apollinaire ont dû discuter, car il remplace dans les ébauches le nom de Herwarth Walden, cet éclectique personnage allemand qui était également compositeur et ami d'Apollinaire[134]. Stravinsky était un personnage fraîchement scandaleux et tant Apollinaire que Marinetti ont dû s'intéresser à sa puissance destructrice du goût traditionnel et, dans le même temps, créatrice de nouvelles perspectives. On doit aussi noter que l'*Antitradition* porte la date du 29 juin, alors que la première du *Sacre du printemps* eut lieu le 29 mai. Face à ces difficultés d'interprétation, le nom de Stravinsky, trop important pour être ignoré dans notre enquête, doit être mis de côté un instant, avant d'être repris prochainement.

En somme, l'*Antitradition futuriste* semble représenter la nécessité apollinarienne d'éloigner le *champ* de l'avant-garde de celui de la bourgeoisie, en termes musicaux également, en proposant une abrogation de l'art traditionnel au profit d'un art novateur et perturbateur. Cependant, la destruction de l'orchestre n'est pas suffisamment compensée par la systématisation de l'art des bruits. Ces derniers, bien que présents dans la production apollinienne – ils reviendront, par exemple, dans les années du simultanéisme –, ne représenteront jamais un principe d'organisation sonore dans sa poétique. Le son et même la mélodie (de la chanson, de la langue elle-même) seront beaucoup plus importants. Cela nous amène à chercher des réponses non pas dans la relation qu'entretient Apollinaire avec la force destructrice des futuristes, mais dans l'esthétique qu'il élabore entre la fin des années 1900 et le début des années 1910.

---

133 Voir, par exemple, le musicien méconnu Arthur Maquaire (1885-1915), très probablement imposé par Marinetti comme méritant d'avoir soutenu avec zèle l'activité des futuristes à Paris. On connaît peu de choses de ce ténor lyrique, qui pourtant dans cette époque avait collaboré avec les Concerts Colonne ; il a publié quelques essais, dont *L'Enharmonisme* (1910) et *La musique au foyer* (1914), un manuel pour musiciens amateurs publié par Armand Colin. Sur Maquaire, *cf.* Michel Décaudin et Peter Read, « Une rose à qui ? », *Que vlove ?*, n° 15, 2001, p. 86-89. Sur les ingérences de Marinetti dans ce manifeste, v. Pasquale A. Jannini, *Le avanguardie letterarie nell'idea critica di Apollinaire*, *op. cit.*, p. 148-152.

134 *Cf.* le manuscrit (*Pr2*, p. 1681).

ORPHÉE ET L'ORPHISME

La décennie qui va de l'échec du *Festin* au déclenchement de la guerre fut très féconde pour l'élaboration des théories apollinariennes ; nombre d'articles sur l'art préparèrent l'arrivée des *Méditations esthétiques* (1913), dans lesquelles fut exposée la plupart de ses idées sur le Cubisme et sur ce qu'il appela d'abord « cubisme orphique », puis, au fil des ans, à travers la fréquentation de son ami Robert Delaunay, plus simplement Orphisme, tendance à laquelle il attribue des qualités vastes, complexes et transversales. Dans cette époque où, pour le dire avec les mots de Décaudin, finissait de se consumer la « crise des valeurs symbolistes », s'achevait aussi la transition définitive d'un paradigme musical à un spectre figuratif dont Apollinaire devint indubitablement l'un des principaux promoteurs[135]. Cependant, les sons n'avaient pas complètement disparus et demeurèrent, vibrants et cachés, en coulisses. On peut noter leur présence dès le premier poème du *Bestiaire* (1911), où tous les arts sont réunis sous la protection d'Orphée, figure allégorique, polysémique, polymorphe et hybride, à laquelle Apollinaire (*apollinaris*, sacré à Apollon, tout comme le chanteur mythique) s'identifie. Le nom d'Orphée lie musique et poésie à une dimension visuelle, selon ce paradigme intermédia qui sera l'un des pivots d'une grande partie du XXe siècle[136]. Il ne semble cependant pas qu'Apollinaire ait fait d'Orphée le maître de son art pour des motivations (principalement) liées à la tradition musicale, dont le chanteur mythique est le *patron païen* – quoiqu'on ait soutenu que Gabriële Buffet, seule amie véritablement musicienne du cercle d'Apollinaire et épouse de l'artiste orphique Picabia, ait joué un rôle important dans cette décision[137]. Ni Monteverdi, Peri et Caccini, ni Lully et Charpentier ne sont à l'origine du choix de ce patron, car ils n'apparaissent jamais parmi les articles et les sources apollinariens, mais il faut plutôt remonter à l'iconographie des XVIe et XVIIe siècles, à

---

135 Je me réfère naturellement à Michel Décaudin, *La crise des valeurs symbolistes – Vingt ans de poésie française (1895-1914)*, Toulouse, Privat, 1960. *Cf.* p. 256-257 et *passim*.

136 Sur les nombreuses significations d'Orphée dans Apollinaire, v. *AMA*, p. 465-547 et Patrick Née, « Orphée », *DA*, p. 740-751. V. aussi Rosanna Warren, « Orpheus the painter : Apollinaire and Robert Delaunay », *Criticism*, vol. 30, n° 3, 1988.

137 *Cf.* Anne et Claire Berest, *Gabriële*, Paris, Stock, 2017, p. 223-224.

l'ésotérisme et au mysticisme allégorique de la Renaissance[138]. L'Orphée d'Apollinaire est fils des arts figuratifs et de la littérature ; la musique et les sons ne viendront que plus tard.

« Admirez le pouvoir insigne / et la noblesse de la ligne : / Elle est la voix que la lumière fit entendre [...] », dit Orphée au début du *Bestiaire*[139]. La littérature serait liée à la peinture depuis leur mariage, célébré sous les auspices de la lumière (« avec ces mouvements, orphistes et cubistes, nous arrivons en pleine poésie à la lumière » disait Apollinaire en 1913[140]). Outre la peinture, la voix entre en jeu, c'est-à-dire la dimension sonore ; celle-ci semble être à son tour une émanation de la sphère visuelle et lui être étroitement liée sur le plan artistique et métaphysique. La musique passe toutefois au second plan. Elle est forcée de suivre le parcours des arts *principaux*. En établissant ces nouvelles hiérarchies esthétiques, Apollinaire entend rassembler les courants artistiques les plus divers de ces années, reliant les jeunes Français aux futuristes italiens et aux Allemands de *Der Sturm*, et reprenant non seulement leurs meilleurs outils créatifs – du collage à l'utilisation de la lumière en passant par les procédures rythmiques dans les œuvres d'art – mais aussi réfléchissant sur les meilleurs éléments de leurs esthétiques respectives. « L'orphisme d'Apollinaire – dit Pascal Rousseau – va cristalliser, avant-guerre, le mouvement de musicalisation de la "peinture pure" tout en dépassant les multiples divisions aiguisées par l'ethos avant-gardiste [...] autour d'une figure mythopoétique de réconciliation, Orphée, le grand passeur des contradictions de la modernité[141] ».

Dans cette révolution, une distinction est fondamentale : « ce qui différencie le cubisme de l'ancienne peinture, c'est qu'il n'est pas un art d'imitation, mais un art de conception qui tend à s'élever jusqu'à la création[142] ». Le contenu de l'art doit se résumer à la *création pure*, expression qu'Apollinaire emploie à plusieurs reprises en insistant souvent sur l'adjectif « pur », sans se livrer à la *mimesis*, c'est-à-dire à l'imitation servile de la nature, de la vie quotidienne ou des états d'âme, comme le

138 *Cf.* Adrian Hicken, *Apollinaire, Cubism and Orphism*, Londres, Ashgate, 2002, p. 44 *sqq.*
139 *Le Bestiaire ou Cortège d'Orphée* (*Po*, p. 3).
140 « La peinture moderne », *Der Sturm*, février 1913 (*Pr2*, p. 502-503).
141 Pascal Rousseau, « "L'art pur", Guillaume Apollinaire et l'orphisme », *Revue des sciences humaines*, n° 3, 2012 (« Apollinaire en archipel », n° monographique 307, éd. L. Campa), p. 20.
142 *Méditations esthétiques* (*Pr2*, p. 16).

faisaient les peintres futuristes[143]. Partant de la réalité, base incontournable de la création, l'art doit cependant s'orienter vers une exploration de ce que le quotidien montre non pas aux yeux, mais à l'esprit et à la sensibilité artistique, afin de le cristalliser dans une œuvre d'art capable de créer une nouvelle réalité[144].

Les caractéristiques principales de cette nouvelle esthétique sont doubles : anti-conventionalité et distance de la *mimesis*. Pour revenir à notre champ de recherche, demandons-nous comment Apollinaire aurait pu trouver ces éléments dans la musique contemporaine. Il y avait d'une part des compositeurs acclamés, mais étroitement liés aux règles du bien composer traditionnel, comme D'Indy, éternellement dévoué à Beethoven et Wagner, ou le vieux Massenet, déjà critiqué par Apollinaire par le passé[145]. De l'autre, des musiciens certes plus libres, mais soumis aux règles de l'imitation, comme Debussy ou Ravel, qui composaient comme certains peintres « d'après la nature sans observer la nature. […] C'est une manière qui a la prétention d'imiter la vie et qui n'imite que la mort[146] ». Le penchant vers la *mimesis* était transversal parmi les compositeurs, bien que certains croient y avoir échappé en dépassant le naturalisme au profit du symbolisme ; « l'imitation, lointaine, existe » affirmait Paul Dukas[147]. On peut le voir dans la représentation des passions et des humeurs des personnages de mélodrames, mais également dans des morceaux instrumentaux aussi différents que *La Mer* (1905) de Debussy et la *Symphonie sur un chant montagnard français* (1887) de D'Indy[148]. Apollinaire ne cesse toutefois de mentionner la musique – mais ni les musiciens, ni les compositions – dans ses écrits[149].

---

143 *Cf.* « Chroniques d'art. Les futuristes », *Le Petit Bleu*, 9 février 1912 (*Pr2*, p. 411).

144 *Cf.* Michel Décaudin, *Apollinaire*, *op. cit.*, p. 38.

145 *Cf.* p. ex. le comment satirique à *Grisélidis* de Massenet dans le *Festin* : Thrank-Spiroberg, « Esquisse d'une méthode pour se faire applaudir des bourgeois », *op. cit.*

146 « L'art – Les pompiers, Vallotton et le Douanier Rousseau », *op. cit.* (*Pr2*, p. 400).

147 « Chronique musicale », *Revue hebdomadaire*, février 1901, p. 276, cit. dans Alexandra Kieffer, *Debussy's Critics – Sound, Affect, and the Experience of Modernism*, Oxford, Oxford University Press, 2019, p. 118. Il se réfère aux *Nocturnes* de Debussy.

148 Malgré toute dissemblance entre les impressionnistes et les adeptes de D'Indy, le rapport avec la réalité ne subit aucune variation. Au contraire, chacun des deux partis construit de façon autonome ses propres techniques afin d'imiter la nature, le premier à travers « une reproduction imaginative d'un phénomène naturel en termes musicaux » (Caroline Potter, « Debussy and nature », in Simon Trezise (dir.), *The Cambridge Companion to Debussy*, Cambridge, Cambridge University Press, 2003, p. 148), le deuxième explorant « l'art du paysage musical » (Romain Rolland, *Musiciens d'aujourd'hui*, Paris, Hachette, 1919, p. 114).

149 Ma recherche est ici évidemment inverse a celle de Peter Dayan, « Apollinaire's music », *Forum for Modern Language Studies*, vol. 47, n° 1, 2011.

Notre poète, à partir de cette décennie, fait une profonde distinction entre *musique comme pratique*, musique en acte, réflexion sur la composition contemporaine, et *musique comme abstraction*, musique en puissance, c'est-à-dire spéculation sur le concept de la musique telle qu'elle est, sans rapport avec son application quotidienne. Ces deux domaines sont cependant interdépendants : l'éloignement d'Apollinaire de la *musique comme pratique* est lié à son idéal de *musique comme abstraction* ; inversement, cette dernière est la seule solution possible dans un contexte où la *musique comme pratique* ne présente aucun intérêt conceptuel, qu'il soit social, esthétique ou poétique. La *musique comme abstraction* peut être considérée comme un élément constitutif particulier de l'Orphisme, quoique Apollinaire n'en donnât jamais une définition précise, mais qu'il ait plutôt élaboré une série de notes, de réflexions et de comparaisons avec les autres arts cachés à l'intérieur de ses poèmes et dans ses écrits critiques et théoriques sur l'art figuratif.

Une phrase en particulier, que l'on retrouve à plus reprises dans ses articles sur l'art, est d'importance fondamentale pour comprendre la place qu'Apollinaire attribue à la musique : « on s'achemine ainsi vers un art entièrement nouveau, qui sera à la peinture, telle qu'on l'avait envisagée jusqu'ici, ce que la musique est à la littérature[150] ». Dans le résultat de cette équation se trouve sa définition de la musique : elle serait littérature pure, c'est-à-dire littérature délivrée des rapports avec la *mimesis* et avec les conventions nées de la tradition. Et il ajoute encore, ajustant en partie les affirmations qu'il avait écrites en 1908 à propos de Théo Varlet :

> L'amateur de musique éprouve, en entendant un concert, une joie d'un ordre différent de la joie qu'il éprouve en écoutant les bruits naturels comme le murmure d'un ruisseau, le fracas d'un torrent, le sifflement du vent dans une forêt, ou les harmonies du langage humain fondées sur la raison et non sur l'esthétique. De même, les peintres nouveaux procureront à leurs admirateurs des sensations artistiques uniquement dues à l'harmonie des lumières impaires. [...] Cet art de la peinture pure s'il parvient à se dégager entièrement de l'ancienne peinture, ne causera pas nécessairement la disparition de

150 *Méditations esthétiques* (*Pr2*, p. 9). On peut trouver cette phrase aussi dans « Chroniques d'art. Les futuristes », *Le Petit Bleu*, 9 février 1912 (*Pr2*, p. 411) ; « Les arts – Le rythme coloré », *Paris-Journal*, 15 juillet 1914 (*Pr2*, p. 826) ; et apparaît aussi dans un article de Delaunay – mais est-ce vraiment écrit par lui ? – intitulé « Art et curiosité – Les commencements du cubisme », *Le Temps*, 14 octobre 1912 (*Pr2*, p. 1602).

> celle-ci, pas plus que le développement de la musique n'a causé la disparition des différents genres littéraires, pas plus que l'âcreté du tabac n'a remplacé la saveur des aliments[151].

La pureté des nouveaux arts est donc étroitement liée à l'élimination de toute tentative d'esthétisation superflue de la réalité. Les artistes cherchent plutôt à la recréer en utilisant les éléments stimulants déjà présents dans ses manifestations les plus proches. C'est la question posée par Apollinaire lorsqu'il écrit que « cet art [de Duchamp] qui s'efforce d'esthétiser des perceptions si musicales de la nature s'interdit le caprice et l'arabesque inexpressive de la musique. [...] Il est possible que pour être émouvants ces aspects inconnus, profonds et soudainement grandioses de la nature n'aient pas besoin d'être esthétisés[152] ».

Une autre comparaison possible pour comprendre la musique d'Apollinaire est celle qui met en relation la sculpture et l'architecture. Cette relation réaffirme la nécessaire autonomie des arts par rapport à la nature et se concentre sur les raisons sous-jacentes à la création artistique. « Dès que les éléments qui composent une sculpture ne trouvent plus leur justification dans la nature, cet art devient de l'architecture. Tandis que la sculpture pure est soumise à une nécessité singulière : elle doit avoir un but pratique, on peut parfaitement concevoir une architecture aussi désintéressée que la musique, art auquel elle ressemble le plus[153] ». Il devient alors possible d'élargir l'équation initiale et de la formuler par rapport aux arts que nous venons de mentionner. L'architecture et la musique ne sont pas liées à la reproduction sensible des choses, mais ont d'autres buts, qui n'excluent pas les buts pratiques. De telles finalités n'empêchent pas les deux arts de s'élever plus haut qu'une sculpture ou une littérature éternellement liée à la *mimesis* ; c'est le cas, par exemple, de la Tour Eiffel, conçue comme un exemple d'architecture nouvelle et devenue par la suite un type de sculpture unique. « Y a-t-il rien de plus inutile qu'un arc de triomphe ? Et l'utilité de la tour Eiffel est née après sa construction désintéressée[154] ». C'est ainsi que, comme le poète qui cherche à se débarrasser de la réalité, les sculpteurs qui tendent à l'architecture produisent quelque chose d'équivalent à la musique ; Elie

---

151 *Méditations esthétiques* (*Pr2*, p. 9-10).
152 *Ibid.* (*Pr2*, p. 48).
153 *Ibid.* (*Pr2*, p. 50).
154 *Ibid.*

Nadelman, par exemple, « tentait, quoique timidement, des *constructions musicales* [...]. Il cherchait à rapprocher la plastique de l'architecture[155] ». Dans ce contexte (asémantique, anti-mimétique, ontologiquement presque absolu), « la musique – conclut Roger Shattuck – était la métaphore d'une condition de la peinture non opprimée par une quelconque fidélité aux apparences extérieures, de même que les sons musicaux ne sont opprimés par aucune fonction sémantique du langage[156] ».

Notons également que, pour Apollinaire, ce qui relie musique et littérature est leur substance sonore. Pour notre auteur, la poésie était une sorte de chanson et nombre de ses textes étaient construits sur des rythmes ou des rimes de comptines, de chansons traditionnelles ou en vogue à l'époque. Quelques chercheurs en ont apporté des preuves convaincantes, suggérant que *Veille* (*Calligrammes*) provient de *Malbrough s'en va-t-en guerre*, *La petite auto* (*Calligrammes*) de *Le 31 du mois d'août*, *La Loreley* (*Alcools*) de *La belle fille de Parthenay*, pour ne citer que quelques poèmes parfaitement superposables, en partie ou en tout d'un point de vue prosodique, rythmique et parfois sémantique, à ces chansons[157]. Lorsque les mélodies célèbres ou populaires ne suffisent plus, l'urgence sonore liée à la poésie poussait Apollinaire à inventer des mélodies simples, sa fameuse *petite musique*, qu'il fredonnait pour mieux façonner son idée et son rythme poétique – sa « musique intérieure[158] » – et que sa femme Jacqueline ou Max Jacob transcrivaient parfois pour lui[159]. André Billy soutient qu'il s'agit souvent d'un « air mélancolique fait de quatre ou cinq notes dont il s'aidait pour garder le rythme [...]. Il chantonnait comme un enfant très absorbé dans son jeu[160] ». Marie Laurencin raconte en outre « qu'un jour [...] Apollinaire se mit à psalmodier sans fin le mot horticulture – "horti-culture" – sur deux mesures de *Santa*

155 « Alexandre Archipenko », *Der Sturm*, mars 1914 (*Pr2*, p. 661) ; je souligne.

156 Roger Shattuck, *The Banquet Years – The Origins of the Avant-Garde in France (1885 to World War I)*, New York, Vintage Books, 1968 (1955), p. 302 ; traduction mienne.

157 *Cf.* James R. Lawler, *The Language of French Symbolism*, *op. cit.*, p. 220-221 ; Mario Roques, « Guillaume Apollinaire et les vieilles chansons », *Revue des deux mondes*, n° 2, 1948 ; Willard Bohn, *Apollinaire on the Edge – Modern Art, Popular Culture, and the Avant-Garde*, Amsterdam et New York, Rodopi, 2010, p. 75-104 (chap. 3, *Apollinaire and Children's Rhymes*).

158 C'est une expression de Denis Bordat et Bernard Veck, *Apollinaire*, Paris, Hachette, 1983, p. 71.

159 Il l'avoue lui-même dans « La vie anecdotique – Les archives de la parole », *Mercure de France*, 1er juillet 1914 (*Pr3*, p. 214).

160 André Billy, *Apollinaire vivant*, Paris, La Sirène, 1923, p. 50.

Lucia[161] ». Il aurait trouvé là un moyen de déconstruire et reconstruire le mot à partir de son origine sonore et rythmique – mais aussi un moyen de faire fuir plus rapidement la pauvre Marie. Apollinaire lui-même confiait à Henri Martineau qu'il composait « généralement en marchant et en chantant sur deux ou trois airs qui [lui étaient] venus naturellement[162] ». Fernand Fleuret ajoute que, lorsqu'ils étaient fatigués de parler littérature,

> Guillaume chantait la demi-douzaine de chansons de Goliards qu'il avait retenues, et dont il inventait la musique, une musique discordante et ridicule. Ou bien nous improvisions des « chansons farcies », comme les collégiens de notre enfance ou bien encore des complaintes populaires sans queue ni tête. [...] Nous avions composé de la sorte, rue Notre-Dame-de-Lorette, en nous rendant à la banque de son frère, le poème d'*Alcools* intitulé le *Voyageur*[163].

La mise en mots de cette musique n'est plus parodique, comme c'était le cas avec *Le Marchand d'anchois*, mais devient un véritable *modus operandi*, aussi authentique que nécessaire. À Madeleine, Apollinaire écrivait : « Je suis rudement content que vous aimiez ce que je fais, bien plus : que l'ayez pénétré au point d'ajouter : "il faudrait chanter vos vers". En effet Madeleine je ne compose qu'en chantant. Un musicien a même noté une fois les trois ou quatre airs qui me servent instinctivement et qui sont *la manifestation du rythme de mon existence*[164] ». De toutes les mélodies inventées par Apollinaire, nous connaissons peut-être celle qui accompagne « Merde » dans l'*Antitradition futuriste* et celle que nous a transmise Michel Leiris après l'avoir apprise de Max Jacob et l'avoir fait *valider* par Picasso, qui s'en souvenait parfaitement. Il s'agit d'une phrase très simple en Fa majeur, qui s'accorde avec deux alexandrins au rythme anapestique[165].

Pour Apollinaire, la poésie serait une espèce de chanson que le poète, nouvel Orphée, devrait chanter plutôt que réciter, comme s'il allait lancer un sortilège. Lors de l'enregistrement phonographique de ses poèmes

---

161 Marie-Jeanne Durry, *Guillaume Apollinaire – Alcools*, Paris, Société d'édition d'enseignement supérieur, 1964, t. III, p. 141.

162 Lettre à Henri Martineau, 19 juillet 1913 (*CG*, t. I, p. 535).

163 Fernand Fleuret, « Guillaume Apollinaire », in Eugène Montfort (dir.), *Vingt-cinq ans de littérature française*, Paris, Librairie de France, 1920, t. II, p. 227.

164 Lettre à Madeleine Pages, 3 août 1915 (*CG*, t. II, p. 608). Je souligne.

165 Publiée dans Marie-Jeanne Durry, *Guillaume Apollinaire – Alcools*, *op. cit.*, t. III, p. 143. *Cf.* aussi Margaret Davies, « La petite musique d'Apollinaire », *AM*.

aux Archives de la Parole (*cf. infra*), Apollinaire avoue qu'il aurait dû les chanter de la même façon que les autres participants à la séance, soit

> comme fit René Ghil, qui fut avec Verhaeren le véritable triomphateur [...]. Le chant vertigineux de René Ghil, on eut dit des harpes éoliennes vibrant dans un jardin d'Italie, ou encore que l'Aurore touchait la statue de Memnon et surtout l'hymne télégraphique que les fils et les poteaux ne cessent d'entonner sur les grandes routes. Après cette musique aérienne, qui vibrait si bien dans l'espace, [...] la voix vibrante de Verhaeren, parole claire et juvénile, éclata encore comme un joyeux chant de coq[166].

On ne peut compter le nombre de fois où Apollinaire décrit l'activité du poète en termes musicaux ; il suffit de lire le texte de la conférence *La Phalange Nouvelle*, dans lequel Apollinaire écrit que Georges Perin était une « flûte plaintive », que « les harpes célestes sont moins harmonieuses » que Nicolas Deniker ou que Léon Deubel « chante douloureusement et harmonieusement comme un séraphin blessé[167] ». Le pouvoir de la poésie est intimement lié à son propre son, c'est-à-dire, en d'autres termes, que la musique représente le but auquel le concept verbal/linguistique de poésie doit aspirer. C'est sans doute ce qu'Apollinaire voulait dire en déclarant que la musique est de la « littérature pure » : si les sons se trouvent libérés de leur relation avec le sens, s'ils sont autonomes dans leur fonction sémantique, ils peuvent aspirer à être de la *musique*, c'est-à-dire de la création pure.

La musique et la *littérature pure* coïncident non seulement dans leur aspect sonore, mais aussi d'un point de vue morphologique, c'est-à-dire syntaxique et rythmique. Ce que la *petite musique* démontre et symbolise, c'est la possibilité et la nécessité d'imposer un autre équilibre temporel à la syntaxe de la langue. Remanier la grammaire pour exploiter la langue plus largement et d'une façon nouvelle a été l'un des engagements principaux d'Apollinaire, notamment à travers la suppression de la ponctuation dans *Alcools*. Cela fut sûrement lié à l'utilisation de mélodies, c'est-à-dire à l'utilisation de phrases dont la syntaxe musicale et le balancement rythmique ne sont pas toujours superposables avec ceux

---

166 « La vie anecdotique – Les archives de la parole », *op. cit.* (*Pr3*, p. 214). Cependant, l'interprétation d'Apollinaire n'était pas inférieure aux autres, à tel point qu'elle a même été analysée d'un point de vue strictement musical. *Cf.* James R. Lawler, *The Language of French Symbolism*, *op. cit.*, p. 223-225.

167 *Pr2*, p. 885-898.

du langage verbal – ou naquit, inversement, d'une émanation naturelle des mots. « C'est là – affirme Shattuck – que réside la véritable magie du meilleur vers d'Apollinaire : il nous chante tranquillement avec des sentiments qui ne peuvent être dits parce qu'ils n'ont pas de temps[168] ».

Par rapport à la peinture et à la poésie, la spécificité de la musique repose sur sa capacité à organiser de façon autonome de nouvelles règles temporelles et rythmiques. Apollinaire précise cette idée en revenant à la sphère poétique lorsqu'en référence à René Ghil, il explique que « c'est l'homme-orchestre de la littérature, il a fondé l'école instrumentiste et s'attache surtout à faire de la musique, ce qui l'oblige à *ne tenir aucun compte de la syntaxe*[169] ». Il est sans doute vrai que la musique possède son propre rythme et une organisation temporelle particulière définie par des normes séculières, mais ces facteurs ne peuvent en aucun cas être assimilés à des lois scientifiques. C'est pour cette raison qu'Apollinaire soutient que la peinture de Juan Gris « s'éloigne de la musique, c'est dire qu'elle s'efforce avant tout à la réalité scientifique[170] ». Elle n'est donc pas totalement autonome dans la gestion de ses propres règles, mais s'appuie sur les normes imposées par la réalité en tant que telle.

Pour continuer à travailler sur la compréhension du concept de *musique comme abstraction*, il nous faut ajouter aux analogies entre musique et peinture nouvelle une caractéristique supplémentaire, qui réduit l'équation à quelques facteurs communs. Dans un contexte qui renvoie aux discussions répandues sur les concepts de temps et d'espace dans l'art, Apollinaire écrit :

> Les formes et la matière, voilà les objets et les sujets des meilleurs d'entre les peintres d'aujourd'hui, sans qu'ils s'embarrassent *du mouvement, du devenir et autres fluidités* qui conviennent seulement à la musique. Si quelques-uns d'entre eux ont été amenés à inventer, à créer, sans paraître imiter la nature, ils ont inauguré un nouvel art qui peut être à l'ancienne peinture d'imitation ce que la musique est à la littérature, mais cette peinture n'a aucune autre ressemblance avec la musique, car dans la peinture tout se présente à la fois, l'œil peut errer sur les tableaux, revenir sur telle couleur, regarder d'abord de bas en haut, ou faire le contraire ; dans la littérature, dans la musique, tout se succède et l'on ne peut revenir sur tel mot, sur tel son au hasard[171].

168 Roger Shattuck, *The Banquet Years*, *op. cit.*, p. 312.
169 « Silhouettes », *L'Intransigeant*, 12 janvier 1911. Je souligne.
170 *Méditations esthétiques* (*Pr2*, p. 40).
171 « Salon d'automne », *Les Soirées de Paris*, 15 novembre et 15 décembre 1913 (*Pr2*, p. 620). Je souligne.

Apollinaire rappelle ici que la musique idéale ressemble à la nouvelle peinture dans la mesure où elle n'imite rien. Il souligne cependant également que la musique ne possède pas cette qualité supérieure qui ne peut être attribuée qu'à la nouvelle peinture, à savoir le pouvoir de rendre compte simultanément des différentes perspectives spatiales et temporelles d'un même objet. La musique serait un art qui opère dans le domaine exclusif du mouvement et de la séquentialité, et n'aurait donc pas la même omnipotence que la peinture, qui peut gouverner simultanément le temps et l'espace (et ne pourra donc qu'être difficilement incluse dans ce mouvement artistique transversal qui concernera Apollinaire aussi, comme nous le verrons, soit le *simultanéisme*). Cela ne signifie pas pour autant que la *musique comme abstraction*, par sa particularité rythmique et ses règles autonomes, ne puisse être extrêmement productive. Bien qu'elle ne donne pas lieu à une représentation simultanée de la réalité, elle possède la capacité d'expliquer comment libérer le langage poétique et pictural, voire le langage artistique en général, des conventions rigides de la logique et de la rationalité.

Une application de la syntaxe musicale libre est mise par Apollinaire dans la bouche du baron d'Ormesan (le personnage principal du récit *L'Amphion faux-messie*) qui, en reliant successivement différents points d'une ville, crée une « amphionie ».

> L'instrument de cet art et sa matière sont une ville dont il s'agit de parcourir une partie, de façon à exciter dans l'âme de l'amphion ou du dilettante des sentiments ressortissant au beau et au sublime, comme le font la musique, la poésie, *etc.* Pour conserver les morceaux composés par l'amphion, et pour que l'on puisse les exécuter de nouveau, il les note sur un plan de la ville, par un trait indiquant très exactement le chemin à suivre. Ces morceaux, ces poèmes, ces symphonies amphioniques se nomment des antiopées, à cause d'Antiope, la mère d'Amphion. Pour ma part, c'est à Paris que je pratique l'amphionie[172].

Amphion, qui faisait déjà partie de la mythologie incluse dans le *Bestiaire*, est le demi-dieu fondateur des murs de la ville de Thèbes, qu'il élève grâce à son chant[173]. D'Ormesan / Amphion attribue un rythme à l'espace et divise la temporalité du voyage en autant de points que de monuments à visiter. Il réorganise la géographie de la ville en créant

172 *L'Amphion faux messie ou Histoire et aventures du baron D'Ormesan*, dans *L'Hérésiarque et Cie* (*Prl*, p. 196).

173 Sur la figure d'Amphion dans l'œuvre d'Apollinaire v. *AMA*, p. 339-341.

une situation similaire à celle de la pratique musicale, qui n'est rien d'autre qu'une concaténation cohérente de singularités. Marcher au rythme d'une mélodie – ou prétendre le faire, selon cet enchaînement de points, de *notes* – en reliant des lieux qui semblent différents mais possèdent des affinités, puis les représenter sous une forme artistique, c'est ce qu'Apollinaire faisait déjà avec Fleuret et le poème *Le Voyageur*. Une véritable amphionie, métaphore active et concrète de la création musicale et poétique.

LE MUSICIEN DE SAINT-MERRY, UN FANTÔME DE NUÉES, CHANTRE

Le mouvement et le dynamisme de la musique, ce qui pousse ou aide à marcher mais aussi à danser, comme le souhaitait Apollinaire, est rendu possible par un esprit intrinsèque à cet art, un élan métaphysique, une force vitale et revigorante qui innerve plusieurs poèmes à partir d'*Alcools*. Dans l'un de ses plus célèbres poèmes, *Le Musicien de Saint Merry* (1914, *Calligrammes*), réécriture du *Joueur de flûte d'Hamelin* des frères Grimm, un musicien sans yeux, sans nez et sans oreilles – figure qui jouira d'une grande fortune dans l'art moderne et n'est pas sans relation avec les mannequins de De Chirico[174] – attire les femmes qu'il trouve dans la rue au son de sa flûte et les conduit vers un ancien bâtiment, où il disparaît avec ses victimes. Le personnage principal de cette histoire est peut-être l'un des personnages les plus extraordinaires du cosmos d'Apollinaire : sans vue comme les anciens chanteurs, sans oreilles, car il connaît parfaitement la musique, il n'utilise sa bouche que pour jouer (ou pour boire) et incarne ainsi le parfait musicien[175]. Apollinaire nous parle aussi de la musique qu'il joue : « Il s'arrêta au coin de la rue Saint-Martin / Jouant l'air que je chante et que j'ai inventé[176] ». Apollinaire ne met délibérément pas en scène un chanteur, mais un

174 *Cf.* Willard Bohn, *Apollinaire and the Faceless Man – The Creation and Evolution of a Modern Motif*, Londres, Associated Universities Presses, 1991.

175 Philippe Renaud, « *Ondes* ou les métamorphoses de la musique », *AM*, p. 25. Sur les significations symboliques de ce poème, *cf. AMA*, p. 334-339. *Cf.* aussi S. I. Lockerbie, « Le musicien de Saint-Merry », et Philippe Renaud, « Le musicien de Saint-Merry », dans les *Cahiers de l'Association internationale des études françaises*, vol. 23, n° 1, 1971 ; Mario Richter, *Apollinaire – Le renouvellement de l'écriture poétique du* XX*e siècle*, Paris, Classiques Garnier, 2014 (I éd. 1990), p. 141-146.

176 *Le Musicien de Saint-Merry* (*Po*, p. 188).

instrumentiste, confirmant ainsi l'idée que la musique est plus pure, et donc plus efficace, que la poésie dans toutes ses manifestations. On trouve ici une équivalence entre l'air inventé par l'auteur – à nouveau, peut-être, sa *petite musique* –, qui possède évidemment des mots et des vers, et la musique jouée par le flûtiste. Il y a en effet une « superposition du réel et du surnaturel[177] » dans la nature inhumaine du musicien, qui apparaît parmi des millions de mouches (symboles apollinariens du diable), et la réalité de la poésie écrite et imprimée par notre auteur. Cette équivalence nous amène à penser que le musicien de Saint-Merry n'est qu'un *alter ego* du poète, qui met en action le pouvoir de la poésie sur la réalité, la libérant en même temps des contraintes du mot et du sens par le seul usage des sons. *Le Musicien de Saint-Merry* est peut-être le texte où l'omnipotence de la musique se ressent le plus, à la fois comme essence de la littérature et comme art en soi. « Apollinaire n'oublie pas que les pouvoirs de la musique sont mystérieux et réversibles, surtout quand il s'agit de ses musiques préférées, aiguës ou populaires, flûte, fifre, orgue de barbarie, trompette marine, ou même le sifflement, humain dès l'origine, dit-il[178] ». Bien que le musicien soit un être fantastique aux traits démoniaques, son aspect est presque humain : il est l'*incarnation* du malin. Ce personnage est une métaphore exacte de l'équilibre qu'Apollinaire a si souvent exprimé entre abstrait et concret, entre tension métaphysique et inclinaison vers la terre – comme l'était d'ailleurs Orphée, non pas un dieu, mais un demi-dieu, moitié homme et moitié divinité. Le joueur de flûte est une allégorie de cette relation mystérieuse et insaisissable entre objet et sujet de l'action artistique, toujours déclinée par Apollinaire non dans un sens idéel, mais modelée et structurée sur les formes de la réalité brute. Par analogie, la musique n'apparaît donc pas comme une substance empyréenne, mais comme une action artistique qui, par sa constitution même, s'élève au-dessus de la matière sans jamais perdre le contact avec elle.

Outre *Le Musicien de Saint-Merry*, on peut observer comment la valeur métaphysique et absolue de la musique instrumentale, opposée mais complémentaire à la musicalité matérielle des mots ou des poèmes chantés, est également présente dans d'autres compositions apollinariennes.

177 Philippe Renaud, « *Ondes* ou les métamorphoses de la musique », *op. cit.*, p. 26.

178 Marc Poupon, « Le Musicien de Saint-Merry », *Cahiers de l'Association internationale des études françaises*, vol. 23, nº 1, 1971, p. 215.

Une puissance spirituelle semblable à celle de la flûte du musicien est confiée, par exemple, à l'orgue de barbarie d'un groupe d'acrobates dans le poème *Un fantôme de nuées* (1913, *Calligrammes*). Partant de la mélodie jouée par un instrument – un instrument qui, même dans le *Musicien*, exploite l'air, le souffle, ou ἄνεμος, l'âme, pour jouer – on accède à un état surnaturel[179]. Le fantôme créé par le son de l'orgue devient une personne de chair et de sang, puis ne redevient rien d'autre qu'un esprit, confirmant ainsi son essence primitive. Les actions miraculeuses ou magiques de l'acrobate-fantôme ne sont cependant pas différentes de celles de l'orgue et possèdent le même pouvoir démiurgique et transformateur ; elles se superposent à celui-ci, le perfectionnent et obligent ainsi l'instrument à se taire. « Le petit saltimbanque fit la roue / Avec tant d'harmonie / Que l'orgue cessa de jouer / Et que l'organiste se cacha le visage dans les mains / Aux doigts semblables aux descendants de son destin / Fœtus minuscules qui lui sortaient de la barbe ». Le fantôme incarne alors la même fonction que le musicien de Saint-Merry, il est le symbole de celui qui parvient à surmonter les contingences verbales et quotidiennes en présentant et en mettant en œuvre une réalité nouvelle et plus profonde[180].

Dans le sillage de ce mélange spirituel et matériel, le pouvoir organisateur et modelant de la musique sur les sentiments (*Musicien*) et les sensations (*Fantôme*) ne peut être dû simplement à ses propriétés techniques et communément reconnues (son, syntaxe autonome et séquentialité), mais doit être imposé par quelque chose que les autres arts ne possèdent pas. Décrivant la peinture de Francis Picabia, Apollinaire affirme que

> Cet art a avec la musique autant de rapport que peut avoir avec elle un art qui est son contraire. On peut bien dire de l'art de Picabia qu'il voudrait être à la peinture ancienne ce que la musique est à la littérature, mais on ne peut dire qu'il soit de la musique. En effet *la musique procède par suggestion*, ici, au contraire, on nous présente des couleurs qui ne devraient plus nous impressionner *comme des symboles*, mais comme des formes concrètes[181].

---

179 La symbologie des instruments musicaux dans certains poèmes d'Apollinaire a été analysée dans *AMA*, p. 574-579.

180 Sur ce poème v. aussi Antoine Fongaro, « À propos d'*Un fantôme de nuées* », *Que vlo-ve ?*, n° 14, 1985 et Philippe Renaud, « *Ondes* ou les métamorphoses de la musique », *op. cit.*, p. 27-32.

181 *Méditations esthétiques* (*Pr2*, p. 45) ; je souligne.

Dans le sillage d'une tradition récente qui voit dans la musique un système de suggestions plutôt que de véritables illustrations onomatopéiques (Mallarmé, Debussy, jusqu'à Boccioni), on découvre alors que la musique communique exclusivement par la suggestion, comme le faisait le joueur de flûte, et que ses éléments ne sont que des symboles, complètement détachés de toute relation avec la matérialité de la vie. La musique n'a pas de but représentatif et, bien qu'elle ressemble aux autres arts, elle en reste éloignée, plus élevée, presque un guide.

Du côté sensuel et quasi magique du musicien de Saint-Merry ou du côté matériel et pratique de l'architecture et de l'*amphionie*, nous revenons constamment au pouvoir surnaturel des chanteurs mythiques, Orphée, Amphion ou Apollon, et à l'inépuisable besoin d'organiser et de posséder la réalité par le son. La théorie de l'Orphisme s'appuie sur le désir d'Apollinaire de s'identifier à ces figures et de devenir lui-même un chanteur mythique, un créateur tout-puissant, pas seulement un poète. Ainsi, de l'Orphée démiurge d'Ovide[182], on passe à une métaphore explicite du Christ Sauveur[183]. Apollinaire, qui était déjà porteur de la lyre d'Apollon, aspire lui aussi à parler « en révélation ou en science ou en prophétie ou en doctrine », comme le disait saint Paul[184]. La métamorphose d'Apollinaire (en chair et en os) au musicien de Saint-Merry, à Orphée et Amphion, au Christ, puis son retour vers le quotidien rendent explicite le désir de notre poète d'explorer, d'ordonner, d'harmoniser la réalité à travers le seul art qui dit sans dire et qui est tout en changeant.

Ce discours atteint son apogée dans *Chantre* (1913, *Alcools*), poème formé d'un seul alexandrin et au sujet pléonastique : « Et l'unique cordeau des trompettes marines ». Lu sous tous les angles, ce poème ne dit rien d'autre que lui-même et, même s'il ne décrit rien, contient une myriade de significations. On peut noter que les trompettes marines n'ont qu'une seule corde ; que le cordeau est homophonique du cor d'eau

182 Dans le livre X des *Métamorphoses*.

183 « Orphée était natif de la Thrace. Ce sublime poète jouait d'une lyre que Mercure lui avait donnée. [...] Mercure donna également de ces lyres à Apollon et à Amphion. Quand Orphée jouait en chantant, les animaux sauvages eux-mêmes venaient écouter son cantique. Orphée inventa toutes les sciences, tous les arts. Fondé dans la magie, il connut l'avenir et prédit chrétiennement l'avènement du SAUVEUR ». *Bestiaire* (*Po*, p. 33).

184 Paul de Tarse, *Deuxième épître aux Corinthiens*, 14, 5. Sur le rapport Apollinaire/Orphée/Christ, basé surtout sur la lecture du *Orpheus Eucharisticus* de Cèsar Chesneau (1657), v. Adrian Hicken, *Apollinaire, Cubism and Orphism*, *op. cit.*, p. 50-51.

(c'est-à-dire, là encore, de la trompette marine) ; que si l'on fait précéder la lecture du titre à celle du vers, on entend « Chanterelle, unique [...] » ; que la trompette marine est l'équivalent du monocorde pythagoricien, emblème classique de l'*harmonia mundi* (motif qui deviendra récurrent chez de nombreux peintres contemporains, de Picasso à Delaunay[185]). Et nous sommes là encore loin d'avoir épuisé toutes les significations du texte[186]. Ainsi, les multiples possibilités sonores de la poésie écrite (« la voix de la ligne »), une sorte d'*ekphrasis* accomplie à travers tous les arts, devient l'allégorie de l'art nouveau.

L'idée fondamentale de toutes les réflexions apollinariennes sur l'Orphisme est celle d'une musique abstraite représentant le substrat et le but de la poésie, de la peinture et de la sculpture. Il s'agit d'une musique en puissance, qui n'attend que d'être libérée. L'acte de cette puissance n'a qu'une relation transitoire avec la métaphysique : lorsque la musique orphique est menée à son terme, elle récupère toute sa concrétion matérielle, sa puissance, sa vitalité. La musique potentielle, imaginée, est un moyen pour accéder à un au-delà magique et pour revenir à la terre, à son caractère concret qui, à travers ce voyage, devient visible, perceptible et peut être appréhendé. « [Madeleine,] je t'ai imaginée aujourd'hui *semblable à une musique* où les bois dominaient et les voix humaines. Et cette musique avait toutes les inflexions de ta beauté, la courbe infiniment subtile de ton intelligence et la force simple incommensurable de ton amour[187] ». La musique, donc, comme imagination, idéalité, mais aussi corps, sensualité de l'être aimé.

SOURCES DE LA *MUSIQUE COMME ABSTRACTION*

Il ne fait pas de doute que l'idée de musique chez Apollinaire plonge ses racines dans la culture littéraire française du siècle précédent, terrain conceptuel sur lequel notre poète construit son édifice théorique et à partir duquel il conçoit la valeur de la poésie et du langage verbal, porteurs selon lui d'un sens corporel-matériel tendant vers une réalité

185 Adrian Hicken, *Apollinaire, Cubism and Orphism*, *op. cit.*, p. 54. La relation de *Chantre* avec la science et la philosophie de la renaissance a été esquissée dans Antoine Fongaro, « Un vers univers », *GA* 13.

186 Voir p. ex. Françoise Dininman, « *Chantre* et les sirènes », *Que vlo-ve ?*, n° 10, 1984 ; *AMA*, p. 507-508 ; Marc Poupon, « Un parangon de poésie apollinarienne : *Chantre* », *GA* 13.

187 Lettre à Madeleine Pages, 14 octobre 1915 (*CG*, t. II, p. 849). Je souligne.

extra-sensorielle (qui ira jusqu'à réordonner le monde lui-même). Il a été dit et redit que le rapport étroit entre littérature et musique, entre mot et son, entre musique et musicalité était fondamental dans la poétique des symbolistes[188], nourris de la philosophie et de l'écoute de Wagner[189], synonyme de tout ce qui était considéré comme *nouveau* en littérature[190] et considéré comme un dieu – le « dieu Wagner », l'une de ces idoles controversées dans ce que Bertrand Marchal a appelé « la religion de Mallarmé[191] ». L'auteur de la *Tétralogie* et la philosophie de Nietzsche, omniprésente à l'époque d'Apollinaire et souvent lue à la lumière de Wagner, étaient incontournables dans la littérature du tournant des XIXe et XXe siècles[192], ainsi que dans la culture des musiciens français. « Lorsque Satie survint, Wagner était le Moloch qui absorbait toutes les admirations disponibles[193] », rappelle la violoniste Hélène Jourdain-Mourange, amie de Ravel.

Pour les générations qui ont précédé Apollinaire et surtout pour les symbolistes, la musique et les musiciens sont le rivage vers lequel il faut tendre pour expliquer non seulement la poésie, mais presque tous les arts : il suffit de voir la relation – souvent indirecte, intermittente, mais efficace et fructueuse – entre la poétique de Mallarmé et celle de Debussy[194]. Placer la musique au-dessus des autres arts et en qualité

---

188 Les recherches sur les rapports musique-littérature à l'âge du symbolisme sont très nombreuses ; nous citons, parmi les plus récentes Joseph Acquisto, *Symbolist poetry and the idea of music*, Aldershot, Ashgate, 2006 ; Verónica Estay Stange, *Sens et musicalité – Les Voix secrètes du symbolisme*, Paris, Classiques Garnier, 2014.

189 Le wagnérisme des écrivains de la seconde moitié du XIXe siècle est analysée dans Philippe Lacoue-Labarthe, *Musica Ficta. Figures de Wagner*, Paris, Christian Bourgois, 1991, p. 25-160 ; Cécile Léblanc, *Wagnérisme et création en France (1883-1889)*, Paris, Honoré Champion, 2005 ; Eric Touya de Marenne, *Musique et poétique à l'âge du symbolisme. Variations sur Wagner : Baudelaire, Mallarmé, Claudel, Valéry*, Paris, L'Harmattan, 2005.

190 Michel Décaudin, « Décadents et symbolistes français devant Wagner », in Giorgio Bevilacqua (dir.), *Parole e musica – L'esperienza wagneriana nella cultura fra romanticismo e decadentismo*, Florence, Leo Olschki, 1986, p. 104.

191 Betrand Marchal, *La religion de Mallarmé*, Genève, Droz, 2018 (1988). V. aussi Heath Lees, *Mallarmé and Wagner : Music and Poetic Language*, Aldershot, Ashgate, 2007.

192 *Cf.* Claude Debon, « Apollinaire et la pensée nietzschéenne », in Samir Marzouki (dir.) *Apollinaire au carrefour des cultures*, Tunis, ENS, 1998 ; Adrian Hicken, « Apollinaire, De Chirico et Chagall – L'influence d'idées allemandes concernant les "mouvements inconscients de la personnalité" autour de 1914 », *Que vlo-ve ?*, n° 19, 2002.

193 Hélène Jourdan-Morhange, *Mes amis musiciens*, Paris, Éditeurs Français Réunis, 1955, p. 72.

194 *Cf.* les ouvrages de Jean-Michel Nectoux, *Mallarmé, un clair regard dans les ténèbres : peinture, musique, poésie*, Paris, Adam Biro, 1998 et *Harmonie en bleu et or : Debussy, la*

de guide, penser son lien avec les outils de la poésie et sa capacité à dire ce que les mots ne peuvent exprimer, analyser les possibilités de la musique de se faire *ekphrasis* de la peinture et identifier les peintures comme musiques *visibles* sont des refrains très communs à la fin du XIXe siècle et au début du siècle suivant. Pour ne pas parler des discussions autour de la représentation du temps et de l'espace dans l'art qui, de l'*Vt pictura poesis* d'Horace au *Laocoon* de Lessing, se propageront parmi l'avant-garde[195].

La musique joue également le rôle de trait d'union entre une grande partie de la poésie antérieure et contemporaine d'Apollinaire. Mallarmé et Verlaine, deux poètes vers lesquels Apollinaire se tourna souvent[196], en établirent la substance : idéale, métaphysique, spirituelle. Si plusieurs poètes allèrent même jusqu'à anoblir la chanson – une chanson *poétique* certes différente de celle vers laquelle se tournait Apollinaire[197] – pour la consigner aux compositeurs savants, Verlaine considérait la « musique avant toute chose » et Mallarmé, qui non seulement faisait constamment référence à la musique mais en fut aussi le principal théoricien au sein du symbolisme[198], la définit en ces termes bien connus : « la Musique et les Lettres sont la face alternative ici élargie vers l'obscur ; scintillante là, avec certitude, d'un phénomène, le seul, je l'appelai l'Idée[199] ». Et pourtant, si le rapport des symbolistes (Mallarmé surtout) avec la musique se résout dans l'équation poésie-musique, avec quelques clarifications, discriminations et raffinements, ce qui reste de l'art des sons se répand chez Apollinaire dans cette nouvelle esthétique sur laquelle nous raisonnons et qui d'une part prend davantage en considération les aspects

musique et les arts, Paris, Fayard, 2005 ; v. aussi François Lesure, *Debussy avant Pelléas ou les années symbolistes*, Paris, Klincksieck, 1992 ; et Elizabeth McCombie, *Mallarmé and Debussy – Unheard Music, Unseen Text*, Oxford, Clarendon Press, 2004.

195 Pour une reconstruction du discours autour du *Laocoon* et de ses implications esthétiques à l'époque des avant-gardes, voir Daniel Albright, *Untwisting the Serpent – Modernism in Music, Literature, and Other Arts*, Chicago, University of Chicago Press, 2000, p. 5-33.

196 *Cf.* Claude Debon, « Verlaine, Paul », *DA*, p. 1120-1122 ; Anna Boschetti, *La poésie partout*, *op. cit.*, p. 79-91.

197 Sur la chanson poétique, v. Brigitte Buffard-Moret, *La chanson poétique du XIXe siècle – Origine, statut et formes*, Rennes, PUR, 2006.

198 Sur ce sujet, *cf.* Suzanne Bernard, *Mallarmé et la musique*, Paris, Nizet, 1959 ; Bertrand Marchal, *La religion de Mallarmé*, *op. cit.* ; Antoine Bonnet et Pierre-Henry Fragne (dir.), *Mallarmé et la musique, la musique et Mallarmé. L'écriture, l'orchestre, la scène, la voix*, Rennes, PUR, 2016.

199 Stéphane Mallarmé, *La Musique et les Lettres*, Paris, Perrin et cie., 1895, p. 52.

visuels de l'art, d'autre part, perdant tout lien avec la musique savante, révise les propriétés sensuelles, la corporéité de la musique (de la chanson surtout) et ses effets sur le monde. « Si, comme Mallarmé, [Apollinaire] défend l'obscurité, ce n'est pas pour barrer l'accès aux profanes : il y voit un effet propre a tout langage qui ne vise pas à communiquer ou à représenter mais se veut création d'un sens nouveau. [...] Le rôle de l'art n'est pas de donner un sens spirituel à la vie, mais de "purifier la réalité", en lui conférant un ordre[200] ».

L'époque des avant-gardes historiques coïncide également avec l'explosion d'une vague artistique de tendance synesthésique, essayant de trouver des rapports scientifiques ou métaphysiques entre couleur, son et mot. Les origines immédiates de cette tendance remontent au *Traité du verbe* et à l'école instrumentiste de René Ghil (1886), voire à Baudelaire – « on trouve dans la couleur l'harmonie, la mélodie et le contre-point », écrivait-il en 1846[201]. La pensée musicale d'Apollinaire a d'ailleurs été rapprochée de celle de Kandinsky, bien que les bases conceptuelles des deux artistes soient très différents[202]. Mal évaluée, la pensée musicale apollinarienne pourrait aussi être comparée aux théories contemporaines de Scriabine, par exemple, ou des futuristes Bruno Corra (*Musica cromatica*, 1912) et Giacomo Balla (*Il colore dei suoni*, 1913). Tout cela finira par s'épanouir dans une « éclosion de "claviers cosmiques", de "pianos couleurs" à la fois réels et imaginaires, et l'iconographie qui les accompagne, [qui] témoignent d'une fascination continue pour les initiatives symbolistes dans l'exploitation artistique des théories des "correspondances" et de la synesthésie, et de la pureté supposée des conventions de la musique classique[203] ».

Cependant, selon Apollinaire, la synesthésie n'a que peu ou rien affaire avec cette espèce de musique. Il est vrai qu'Apollinaire lui-même n'était pas à l'abri de l'emploi de métaphores musicales dans son travail de journaliste, mais cette utilisation s'est révélée être une stratégie rhétorique sporadique qui n'a jamais atteint le stade de la théorie. Ce serait une

200 Anna Boschetti, *La poésie partout*, *op. cit.*, p. 84-85.

201 Charles Baudelaire, *Salon de 1846*, Paris, Michel Lévy, 1846, p. 11.

202 *Cf.* Virginia Spate, *Orphism – The Evolution of Non-Figurative Painting in Paris (1910-1914)*, Oxford, Clarendon Press, 1979, p. 76. Campa et Read refusent pourtant cette relation : v. *Correspondance avec les artistes (1903-1918)*, éd. L. Campa et P. Read, Paris, Gallimard, 2009, p. 599 ; *cf. CGA*, p. 415.

203 Adrian Hicken, *Apollinaire, Cubism and Orphism*, *op. cit.*, p. 54.

erreur de confondre de telles métaphores et un rapprochement avec les théories synesthésiques de ces années. C'est le cas, par exemple, d'une affirmation comme « l'art nouveau qui s'élabore en France semble ne s'en être guère tenu jusqu'ici qu'à la mélodie et les futuristes viennent nous apprendre [...] qu'il pourrait s'élever jusqu'à la symphonie[204] » ; ou aussi « la sculpture n'a été jusqu'au présent qu'une *mélodie*. Les œuvres d'Archipenko sont une *harmonie*, les premiers accords[205] ». D'autre part, le vocabulaire critique empruntant à la musique est fréquemment utilisé par plusieurs artistes contemporains. Il leur sert à mettre en relation certains processus créatifs ayant des affinités conceptuelles – mais pas toujours fondamentalement synesthésiques – avec la musique. C'est le cas, par exemple, des musicalismes de Picabia ou des procédés musicaux « par suggestion » de Boccioni[206]. Le domaine synesthésique a peu ou rien à voir avec la vision pragmatique de la réalité selon Apollinaire. Celui-ci n'a jamais (pseudo)scientifiquement associé différents sens ou média, se montrant sceptique sur cette relation jusqu'à la fin de l'année 1918 et les théories synesthésiques de Léopold Survage et de Carol-Bèrard. Nous y reviendrons ultérieurement.

Les modèles artistiques les plus récents n'ont donc qu'une influence partielle sur l'idée qu'Apollinaire se fait de la musique. Une source plus ancienne (mais peut-être plus centrale) de sa conception musicale se trouve dans le *Trattato della pittura* (*Traité de la peinture*) de Léonard de Vinci (publ. 1651), lu en italien, sa langue maternelle, et dans la version traduite et commentée par (donc aussi par l'intermédiaire de) Joséphin Péladan (1910) et de ses « excellents articles[207] ». L'on doit à ce dernier l'une des œuvres de récupération les plus importantes de la pensée de Léonard de Vinci, à une époque où ses théories ont acquis une grande influence non seulement chez les érudits, mais aussi chez les artistes. Il ne faut pas oublier que les post-cubistes du Groupe de Puteaux ont justement repris leur nom, Section d'or, du *Traité de la*

---

204 « Chroniques d'art. Les futuristes », *Le Petit Bleu*, 9 février 1912 (*Pr2*, p. 411-412).

205 Préface au Catalogue de l'exposition Archipenko, mars 1912 (*Pr2*, p. 660).

206 Sur Boccioni, *cf.* Maria Grazia Messina, « L'esperienza della simultaneità fra pittura e musica a Parigi intorno agli anni Dieci del Novecento », in Mario Ruffini et Gerhard Wolf (éd.), *Musica e Arti figurative – Rinascimento e Novecento*, Venise, Marsilio, 2008, p. 239 *sqq.* ; sur Picabia, Marc Le Bot, *Francis Picabia et la crise des valeurs figuratives*, Paris, Klincksieck, 1968, p. 65-75.

207 « Les arts – Le sculpteur Lehmbruck », *Paris-Journal*, 26 juin 1914 (*Pr2*, p. 792).

peinture. L'esthétique de ce même traité inspirera également maintes fois Villon, Duchamp et surtout Delaunay[208]. Il ne fait guère de doute que les œuvres de Léonard ont, dans une certaine mesure, également touché Apollinaire, ami de Péladan, de la Section d'or et passionné notoire des arts et de la pensée de la Renaissance[209]. Enfin, il n'est pas nécessaire de préciser combien l'implication involontaire d'Apollinaire dans le vol de la *Joconde* (1911) a lié la figure de Mona Lisa à l'avant-garde, de Duchamp à Dalí en passant par Léger.

Pour sa théorie, notre poète semble retenir tous les passages dans lesquels De Vinci parle de musique, renversant cependant la suprématie basée sur l'imitation[210]. Dans le sillage du *paragone delle arti*, le débat de la Renaissance tentant d'établir la supériorité d'un seul art sur les autres, le *Traité de la peinture* énonce précisément que la peinture est supérieure parce qu'elle est la seule à imiter parfaitement la réalité ; la musique resterait en revanche le seul art capable d'exprimer l'invisible. La hiérarchie fournie par De Vinci serait alors la suivante : « [le poète reste], pour la représentation des choses corporelles, loin derrière le peintre ; et pour les choses invisibles, derrière le musicien[211] ». La musique et la poésie sont des arts frères, puisque toutes deux se rapportent au sens de l'ouïe, bien que la deuxième n'ait pas la capacité de s'extraire du domaine des sens. Les « choses invisibles » sont pourtant ce qu'Apollinaire recherche et, malgré tous les défauts que De Vinci et lui attribuent à la musique, elle devient peut-être grâce à eux une métaphore idéale de la nouvelle peinture et de la poésie. Péladan, bien qu'ayant mal traduit De Vinci, explique en termes apollinariens que la musique est beaucoup plus élevée que les arts *représentatifs* : « le caractère indéfini de [l']art [du musicien] lui permet de correspondre à des imaginations différentes. [...] L'exaltation phonétique surexcite la pensée, sans la contraindre à un thème déterminé [...] ; les œuvres de Léonard produisent un effet assez semblable, et s'il

208 *Cf.* Virginia Spate, *Orphism*, *op. cit.*, p. 76.

209 *Cf.* Adrian Hicken, *Apollinaire, Cubism and Orphism*, *op. cit.*, p. 187 et 197 n. 49 ; V. Spate, *Orphism*, *op. cit.*, p. 188-190 ; Robert Delaunay, *Du cubisme à l'art abstrait*, éd. P. Francastel, Paris, SEVPEN, 1957, p. 144-145.

210 Sur la pensée musicale de Léonard, voir Emanuel Winternitz, *Leonardo da Vinci as a Musician*, New Haven et Londres, Yale University Press, p. 204-233 ; Gianluca D'Agostino, « Nuove annotazioni su Leonardo e la musica », *Studi musicali*, nº 30, 2001.

211 Léonard de Vinci, *Traité de la peinture*, trad. fr. A. Chastel, Paris, Calmann-Lévy, 2003, p. 62.

n'avait pas été bon musicien, il n'aurait pas imprimé à ses œuvres ce caractère indéfini qui les élève à la hauteur d'une énigme[212] ».

Apollinaire a également bien lu les passages du *Trattato* critiquant la musique. Il l'oppose à la nouvelle peinture, qui offre de grandes ressources en ce qui concerne la simultanéité de l'espace et du temps. La musique serait inférieure à la peinture – « sœur [...] qui vient après l'œil », dit le Toscan[213] – en raison de sa nature séquentielle et non simultanée, mais aussi en raison de sa fugacité inéluctable : « ce qui fait la noblesse d'une chose, c'est son éternité ; la musique qui va se consumant à mesure qu'elle naît, n'égale pas la peinture, qui, vitrifiée, devient éternelle[214] ». Selon De Vinci et Apollinaire, les modes d'expression de la musique vont au-delà de l'expérience de la simultanéité d'un objet. L'Italien dit :

> Le poète, dans la description de la beauté ou de la brutalité d'un corps, te le montrera membre à membre et par aperçus successifs, tandis que le peintre te le fera voir entier et d'un coup. Le poète ne peut, avec les paroles, placer la vraie figure des membres qui forment un tout, tandis que le peintre le produit avec toute la vérité possible à la nature. Il arrive au poète comme au musicien qui chante seul un morceau composé pour quatre voix ; d'abord, il chante la première partie, puis le ténor, ensuite le contralto et enfin le basse ; il n'en résulte pas la grâce des proportions harmoniques qui est enfermée en des mêmes temps harmoniques. [...] La musique fait encore, en son temps harmonique, les suaves mélodies composées de ses voix variées, dont le poète est privé à cause de leur division harmonique[215].

De telles idées semblent servir de modèle au poète français lorsqu'il oppose peinture et musique. La nouvelle peinture, qui ne traite pas du « mouvement, du devenir et autres fluidités qui conviennent seulement à la musique », possède la singulière faculté d'épaissir l'espace et, une fois réalisé, sera supérieur à la musique elle-même.

On pourrait donc dire qu'Apollinaire, prenant le tournant qui conduisit poésie et musique à devenir poésie-peinture, dissèque la musique en *abstraction* et en *pratique*. Si cette dernière, venant à coïncider avec la musique traditionaliste, académique et imitative, est critiquée ou ignorée, elle ne subira cependant pas le sort de la *musique comme abstraction*

212 Léonard de Vinci, *Traité de la peinture*, trad. fr. J. Péladan, Paris, Delgrave, 1910, p. 46-47.
213 *Ibid.*, p. 43.
214 *Ibid.*
215 *Ibid.*, p. 32.

qui, bien que dépourvue de réel, servira néanmoins de modèle à une musique qui reste à mettre en pratique. Les qualités qu'Apollinaire attribue à la *musique comme abstraction* peuvent s'inscrire dans une pratique compositionnelle future et nouvelle, ou être retravaillées par les arts figuratifs et la poésie.

Cette musique est anti-imitative et donc *pure* : bien qu'elle traite de données sensibles, elle ne se limite pas à les reproduire, mais les transcende ; elle est autonome dans la gestion du temps et dépourvue de syntaxe ou de rythme préétabli. Elle s'auto-régénère en permanence, communique son message non pas par description ou dénotation, mais par suggestion, tendant ainsi à être davantage un art de l'intuition qu'un art de la raison. Même s'il s'agit d'un art séquentiel, elle doit tendre vers la simultanéité en suivant la direction que la nouvelle peinture a tracée ces dernières années et en abandonnant le mouvement, qui ne tient pas compte de la multiplicité des événements simultanés qui forment la réalité. Elle est enfin une musique qui parle de ce qui n'est pas vu, sans être cependant reléguée à une sphère exclusivement spirituelle. C'est une musique qui doit constamment maintenir ses liens avec la réalité, jusqu'à la pénétrer pour la transformer radicalement.

RÉALISER UNE NOUVELLE MUSIQUE : OÙ EST L'AVANT-GARDE ?

On sait que, chez Apollinaire, la *pars destruens* n'a jamais atteint la férocité futuriste, mais a toujours dialogué avec une *pars construens* plus ou moins élaborée. La première correspond à peu près aux idées sur la *musique comme pratique*, la seconde aux idées qui conduisent Apollinaire à concevoir la *musique comme abstraction*. Tenter de concilier ces deux aspects – c'est-à-dire mettre l'abstraction en pratique – est un désir qui a habité Apollinaire tout au long de cette décennie et surtout dans les années précédant la guerre. Il le réalisa en partie seulement. Apollinaire manquait de main-d'œuvre qualifiée pour la construction de ce nouveau bâtiment artistique.

Le rapport d'Apollinaire aux musiciens semble s'être structuré à partir des lieux qu'il fréquentait habituellement. En effet, les seuls musiciens qu'il a rencontrés et avec lesquels il s'est lié d'amitié fréquentaient les ateliers des peintres ou les milieux littéraires. Il s'agissait d'artistes, pour le dire avec les mots de Francesco Balilla Pratella et sans les appeler strictement *d'avant-garde*, ayant déserté « les conservatoires et les académies, pour étudier et composer dans la plus absolue des libertés » et qui s'étaient révoltés « contre la tyrannie des éditeurs, l'outrecuidance du public et le bavardage des critiques plus ou moins vendus[216] ». On sait qu'à Paris, à cette époque, les musiciens ne manquaient pas ; peu correspondaient cependant au profil recherché. De nombreux musiciens ont croisé le parcours d'Apollinaire dès sa jeunesse. Seuls quelques-uns pourtant ont attiré son attention, tandis que d'autres n'ont laissé que de faibles traces de leur passage. Quatre en particulier sont à prendre en considération, tant pour leur importance que pour leur proximité géographique, esthétique et chronologique avec Apollinaire. Aucun d'entre eux n'aura cependant travaillé avec lui et aucun n'aura jamais mis ses mots en musique.

Le premier dans l'ordre chronologique fut William Molard (1862-1937), compositeur franco-norvégien tombé aujourd'hui dans l'oubli. Guillaume l'avait connu à Montparnasse lorsqu'il fréquentait, avec Salmon, cette petite communauté scandinave qui leur servit de modèle pour *Le Marchand d'anchois*[217]. Bien que leur amitié n'ait jamais été étroite – une vingtaine d'années les séparaient –, Molard, invité en 1916 par Paul Dermée au grand banquet offert en l'honneur de Guillaume, accepta en écrivant : « Je suis très honoré d'être compté au nom des amis du poëte [*sic*] blessé[218] ». Molard n'était pas tant musicien de profession qu'un personnage singulier et connu, qui avait étudié la musique avec ses amis Ravel et Florent Schmitt dans les cours d'Émile Pessard au Conservatoire. Marié à la sculptrice suédoise Ida Eriksson, il habitait rue Vercingétorix, à côté de Gauguin (qui en fit son portrait en 1893) et du Douanier Rousseau. Lors des soirées musicales qu'il organisait, il

---

216 Francesco Balilla Pratella, *Manifeste des musiciens futuristes* [1911], publié dans *Futuristie*, éd. G. Lista, Paris, L'age de l'homme, 1973, p. 308.

217 Sur Molard, v. Thomas Millroth, *Molards salong*, Stockholm, Forum, 1993 ; Jean-Paul Morel, « William Molard ou le *Molards Salong*, un foyer scandinave au cœur de Paris-Montparnasse », *Frederick Delius et la France*, éd. J. Rossi, Paris, Delatour France, 2012 ; David Eccott, « Florent Schmitt », in Lionel Carley (dir.), *Frederick Delius – Music, Art and Literature*, Abingdon, Routledge, 2018, p. 117-123.

218 Lettre transcrite dans le catalogue des ventes Brissonneau, 31 mars 2011, p. 17.

recevait des musiciens tels Maurice Ravel, Frederick Delius et Déodat de Sévèrac. À la fin des années 1890, la maison des Molard devint l'un des centres d'échange artistique et culturel les plus vivants de Montparnasse : c'est là, par exemple, que Ravel rencontra Grieg, que plusieurs compositions de ce dernier, de Delius, ainsi que quelques écrits de Strindberg trouvèrent leur première traduction française – au point que l'on pourrait même identifier Molard à Zidore, l'interprète du *Marchand d'anchois*.

Molard a laissé plusieurs traces de son activité de critique musical et c'est à ce titre qu'il fut consulté par Apollinaire dans l'*Enquête sur l'orchestre*. Son travail de compositeur est pourtant plongé dans l'obscurité : jusqu'à présent, nous n'avons rien de sa production, rarement jouée pendant sa vie même ; les critiques de ses concerts ou de son style sont également très peu nombreuses et souvent brèves. Toutefois, Florent Schmitt disait en 1930 que « William Molard, autodidacte, [est un] précurseur de Schoenberg sans le savoir[219] » et il semblerait que les théories musicales de Molard aient influencé les compositions des jeunes Schmitt et Ravel[220]. Il collabora avec Paul-Napoléon Roinard pour la pièce théâtrale synesthésique *Les Miroirs* (1897), dont le texte sera publié en 1908 grâce à l'aide d'Apollinaire aussi[221]. Son œuvre la plus citée, dont nous avons malheureusement perdu la partition, est *Hamlet*, musique de scène pour le drame de Shakespeare, exécutée pour la première fois en avril 1911 à la Salle Gaveau sur suggestion de Ravel. Relatant quelques souvenirs sur les toutes premières années du XXe siècle, André Salmon écrit que Molard avait au piano une « partition manuscrite d'une œuvre peut-être très belle, qui ne sera jamais jouée et dont moi, l'un des rares, j'ai entendu une blague sur laquelle mon incompétence ne me permet pas de fonder un jugement[222] », mais que nous croyons être *Hamlet* même. Apollinaire voyait en lui un précurseur des tendances nouvelles, un artiste indépendant et loin de tout courant, ce qui limita son art à sa propre personne. Il se souviendra de Molard dans un article très important de 1914, dans lequel il compare son importance à celle d'Erik Satie.

---

219 Florent Schmitt, « Les concerts », *Le Temps*, 6 décembre 1930.

220 Lionel Carley, *Delius : The Paris Years*, Londres, Triad Press, 1975, p. 56.

221 *Cf.* s. a., « Représentations privées des *Miroirs* », *Revue d'art dramatique*, n° 1, 1898, p. 80. Sur la publication des *Miroirs*, voir la lettre de Roinard à Apollinaire, 25 août 1908 ; *Correspondance avec les artistes*, *op. cit.*, p. 41.

222 André Salmon, *Souvenirs sans fin (1903-1940)*, *op. cit.*, p. 229.

La grande inconnue de la biographie musicale apollinarienne fut Satie lui-même. Erik Satie est né 14 ans avant Apollinaire, mais de nombreux écrits, de nombreuses légendes ou de simples affinités esthétiques le lient étroitement à notre poète. Il y eut en réalité peu de contact entre les deux hommes. Au moment où la carrière d'Apollinaire commence à prendre son envol, au début du siècle donc, Satie se retire de la vie sociale pour se consacrer à l'enseignement et à la pratique de la musique dans les cabarets et les guinguettes de la banlieue d'Arcueil. Au cours de ces années, il s'est également occupé de politique, devenant membre du cercle socialiste local et s'orientant vers des activités diamétralement opposées à celles d'Apollinaire. Satie ne connut un grand succès populaire que lorsque la Société Musicale Indépendante ouvrit la saison 1911 avec trois de ses œuvres de jeunesse. Apollinaire ne devait certainement pas ignorer le renommé du musicien et sa célébrité parmi les avant-gardistes. Notre auteur – ou, comme le disait Satie, « Ah ! Paul-Hinn Air, le critique célèbre[223] » – ne l'a cependant jamais jugé comme un compositeur *pompier*, bien que le succès tardif de Satie vienne des milieux mêmes qu'il a souvent critiqués, lui qui façonna souvent et bien volontiers ses compositions dans le but d'*épater le bourgeois*.

Le peintre Robert Mortier et sa femme, la pianiste Jane Mortier, constituèrent probablement le contact le plus direct entre Apollinaire et Satie dans les années d'avant-guerre. Ils étaient très proches de Satie, au point que Jane fut la dédicataire et la première interprète de certaines de ses pièces[224]. Ils étaient également en contact avec Apollinaire, avec qui ils parlaient souvent de peinture, mais parfois aussi de musique[225]. Jean Cocteau réunit pour la première fois le poète et le musicien, lui qui fréquentait Satie depuis 1915 et choisit le premier pour le programme, le second pour les musiques de *Parade*, début avant-gardiste des Ballets russes (avril-juin 1917). Selon Georges Auric, Apollinaire

223 Satie à Ricardo Viñes, 18 juillet 1916 ; Erik Satie, *Correspondance presque complète*, éd. O. Volta, Paris, Fayard, 2000, p. 249.

224 Jane Mortier a été la dédicataire du troisième des *Embryons desséchés* (1913) et la première interprète des six *Nocturnes* (1920).

225 Par exemple, le 17 janvier 1915, de Nîmes, il écrit à la couple : « Un baryton niçois, Giraud, qui est vaguemestre, nous chante la *Traviata*, le *Barbier*, *Rigoletto*, et l'on s'endort à cette extinction des feux : la même que sous l'Empire où les hommes chantaient sur les notes mourantes de la fin : vive l'empereur ! Vive l'empereur ! Toujours plus bas. Aujourd'hui on ne sait plus ça, mais quand c'est le trompette de Beaucaire qui joue (il sonne à ravir) on applaudit de tous les bâtiments de notre caserne » (*CG*, t. II, p. 69).

aurait cependant approché Satie avant la collaboration de *Parade* pour lui demander d'écrire les musiques pour *Les Mamelles de Tirésias*.

> Apollinaire ne rencontra Satie que fort tard et ces deux hommes que tant de choses semblaient rapprocher se comprirent assez mal. Était-ce en 1916 ou en 1917 ? Je n'oublierai jamais une fin d'après-midi assez sinistre où Apollinaire nous avait réunis, dans un atelier tout proche de la Gare Montparnasse. Il voulait nous faire connaître *Les Mamelles de Tirésias* – pour lesquelles il souhaitait une musique de scène. Évidemment, il n'était pas un admirable lecteur. Mais, depuis toujours, je savais qu'il était un poète admirable. Et pourtant j'écoutais sa pièce avec une déception que j'avais grand'peine à dissimuler. Satie, lui, demeurait silencieux et nous partîmes atrocement embarrassés [...][226].

Il ne reste de cette rencontre qu'une brève mention à un ami, auprès duquel Apollinaire se refuse à établir un lien de proximité entre *Les Mamelles de Tirésias* et *Parade* : « [La presse] me reproche *Parade* quand il s'agit d'une pièce [*Les Mamelles de Tirésias*] qui a douze ou treize ans de bouteille, que j'ai lue au printemps 1916 à plus de dix personnes. Et d'abord il n'y a aucun rapport entre ces deux spectacles, si j'ose dire[227]... ». Il n'y a aucune raison de douter de la cour que fit Apollinaire à Satie, bien que les informations à ce sujet ne soient pas des plus explicites.

Autre fait également clairement établi, une distance se créa entre les deux artistes à la suite des critiques formulées à l'encontre de *Parade*. Jean Poueigh, compositeur et critique musical, avait violemment critiqué la musique de Satie ; le compositeur envoya alors au critique des lettres pleines d'insultes, en l'appelant notamment « un "cul" sans musique » ; Poueigh ira jusqu'à poursuivre Satie en justice[228]. Apollinaire, peut-être sur le conseil de Cocteau, oriente Satie vers José Théry, l'avocat qui l'avait défendu lors du scandale du vol de la *Joconde* (1911), sans savoir que ce dernier avait déjà été choisi par l'accusation. Irrité par ce qu'il pensait être un acte volontaire, Satie ne convoqua pas Apollinaire en qualité de témoin à ses audiences ; le poète, pour sa part, déserta un rendez-vous avec Satie à la mi-juillet, sans aucune explication, mais

226 Georges Auric, « Apollinaire et la musique », *op. cit.*, p. 149.

227 Lettre à Pierre Varenne, 25 juin 1917. Cit. dans *AMT*, p. 203.

228 Cette affaire a été racontée en détail dans Guillaume Apollinaire et Jean Cocteau, *Correspondance*, éd. P. Caizergues et M. Décaudin, Paris, Jean-Michel Place, 1991, p. 44-46 ; Ornella Volta, *Satie/Cocteau – Les malentendus d'une entente*, Paris, Le Castor Astral, 1993, p. 31-39 ; *CGA*, p. 706-707.

chercha néanmoins à plaider le cas de Satie chez Théry en lui écrivant plusieurs fois[229]. Entre-temps, il écrivait à Cocteau :

> J'ai bien regretté de n'avoir pu me rendre aux deux audiences du procès Érik [*sic*] Satie. On m'a raconté que l'on avait surtout plaidé contre le cubisme qui n'avait rien à démêler avec l'affaire puisque Érik Satie qui est musicien n'est point cubiste et aurait bien du mal à l'être, le cubisme étant jusqu'à cette [*sic*] une école de peinture. [...] Il est étrange toutefois qu'un homme de l'âge et du talent d'Érik Satie n'ait rencontré dans la presse personne d'assez indépendant pour mettre les choses au point. [...] Érik Satie s'est vengé, d'avance, et sa vengeance lui reste acquise, la postérité l'entérinera [...][230].

En raison de l'accusation violente de l'avocat (Cocteau parle d'une « joie féroce[231] ») et du comportement intransigeant de l'accusé, Satie fut finalement condamné à une amende de 800 francs et à huit jours de prison. Les derniers efforts d'Apollinaire pour venir en aide au musicien et remédier au scandale que ce procès avait créé durèrent jusqu'au mois de novembre suivant : « je souhaite que tout cela n'aille pas loin[232] », écrivait Apollinaire à Satie lors de la deuxième audience. Le comportement du musicien était, au contraire, bien différent. Trois jours après sa condamnation, Satie s'adressait à Apollinaire sur un ton amical : « Je ne suis point fâché : je vous admire & vous aime toujours – & beaucoup. [...] Mon affaire ? Je suis "frit", ni plus ni moins ; & il n'y a rien à entreprendre d'utile ni de juste (*sens de précis*). Tant pis pour moi ! Merci de tout cœur et amicalement vôtre[233] ». Trois jours après cette même lettre, Satie écrivait cependant à Cocteau un avertissement dans lequel remonte à la surface le caractère inconstant et changeant de son auteur : « Apollinaire – méfiez-vous de lui[234] ».

L'affaire Poueigh-Satie ne fut résolue qu'à la fin du mois de novembre 1917, lorsque le compositeur, grâce à l'aide de Misia Sert et de la princesse

229 *Cf.* lettre à Cocteau, 18 juillet 1917 (*CG*, t. III, p. 393).

230 Lettre à Cocteau, juin 1917, Guillaume Apollinaire et Jean Cocteau, *Correspondance*, *op. cit.*, p. 45.

231 Cocteau à Apollinaire, 9 juin 1917, Guillaume Apollinaire et Jean Cocteau, *Correspondance*, *op. cit.*, p. 44.

232 Apollinaire à Satie, novembre 1917. Erik Satie, *Correspondance presque complète*, *op. cit.*, p. 315.

233 Satie à Apollinaire, 15 juillet 1917 (BNF, département des Manuscrits).

234 Satie à Cocteau. Erik Satie, *Correspondance presque complète*, *op. cit.*, p. 292.

de Polignac, fut acquitté de toutes les sanctions. Durant cette période et les mois qui ont suivi, Apollinaire continuait à défendre le musicien en plaidant la valeur de *Parade*[235] et en préparant l'article suivant :

> Maître José Théry est un avocat cubiste. Pour dépeindre son adversaire, il lui donne d'autres traits que ceux que le vulgaire peut voir. Il en fait un cubiste et impose ce portrait aux juges qui l'écoutent. On n'a même pas laissé dire au malheureux musicien Erik Satie qu'il n'est point cubiste et aurait bien du mal à l'être, puisque le cubisme étant une école de peinture n'a rien à démêler avec la musique et la littérature[236].

Quoi qu'il en soit, les relations entre les deux artistes ne devinrent jamais vraiment amicales : en mars 1918, Cocteau parle à Apollinaire de malentendus avec Satie, dont il avait discuté avec Auric et Misia Sert. Notre auteur répond ainsi :

> je n'ai rien dit à Auric que mon désir que tous ces malentendus fussent dissipés. Comme ils le sont désormais entre nous [Apollinaire et Satie]. [...] Ce n'est pas du tout Misia qui m'a parlé de Satie. Elle n'était au courant de rien de tout cela. Mais surtout ni que vous ni qu'Auric, ne croyez que je veux encore envenimer cette affaire. Je vous jure que j'ai pour Satie beaucoup d'admiration et d'amitié. Et j'aurais voulu qu'il ne doutât point de moi. Voilà mon ami toute la chose et votre amitié votre mot d'aujourd'hui m'ont montré que vous ne doutez point [...][237].

L'admiration et l'amitié déclarées par Apollinaire furent, dans une certaine mesure, rendues par Satie après la mort du poète, quoique de manière délibérément énigmatique. En 1921, le compositeur ira jusqu'à affirmer que toute l'esthétique du Groupe des Six est fondée non pas sur *Le Coq et l'Arlequin*, mais sur la pensée d'Apollinaire : « Les "Six", pour leur esthétique... ...appartiennent à l'Esprit Nouveau... Qu'est-ce que l'Esprit Nouveau ? ...Guillaume Apollinaire a écrit : ... "L'Esprit Nouveau dominera le monde"[238] ». On peut supposer que leur relation, depuis le déclenchement de l'affaire Poueigh jusqu'à la mort du poète, se stabilisa autour d'une sorte d'estime cordiale, confirmée sans pour

235 *Cf.* p. ex. « Le cubisme et *La Parade* », manuscrit inédit (*Pr2*, p. 867-869) ; « Théâtres », *Les Arts à Paris*, 15 mars 1918 (*Pr2*, p. 1408).
236 Inédit, cit. dans *AMT*, p. 205.
237 Apollinaire à Cocteau, mars 1918 (*CG*, t. III, p. 500).
238 Erik Satie, *Écrits*, éd. O. Volta, Paris, Champ libre, 1977, p. 88-89.

autant qu'elle ne se développe lors de leur fréquentation assidue aux nombreuses initiatives d'avant-garde[239].

Malgré la distance existant entre les deux artistes, les critiques ont souligné à plusieurs reprises la proximité de certaines de leurs préoccupations esthétiques, proposées durant les mêmes années. Il en fut par exemple ainsi du manque de barres et d'armures de clé dans les partitions de Satie et de l'élimination de la ponctuation dans *Alcools*[240], ou de l'étroite intersection entre son, image et poésie à travers ce qui peut être défini comme « esthétique interartistique[241] ». Quand Satie prépare *Sports et divertissements* (1914), il structure la partition en termes figuratifs, essayant de donner un sens à la musique non seulement par le son, mais aussi à travers son expression graphique. D'autre part, les *Calligrammes* d'Apollinaire expriment leur contenu verbal en dessinant des véritables images. On pourrait dire que si la musique est assimilée, dans un sens presque bergsonien, au flux de la vie, il n'est pas faux de penser qu'un poème comme *Lundi rue Christine* est construit de la même façon qu'un des *Embryons desséchés* de Satie[242].

Si Apollinaire n'a jamais été l'ami du bourru Satie, il fréquenta en revanche Edgard Varèse avant qu'il ne devienne l'un des plus grands musiciens du XXe siècle. Les deux hommes devinrent amis vers 1913, probablement par l'intermédiaire de Gabriële Buffet-Picabia, dont Varèse était un ami proche ainsi qu'un ancien collègue de la classe berlinoise de Ferruccio Busoni. Il semble qu'Apollinaire et Varèse se connaissaient au moins depuis 1905[243], mais qu'ils se rencontrèrent de plus en plus fréquemment chez les Picabia ou chez Louise Faure-Favier dans les deux années de l'après guerre. Cette dernière raconte l'atmosphère des rencontres musicales auxquelles Varèse et Apollinaire participaient ; rien de plus qu'une amitié tranquille et des passe-temps agréables :

> Un beau soir de l'heureux été de 1913 où j'avais réuni quelques amis [...] nous nous étions groupés devant la fenêtre d'angle de mon salon, ouverte

239 En novembre 1917, par exemple, les deux artistes se partageaient la scène dans une soirée au Vieux-Colombier. *Cf. CGA*, p. 715.

240 Roger Shattuck, *The Banquet Years*, *op. cit.*, p. 151.

241 *Cf.* Helen Julia Minors, « Exploring interart dialogue » in Caroline Potter (dir.), *Erik Satie – Music, Art and Literature*, Farnham, Ashgate, 2013, p. 122-127.

242 Mary E. Davis, *Erik Satie*, Londres, Reaktion Books, 2007, p. 86-89.

243 *Cf.* Felix Meyer et Heidy Zimmermann (dir.), *Edgard Varèse – Composer, Sound sculptor, Visionary*, Woodbridge, Boydell & Brewer, 2006, p. 60.

> sur le confluent des deux bras de la Seine, d'où nous regardions tomber la nuit si douce. Apollinaire était assis dans son grand fauteuil Voltaire [...] tandis qu'au piano Edgar Varèze [*sic*] jouait, en sourdine, la *Chanson d'Amour* de Schumann. [...] Je chantai donc, à mi-voix [...]. Quand j'eus terminé, Apollinaire réclama *La Romance de l'Étoile* de *Tannhäuser*. J'eus beau protester que c'était là un air pour voix d'homme, pour baryton, il insista. [...] Mais je dus encore m'exécuter, le mieux que je pus, avec l'aide d'Edgar Varèze [*sic*] qui transposa l'air pour ma voix[244].

Apollinaire le tenait en haute estime : au printemps 1914, il lui demanda un article pour *Les Soirées de Paris*[245], tandis que quelques mois auparavant, dans un article dédié à Léon Deubel (Varèse, en plus d'être son ami et colocataire, avait composé quelques morceaux sur ses poèmes), il avait écrit à propos du musicien : « s'il est moins connu en France qu'en Allemagne, où on le tient pour un des talents les plus originaux d'aujourd'hui, le musicien Edgar [*sic*] Varèse ne tardera pas à conquérir Paris comme il a conquis Berlin[246] ». Bien qu'il n'y ait pas d'autres traces de leur brève amitié, stoppée net par l'enrôlement d'Apollinaire et le départ de Varèse pour les États-Unis (1915), et bien que leur relation n'ait eu aucune répercussion dans la vie et sur la production d'Apollinaire, il est probable que la pensée du poète ait laissé des traces dans la vision artistique de Varèse (l'écriture calligrammatique, la simultanéité, par exemple), bien que celles-ci doivent encore être étudiées et vérifiées[247]. Cependant, des similitudes surprenantes entre les deux poétiques tournent autour du concept et de l'utilisation du bruit. Nous en reparlerons en temps voulu.

Il faut mentionner un dernier musicien qu'Apollinaire ne rencontra jamais en personne, bien que son importance artistique dans les années d'*Alcools* et de *Calligrammes* fût sûrement comparable à celle de notre poète. Il s'agit d'Igor Stravinsky. Son nom apparaît dans l'*Antitradition futuriste*, probablement sur suggestion de Marinetti, comme on l'a vu, car il n'avait pas impressionné Apollinaire avec son *Sacre du printemps*

244 Louise Faure-Favier, « Apollinaire et la musique », *op. cit.*, p. 21-22.

245 Edgard Varèse, « Chronique mensuelle – Le Quatuor Hongrois », *Les Soirées de Paris*, nº 21, 1914, p. 79.

246 « Léon Deubel », *Mercure de France*, 1er novembre 1913 (*Pr3*, p. 166).

247 V. p. ex. le poème calligrammatique *Prismes et chansons* (1920) associé par Louise Varèse à la poésie apollinarienne. *Cf.* Louise Varèse, *Varèse : A Looking-glass Diary*, New York, Norton & co., 1972, vol. 1, p. 104 ; v. aussi Felix Meyer et Heidy Zimmermann (dir.), *Edgard Varèse*, *op. cit.*, p. 112-113.

– ballet qu'il n'est d'ailleurs pas certain que le poète ait vu de ses propres yeux[248] – ou avec ses ballets précédents. On pourrait supposer qu'Apollinaire se soit intéressé au moins au phénomène Stravinsky, ne serait-ce que pour son côté subversif et anti-traditionaliste. Une phrase énigmatique du poète à la fin d'un petit article d'octobre 1918 peut fournir une preuve infime permettant d'appuyer cette théorie. Dans le compte rendu d'un concert de Jane Bathori pour l'association Art et Liberté, Apollinaire écrit que « M. [Pierre] Bertin chanta des mélodies de Stravinsky qui firent penser à Erik Satie[249] ». Une affirmation si frappante et audacieuse, mais surtout si inhabituelle pour Apollinaire qui ne s'était jamais donné la peine de trouver des analogies possibles entre les compositeurs, laisse penser que ce qui est en jeu ici n'est pas le style musical des deux compositeurs cités, mais plutôt une autre qualité. On pourrait supposer que Stravinsky *fait penser* à Satie parce que tous deux sont pareillement indépendants par rapport au canon musical traditionnel et aux demandes du public conservateur. De façon très similaire, ils se rapprochent également de plus en plus de l'avant-garde picturale et poétique. À cette interprétation sociale, on pourrait en ajouter une autre, basée sur les caractéristiques artistiques du Russe. Stravinsky apparaît en filigrane dans le seul récit *musical* d'Apollinaire, *Le Roi-Lune*, inspiré du panthéon wagnérien (*cf. infra*). Dans ses ébauches, le poète avait écrit cette métaphore sibylline : « comme un vieux monsieur au *Sacre du Printemps* [quatre mots illisibles] par obséquiosité envers son maître[250] ». Apollinaire aurait donc pensé à insérer Stravinsky dans un conte (anti)wagnérien, établissant des liens avec la musique moderne et de nouveaux niveaux de lecture du conte. La description musicale articulée, que nous aborderons au chapitre suivant, pourrait donc se référer davantage à la musique de Stravinsky qu'à celle du maître de Bayreuth (ou, du moins, telle aurait pu être l'intention d'Apollinaire, qui élimine toutefois complètement dans la version finale le nom de Stravinsky).

Les faits semblent creuser un fossé très profond entre notre poète et le musicien russe, idolâtré par la bourgeoisie la plus progressiste, mais seulement par de rares avant-gardistes comme les futuristes ou certains

248 Le seul témoignage est celui de Gertrude Stein, *The Autobiography of Alice B. Toklas*, New York, Vintage Books, 1960 (1933), p. 136.

249 s. t., *L'Europe nouvelle*, 12 octobre 1918 (*Pr2*, p. 1482).

250 *Cf. Pr1*, p. 1288.

Russes émigrés. La question, une fois de plus, est liée à la position sociale des deux artistes et à leur champ d'action respectif. Stravinsky éblouit et effraie son public. Dans un certain sens, il agit comme un antagoniste du bon goût bourgeois, qui attendait de lui qu'il produise assidûment des œuvres dans le style du maître Rimsky-Korsakov, comme cela avait déjà été le cas, par exemple, avec un ballet tel que *L'oiseau de feu* (1910). Néanmoins, le musicien n'est pas du tout éloigné du public, avec lequel il converse. Dans ces années, le destin de son succès est précisément entre les mains des mélomanes et des *balletomanes*, pour citer Apollinaire. Le public de Stravinsky, son véritable interlocuteur, est celui qui se presse déjà dans les soirées des Ballets russes et suit les nouveautés de l'Opéra. Les artistes d'avant-garde ne cherchent pas à rencontrer le compositeur : ils sont désintéressés, distants, occupés par des affaires et des activités qui n'ont rien ou presque à voir avec le *Sacre du printemps*. Cette image est bien illustrée par Cocteau qui décrit, lors de la première du *Sacre*,

> l'absence, sauf deux ou trois exceptions, des jeunes peintres et de leurs maîtres. Absence motivée [...] pour les uns par leur ignorance de ces pompes où Diaghilew, ne les flairant pas encore, ne les invitait pas, – pour les autres, par le préjugé mondain. [...] Toujours est-il que Montparnasse ignore le *Sacre du Printemps* [...] et que Picasso entendit du Stravinsky pour la première fois, à Rome, avec moi, en 1917[251].

Cette description mesure précisément l'écart entre la musique cultivée et le milieu d'avant-garde, identifiant et mettant en cause les préjugés principalement sociaux des artistes modernistes envers la culture institutionnelle. Mais l'abîme qui séparait l'art bourgeois et l'art d'avant-garde à cet instant n'était pas qu'un simple fossé économique et social. Stravinsky, même si l'on suppose que les avant-gardistes étaient compétents pour apprécier la nouveauté tant technique qu'esthétique – ce qui n'est pas certain –, ne pouvait ni séduire ni fasciner les membres des cercles et des réseaux amicaux et professionnels cubistes. Comme l'explique Franca Bruera, il s'agissait d'artistes « mus par un esprit anti-intellectualiste sans précédent, qui considéraient peut-être la musique comme la manifestation intellectualiste la plus raffinée de l'art [...], inspirés par les principes les plus bruyants de l'anti-formalisme académique, par l'expérience non

251 Jean Cocteau, « Le Sacre du Printemps », in *Le Coq et l'Arlequin*, Paris, La Sirène, 1918, p. 67.

figurative, par la contestation des systèmes esthétiques et symboliques de la société capitaliste de masse[252] ». Le très fort pouvoir d'innovation de Stravinsky, considéré avec intérêt par certains avant-gardistes assez éloignés du cercle Apollinaire d'après 1913, comme Sébastien Voirol[253] ou Ricciotto Canudo[254], a été interprété comme une simple verve anti-académique et anti-traditionnelle, qui faisait néanmoins le jeu de la musique cultivée. En d'autres termes, même si Stravinsky avait réussi à épater le bourgeois, il restait et représentait lui-même le bourgeois aux yeux de l'avant-garde. L'exemple des futuristes est en ce sens éclairant : ils ne retiendront la nouveauté de la musique de Stravinsky que dans son aspect anti-bourgeois et anti-romantique. « Viva Stravinsky ! Abbasso Wagner ! » s'exclamait Marinetti au Teatro Costanzi de Rome, durant la première de *Petrouchka* en 1915. Et cependant, la *violence* exercée contre le bon goût bourgeois ne sera un modèle pour les futuristes que pendant quelques années, c'est-à-dire jusqu'à ce qu'avec *Pulcinella* (1919), Stravinsky cesse d'être le compositeur *anarchique* qu'ils appréciaient.

En inversant la perspective, nous pouvons essayer de comprendre si Stravinsky avait réellement des contacts avec le monde dont Apollinaire était l'un des principaux représentants. Rappelons tout d'abord que Stravinsky, pour une certaine partie de sa production, est associé depuis près d'un siècle au style cubiste, alors qu'il n'a jamais eu affaire au Cubisme – entendu comme mouvement pictural et plus généralement artistique – mais, le cas échéant, seulement avec certains de ses représentants. Les raisons de cette association sont multiples : par exemple, son indifférence aux hiérarchies et aux canons musicaux préétablis fut

---

252 *Cf.* Franca Bruera, « Una rosa per Stravinskij », in Nicoletta Betta et Marida Rizzuti (dir.), *Cento primavere : ferocità e feracità del "Sacre du printemps"*, Alexandrie, Edizioni dell'Orso, 2014, p. 89.

253 Poète du cercle de Barzun, Sébastien Voirol (1870-1930) est l'auteur d'un poème intitulé *Le Sacre du printemps*, inspiré par le ballet du même nom (*cf. infra*).

254 Stravinsky et Canudo sont souvent associés à cause d'un article publié dans *Montjoie !*, la revue dirigée par l'écrivain italien, dans lequel le compositeur semble déclarer ouvertement « Ce que j'ai voulu exprimer dans *Le Sacre du Printemps* » (titre de l'article lui-même, 29 mai 1913), mais dont l'authenticité des déclarations a été mise en doute. Voir Richard Taruskin, *Stravinsky and the Russian Traditions – A Biography of the Works through Mavra*, Oxford, Oxford University Press, 1996, vol. 2, p. 995-1006. Apollinaire, qui était proche de Canudo et qui a publié plusieurs articles dans *Montjoie !* (*Liens*, premier poème de *Calligrammes*, y fut publié le 14 avril de cette année-là, tandis qu'un autre article de critique d'art est paru exactement un mois avant celui de Stravinsky) ne semble pas s'être intéressé à la question.

assimilée à la lourde attaque des cubistes contre le *bon goût* en peinture. Maurice Touchard, en 1913, écrit : « ce style ou cette absence de tout style [dans le *Sacre du printemps*] est évidemment un parti pris ; M. Stravinski a-t-il cru dépeindre ainsi la barbarie, la rudesse de ses personnages ? Ou cède-t-il simplement à une tendance, aussi marquée en Russie que chez nous, qui est de se singulariser par les outrances harmoniques, par une manière de *cubisme* musical[255] ? ». Plus de vingt ans plus tard, le critique italien Alberto Gasco rapprochera Stravinsky du Cubisme en raison de la fréquence de ses changements stylistiques : « le fantasque et inquiétant maestro russe [...] veut être le Pablo Picasso de l'art des sons et il effectue donc une métamorphose annuelle[256] ». Les bases pour établir les contours d'une affinité esthétique entre le Cubisme et Stravinsky existent pourtant, à moins de plaider, comme le dit Glenn Watkins, pour l'existence d'une « *affinité naturelle* qui a précédé sa première rencontre avec Picasso en 1917[257] ». Bien que ce ne soit pas le lieu de proposer un tel examen, cette proximité a été démontrée d'autant de manières qu'il y avait des obstacles idéologiques et même politiques pour empêcher les deux esthétiques de se rejoindre[258]. Entre Stravinsky et les avant-gardes de cette période existaient en effet des barrières insurmontables, posés notamment par les avant-gardes elles-mêmes. Dans l'article *Cubisme et musique*, Jean Poueigh écrivit que seule la musique française pouvait porter une éventuelle appellation avant-gardiste :

> Quand au caprice de la plume, M. Gabriel Fauré jongle avec les néologismes et que M. Claude Debussy ne résout pas l'appogiature ou distribue ses accords parfaits à des timbres ingénieusement accouplés, tous deux enrichissent la syntaxe harmonique et orchestrale. Au contraire, lorsque M. Strawinski érige à la hauteur d'un dogme l'emploi simultané et continu des tons différents et

255 Maurice Touchard, « Ballets Russes et Français », *La Nouvelle Revue*, vol. 8, n° 29, 1913, p. 118-119.

256 Alberto Gasco, « La stagione sinfonica all'Augusteo – Il concerto d'inaugurazione », *La Tribuna*, 13 novembre 1934.

257 Glenn Watkins, *Pyramids at the Louvre – Music, Culture, and Collage from Stravinsky to Postmodernists*, Cambridge, Harvard University Press, 1994, p. 230. Je souligne.

258 *Cf.* p. ex. le chapitre « Stravinsky and the cubists », in Glenn Watkins, *Pyramids at the Louvre*, *op. cit.*, p. 229-274 ; Stephen Walsh, *The Music of Stravinsky*, Oxford, Oxford University Press, 1993, p. 62-63 et *passim* ; Richard Taruskin, *Stravinsky and the Russian Traditions*, *op. cit.*, vol. 2, p. 1452. V. aussi l'opinion contraire de Christopher Butler, « Stravinsky as modernist », in Jonathan Cross (dir.), *The Cambridge Companion to Stravinsky*, Cambridge, Cambridge University Press, 2003, p. 19-36.

> l'insolite rumeur instrumentale, ses procédés deviennent haïssables autant que la plus poncive des formules. Notre musique, il est vrai, est de pure essence simultanéiste[259].

Enfin, c'est Apollinaire qui conclut la question d'une éventuelle relation entre Stravinsky – et tous les musiciens – et le Cubisme. Pour sa part, il a toujours exclu la musique du groupe des arts cubistes : dans la lettre sur l'affaire Poueigh, il disait que Satie, « qui est musicien, n'est point cubiste et aurait bien du mal à l'être, le cubisme étant jusqu'à cette [*sic*] une école de peinture[260] » (Il ajoutera en 1918 qu'« il n'existe pas de relations entre le cubisme et la nouvelle orientation littéraire[261] ».).

En conclusion, le fait que Stravinsky soit appelé *cubiste* par la critique ne présuppose donc pas de son adhésion au mouvement ; au contraire, au cours de cette décennie, il ne fit jamais l'objet d'une reconnaissance, sinon ambiguë, de la part des avant-gardes – et *in primis* des cubistes – pour des raisons presque exclusivement sociales. Tout cela le sépare et l'éloigne du rayon centralisateur et catalyseur de l'*impresario de l'avant-garde*, c'est-à-dire de cet Apollinaire qui, en théorie mais pas en pratique, aurait pu être l'un de ses plus grands partisans[262].

Aucun compositeur, du moins jusqu'en 1913, ne mettra en pratique les idées musicales de notre poète. Il faudra donc attendre 1914, l'année du grand changement pour l'Europe et pour Apollinaire lui-même, pour que naisse une nouvelle musique.

259 Octave Séré [pseud. de Jean Poueigh], « Cubisme et musique », *La rampe*, vol. 3, n° 71, 1917, p. 1.

260 Lettre à Cocteau, juin 1917, Guillaume Apollinaire et Jean Cocteau, *Correspondance*, *op. cit.*, p. 45.

261 Joan Pérez-Jorba, « Interview à Apollinaire », *op. cit.* (*Pr2*, p. 993).

262 Sur Stravinsky et Apollinaire, voir aussi Jean Burgos, « Stravinsky, Igor », *DA*, p. 1061-1062.

SAVINIO, TIRÉSIAS, CASANOVA

Vers 1913, la musique prend de nouvelles formes dans les écrits apollinariens. Ce n'est pas une coïncidence : certains événements de 1912-1913 ont servi de catalyseur à cette petite révolution. Ce chamboulement prendra le nom d'Orphisme, grande tendance artistique qui, pendant la guerre, changera de nom et s'enrichira de diverses nuances, devenant d'abord Surnaturalisme puis Surréalisme[1]. En 1912, au seuil d'une ère, comme le dit Jauss[2], Apollinaire écrit *Zone* et *Lundi rue Christine*, qui comptent parmi les poèmes les plus audacieux de l'époque ; c'est aussi l'année où Marie Laurencin le quitte, et où, non sans de longues peines, il est lavé de toutes les accusations de vol concernant l'affaire du Louvre et de la *Joconde*. 1913 est en revanche l'année d'*Alcools*, des *Méditations esthétiques*, de son déménagement définitif sur le boulevard Saint-Germain et des articles enflammés dans *Les Soirées de Paris*, nouveau périodique fondé par Apollinaire (1912) avec certains de ses amis les plus proches (dont Salmon, René Dalize et surtout André Billy). Ce fut, peut-être, le début d'une nouvelle vie. Dans cette période de petites révolutions émerge la figure d'un jeune musicien italien, Alberto Savinio, dont notre poète deviendra de plus en plus proche dès la fin du mois de janvier 1914.

1 Sur le passage d'un mot et de son concept à un autre, v. Adrian Hicken, *Apollinaire, Cubism and Orphism*, *op. cit.*, p. 18 *ssq* ; Willard Bohn, *The Rise of Surrealism*, *op. cit.*, p. 125-129.

2 Hans Robert Jauss, « 1912 : Threshold to an epoch. Apollinaire's *Zone* and *Lundi rue Christine* », *Yale French Studies*, n° 74, 1988.

ALBERTO SAVINIO

Invité à dîner par son frère Giorgio De Chirico, Apollinaire a l'occasion de rencontrer le jeune homme de 23 ans, compositeur et pianiste solide, qui avait étudié à la cour de Max Reger à Munich et deviendra par la suite peintre et écrivain. Entre ce dîner et l'été de la même année, notre poète prend en main toutes ses idées sur la musique et sur les musiciens, pour finir par organiser lui-même un concert. Les deux hommes se sont beaucoup fréquentés et l'influence mutuelle exercée sur leurs conceptions artistiques respectives – littéraires, picturales et musicales – fut, aussi bien dans ces années-là que par la suite, très abondante[3]. Savinio a sans aucun doute attiré de manière décisive l'attention de notre compositeur sur certains thèmes et idées musicales, l'incitant à s'intéresser à des sujets qu'il n'avait encore jamais traités par le passé.

Cela transparaît surtout dans la gestion éditoriale des *Soirées de Paris*, dans lesquelles, entre février et mai 1914, commencent à paraître plusieurs articles relatifs à la musique. Le numéro 21 accueille un compte-rendu de Varèse sur un concert du quatuor hongrois Waldbauer-Kerpely ; pour le numéro 22, Apollinaire sollicite personnellement un article à Gabriële Buffet-Picabia, intitulé *Musique d'aujourd'hui*, qui aurait dû être suivi par un autre texte sur Stravinsky et la danse[4] ; dans le numéro 24, il publie un extrait d'un article de Jacques Rivière sur le *Parsifal* de Wagner ; dans le numéro 26, Léopold Survage explique sa théorie du « rythme coloré », qui proposait l'acquisition par la peinture de normes rythmiques propres à la musique et sa représentation sous forme d'images cinématographiques[5]. S'y ajoutent des articles sur la personne et la

3 Sur l'amitié entre Apollinaire et Savinio, v. *Guillaume Apollinaire, 202 Bd. Saint-Germain, Paris*, éd. F. Bruera, Rome, Bulzoni, 1992, vol. 2, p. 51-72 ; Willard Bohn, « Sur la butte : Apollinaire et Savinio », *Que vlo-ve ?*, n° 13, 1985 ; Franca Bruera, *Apollinaire & C. – Ungaretti, Savinio, Sanguineti*, Rome, Bulzoni, 1991, p. 41-106 et Willard Bohn, *Apollinaire and the Faceless Man*, *op. cit.*, p. 77-95.

4 *Cf.* lettre de Picabia et Buffet à Apollinaire, 24 février 1913 ; *Correspondance avec les artistes*, *op. cit.*, p. 637.

5 Le rythme coloré reçut une certaine attention de la part d'Apollinaire, davantage par amitié cependant que par une réelle confiance dans cette technique. Il y a au moins trois articles qu'Apollinaire consacre à Survage en 1914 – p. es. « Le rythme coloré », *Paris-Journal*, 15 juillet 1914 (*Pr2*, p. 827) –, en plus du texte pour le catalogue (accompagné de

pensée de Savinio. Ils culmineront avec le récital désormais légendaire à la rédaction des *Soirées*, le 24 mai 1914. Savinio y interpréta au piano une sélection de ses œuvres les plus récentes, scandalisant et excitant les esprits d'un public restreint. Cet événement fut organisé par Savinio en étroite collaboration avec Apollinaire, qui s'était montré enthousiaste et impliqué dans la proposition d'une nouveauté contemporaine audacieuse : le poète était conscient de fournir un exemple de véritable musique d'avant-garde, en conflit tant sur le plan esthétique que social avec les concerts de musique cultivée. D'autre part, ce n'est sans doute pas un hasard si le récital fut organisé le 24 mai : il eut lieu deux jours avant la première du *Rossignol* de Stravinsky, mais surtout quelques heures avant la première du *Coq d'or* de Rimsky-Korsakov, grande nouveauté (et plus tard grand succès) des Ballets russes, qui provoquera des réactions contrastées chez Apollinaire. Le récital des *Soirées de Paris* présentait des pièces de Savinio encore inédites à Paris : des extraits de l'opéra-bouffe *Le trésor de Rampsénit*, des ballets *Deux amours dans la nuit* et *Persée*, et l'intégrale du « drame-ballet » *La mort de Niobé.*

Le récital fut introduit par un article de Savinio lui-même, publié dans les *Soirées* du 15 avril et intitulé *Le drame et la musique.* Il s'agit d'un essai court, mais important, dans lequel le compositeur explique, souvent en termes apollinariens, sa propre conception de la musique par rapport à l'action scénique au sens large. Apollinaire, poussé ou galvanisé par cet article – mais aussi et surtout par ce récital – publiera un article-jumeau intitulé *Musique nouvelle*, premier et unique écrit apollinarien d'une telle ampleur sur la musique. Il s'agissait officiellement d'un article pour *Paris-Journal* qui présentait la figure de son ami musicien et faisait connaître le concert du 24 mai ; ce fut en réalité un essai sur la pensée musicale d'Apollinaire en 1914.

Il est intéressant de lire les deux articles en parallèle pour comprendre comment certaines conceptions des deux artistes se sont mélangées au point qu'il est devenu difficile de distinguer les unes des autres. La perspective musicale savinienne exposée dans *Le drame et la musique* est extrêmement large, mais on peut y entrevoir deux des thèmes les plus

---

calligrammes) d'une exposition que le poète lui a consacrée en janvier 1917, aujourd'hui publié dans *Po*, p. 675-676. Sur l'amitié entre les deux, v. Léopold Survage, « Souvenirs sur Apollinaire », in Pierre-Marcel Adéma (dir.), *Guillaume Apollinaire*, cahier spécial de *Rimes et Raisons*, *op. cit.*

chers à Apollinaire, à savoir le défi de l'imitation dans l'art et la musique comme art purement créatif. Savinio s'acharne par exemple contre

> tel musicien de la jeune école britannique [qui] se plaît d'illustrer par des arabesques sonores des épisodes empruntés au *Livre de la jungle* de Rudyard Kipling, et il prend un soin méticuleux de nous décrire le combat d'une langouste contre un serpent, ou bien une lutte de pachydermes ; tels autres musiciens [...] en sont encore à *traduire* en musique des impressions ; et pour ce qui concerne la jeune et illustre école française, son caractère essentiellement impressionniste est déjà trop connu [...][6].

Semblent ensuite retentir les mots d'Apollinaire à l'égard de la peinture futuriste, lorsqu'il affirme que « ce n'est nullement l'affaire de la musique que de traduire dans son langage particulier soit des pensées littéraires, soit des impressions, soit encore des *états-d'âme* ; et c'est encore moins son affaire que de représenter des phénomènes, des actions, ou des mouvements[7] ». Apollinaire lui-même, dans ces années-là, mettait en garde les artistes les plus modernes contre les tendances des camarades de Marinetti. « Les futuristes [...] veulent peindre des *états d'âme*. C'est la peinture la plus dangereuse que l'on puisse imaginer. Elle amènera tout droit les peintres futuristes à n'être que des illustrateurs[8] ».

En revanche, dans *Musique nouvelle*, notre poète rapporte les idées de son ami pour finir par exprimer sa propre vision de la musique contemporaine. Ainsi, Savinio représente pour Apollinaire l'exemple le plus lumineux du musicien d'avant-garde, l'artiste qui « s'est attaché à découvrir le rôle de la musique dans les arts modernes », non seulement pour ses idées, mais aussi pour sa place sociale, et qui refuse de se rapprocher du bon goût bourgeois.

> Nous nous étions habitués à considérer la musique comme un art désuet et presque tombé dans le marasme. Tout y était ténébreux, vide, privé de vie, immobile et asservi à l'*esthétique* et à la beauté, abstractions pour lesquelles nous n'avons plus aucune sorte de considération. [...] Savinio, si même il n'a pas du premier coup conçu le renouveau de la musique, n'a cependant jamais donné dans ces orgies de bon goût auxquelles les musiciens soi-disant modernes

---

6 Alberto Savinio, « Le drame et la musique », *Les Soirées de Paris*, n° 23, 1914, p. 241. Les compositions dont il parle semblent être celles de *Impressions from the Jungle Book* de Cyril Scott (1912).

7 *Ibid.*, p. 243.

8 « Chroniques d'art », *Le Petit Bleu*, 9 février 1912 (*Pr2*, p. 411). Je souligne.

> nous avaient habitués jusqu'ici et qui font que les plus avancés d'entre eux ne s'élèvent pas au-dessus d'un art que l'on pourrait comparer, pour une part, à celui de M. Maurice Rostand et, d'autre part, à celui des peintres de la Nationale. Je ne parle pas, bien entendu, de musiciens comme Erik Satie ou William Molnard [*sic*] qui, s'ils n'ont pas indiqué de voie nouvelle, ont du moins contribué à détruire dans l'esprit de la jeunesse ce bon goût plein de tristesse qui la faisait dégénérer[9].

L'originalité de Savinio réside, avant même ses prises de position esthétiques, dans son éloignement d'avec les plus célèbres compositeurs et interprètes savants contemporains (il ne les mentionne même pas). Il se situe plutôt dans la ligne des grands *anarchistes* de la musique, tels Satie et Molard. « L'esthétique et la beauté » n'intéressent pas Savinio et c'est aussi pour cette raison que la violence de ses performances sera largement encensée par Apollinaire. À ce sujet, notre auteur écrivait par exemple sur le *Mercure* : « j'estime qu'avant deux ans [Savinio] aura ainsi brisé tous les pianos existants à Paris, après quoi il pourra partir à travers le monde et briser tous les pianos existants dans l'univers. Ce qui sera peut-être un bon débarras[10] ». Ou encore, en se référant au récital du 24 mai : « les privilégiés qui auront l'honneur d'assister à ce premier concert de musique nouvelle seront étonnés de la brutalité avec laquelle le jeune musicien traite son instrument [...] Il [...] se démène, hurle tandis que l'instrument fait ce qu'il peut pour atteindre au diapason enthousiaste du musicien[11] ». Et, finalement, l'apogée, puisque « après chaque morceau, on étanchait le sang qui maculait le touches[12] ».

Petite digression. Pourquoi Apollinaire retient-il les noms de Satie et Molard comme champions de l'anarchisme musical du début du siècle ? S'agit-il uniquement des noms qui lui sont les plus connus ou est-ce en raison de leur réputation d'indépendance et liberté auprès des musicologues et des historiens contemporains ? La deuxième hypothèse,

---

9 « Musique nouvelle », *Paris-Journal*, 24 mai 1914 (*Pr2*, p. 723-724).

10 « Albert Savinio », *Mercure de France*, 1er juin 1914 (*Pr3*, p. 211).

11 « Musique nouvelle », *op. cit.* (*Pr2*, p. 724).

12 Jean Cerusse [pseud. de S. Férat mais probablement de la main d'Apollinaire], « L'audition des œuvres musicales de M. Albert Savinio », *Les Soirées de Paris*, n° 25, 1914, p. 301. Jeanne Fort a également dit que « Savinio jouait du piano avec une telle ferveur que du sang sortait de ses doigts. Je dois dire que nous n'avons pas vu le sang, mais c'est un peu comme ceux qui disent qu'ils voient la Madone, qui sait, c'est peut-être vrai... ». Témoignage recueilli par Maurizio Fagiolo Dell'Arco dans Id. (dir.) *Alberto Savinio*, Rome, De Luca, 1978, p. 17.

bien que non étayée par des preuves solides, semble valable. En 1912, le musicologue Jules Écorcheville, au sujet d'un autre musicien méconnu et indépendant, Ernest Fanelli (1860-1917), disait : « Paris [...] recelait un musicien ignoré totalement – non pas un Satie ou un Molard qu'entoure depuis longtemps un cercle d'initiés[13] ». Par ailleurs, si une véritable redécouverte du génie de Satie avait commencé grâce à Ravel autour de 1911, le collègue musicologue d'Apollinaire au *Mercure de France*, Jean Marnold, avait également publié en 1911-1912 plusieurs articles sur l'esthétique et la technique musicale de William Molard. Selon lui, sa musique « ne ressemble guère à rien de ce dont nous avons l'habitude[14] » et, face à celle de Fanelli, « est certes incomparablement plus personnel[le] [...] et son originalité un peu étrange, à coup sûr inaccoutumée, serait très vraisemblablement capable de provoquer des discussions peut-être orageuses[15] ». Satie le bohémien et Molard l'inaccoutumé : à qui mieux comparer les nouvelles entreprises de Savinio ?

Ayant ainsi consolidé la distance sociale entre l'avant-garde et la musique cultivée, Apollinaire confirme clairement les propositions de Savinio dans le domaine esthétique : elles semblent n'être rien d'autre que le prolongement de sa pensée sur l'art dans un contexte musical. C'est peut-être précisément dans ce contexte que l'on voit l'application la plus décisive des instances de la *musique comme abstraction* dans une nouvelle *musique comme pratique*. Selon Apollinaire, son ami

> croit pouvoir présenter sur le théâtre et faire ressortir par sa musique tout ce qui, dans notre époque, se révèle à nous sous une forme étrange et énigmatique ; il veut encore pouvoir faire éclater en musique le choc de l'inattendu, de la chose curieuse. [...] Son art s'efforce à capter toute la poésie qui jaillit des choses présentes. Son artifice s'emploie à nous les présenter sous une forme fatidique [...][16].

Savinio parlait d'un « sens métaphysique » qui aurait dû jaillir de la réalité elle-même[17]. La musique de Savinio incarnerait donc, pourrait-on dire, l'Orphisme dans le domaine musical. Dans cette nouvelle

13 Jules Écorcheville, « Un quintette de Fanelli », *Revue musicale S.I.M.*, vol. 8, n° 4, 1912, p. 37. Fanelli n'apparaît jamais dans les écrits d'Apollinaire.

14 Jean Marnold, « Musique », *Mercure de France*, 1 avril 1911, p. 640.

15 Jean Marnold, « Musique », *Mercure de France*, 16 avril 1912, p. 854-855.

16 « Musique nouvelle », *op. cit.* (*Pr2*, p. 725-726).

17 Alberto Savinio, « Le drame et la musique », *op. cit.*, p. 242.

musique, on retrouve aussi le caractère éminemment humain de l'art, qui prend la réalité pour la recréer, pour l'explorer non pas par les moyens de la reproduction, mais par la création pure, ce qu'Apollinaire faisait avec les poèmes calligrammatiques, que Picasso réalisait avec le cubisme synthétique et que Delaunay préparait avec la recomposition chromatique du paysage.

La personnalité de Savinio n'est pas absente de *Musique nouvelle* ou de la conception musicale d'Apollinaire en général, bien au contraire : son originalité et sa compétence sont nettement prêtées au poète, qui se limite souvent à témoigner et à valider, dans le domaine critique, des techniques de composition dont il n'est certainement pas très familier.

> La musique de M. Savinio [...] est construite d'une manière régulière : elle se base uniquement sur la ligne mélodique, et rejette toute recherche d'harmonie qui puisse donner l'éveil à l'impressionnisme. Et il est très curieux que, par un procédé aussi simple, M. Savinio soit arrivé à composer des œuvres musicales ayant une force de construction et une puissance sévère tout à fait d'accord avec l'austérité qui caractérise notre époque[18].

Toutefois, l'absence d'une polyphonie pour ainsi dire organisée, la préférence pour une musique *horizontale* (« une musique point façonnée et nullement pétrie, mais dessinée et horizontale », affirmait Savinio lui-même[19]), n'attirent pas autant l'attention d'Apollinaire que le rapport de cette musique avec la vie quotidienne. Le compositeur, en effet,

> associe presque constamment [à ses inventions artistiques] l'élément poétique paysan, sans pour cela faire ni de la musique folklorienne ni de la musique pittoresque. Et il pense encore que l'œuvre d'un artiste ne doit avoir de rapport qu'avec l'époque où cet artiste vit : et seules ces œuvres seront vaillantes et impérissables qui porteront l'empreinte de leur temps[20].

Cette musique se base sur ce qu'on entend dans la rue ou dans un contexte familier, se fonde donc sur les sons et sur la musique même ; c'est de « la musique [...] basée sur la musique, – dit Alfred Stieglitz – sa source d'inspiration est la musique, la musique qui a été écrite, et la musique qu'il écoute. Au lieu de traduire la vie en musique, il traduit

18 *Ibid.* (*Pr2*, p. 724-725).

19 A[lberto] S[avinio], notes au concert du 24 mai 1914, *Les Soirées de Paris*, n° 24, 1914, p. 246.

20 « Musique nouvelle », *op. cit.* (*Pr2*, p. 726).

la musique en musique[21] ». On n'est pas loin des poèmes-conversation, de leur esthétique *horizontale* qui n'accorde pas les vers entre eux, mais avec le temps de la réalité et avec l'effectivité du quotidien.

> [Le] compositeur [...] croit qu'une œuvre musicale sincère et véritable doit comprendre les musiques les plus variées – tout ce que l'on entend – et tout ce que l'oreille imagine ou se rappelle : – (mélodies rappelant des chants connus, rythmes répétant d'autres rythmes familiers au point de devenir obsédants, thèmes paysans, musique burlesque, hymne de Garibaldi, roulement de tambour, etc.)[22].

Malgré ses innovations dans le paradigme historique, les références musicales traditionnelles ne manquent pas à Savinio, et Apollinaire les approuve sans hésitation, mais probablement sans les connaître en profondeur.

> M. Savinio tient à faire de la musique moderne un art élevé, pur, poétique et sévère. Il veut lui rendre cette chasteté de sentiment, cette poésie naturelle et ces accents héroïques et touchants que l'on trouve parfois dans les vieux mélodrames de Giuseppe Verdi – ceux-là mêmes que certains musicographes d'aujourd'hui méprisent parce qu'ils y découvrent je ne sais quelle banalité – et lui rendre aussi cet esprit de fatalité et d'éternité qui soulève l'œuvre de Modest Moussorgsky[23].

Verdi et Moussorgski sont deux des compositeurs préférés de Savinio. Il n'y en a presque aucune trace dans les écrits d'Apollinaire avant 1914. Si notre poète a certainement apprécié quelques mélodies de Verdi, Savinio était l'un des plus importants partisans verdiens de l'avant-garde[24] et un fin connaisseur de la musique et de la poétique de Moussorgski, dont l'influence peut être individuée aussi dans ses compositions[25]. Il

---

21 Alfred Stieglitz, « Sincerism », *291*, n° 1, 1915.

22 Alberto Savinio, notes au concert du 24 mai, *op. cit.*, p. 246.

23 « Musique nouvelle », *op. cit.* (*Pr2*, p. 725). Les « banalités » de Verdi auxquelles il fait référence, ont été rapportées par plusieurs musicologues de l'époque. À l'égard de la trilogie populaire Camille Bellaigue écrivait p. ex. : « autant que la force, tout le monde [...] en connaît la faiblesse, les vides, ou, comme on dit vulgairement, les trous ». *Verdi. Biographie critique*, Paris, Henri Laurens, 1912, p. 29-30.

24 V. p. ex. « Giuseppe Verdi » in Alberto Savinio, « Dammi l'anatema, cosa lasciva », *291*, n° 4, 1915, p. 4 ; le morceau pour voix et piano *Il cuore di Giuseppe Verdi* (dans *Chants étranges*, 1914) ; et nombreux articles successifs.

25 L'influence de Moussorgski dans l'œuvre de Savinio – surtout dans le *Trèsor de Rampsénit* et *Deux amours dans la nuit*, dont le librettiste était Michel-Dimitri Calvocoressi, biographe

le joua et l'expliqua à Apollinaire avec tant de passion que le poète alla jusqu'à l'insérer dans un article de critique littéraire de cette époque : « quand il me semble entendre s'élever de ces pages les voix, la voix qui chante dans le prélude de *Boris Godounov* de Moussorgski, alors je comprends que Gogol ait appelé son livre un poème[26] ». Avec Savinio comme champion et guide d'une possible jeune avant-garde musicale, Apollinaire commence à établir une relation nouvelle et robuste avec la musique, tant d'un point de vue spéculatif que pratique. Ainsi, c'est probablement traîné par son ami qu'Apollinaire assistera à la première de *Parsifal* (janvier 1914) et à quelques représentations des Ballets russes.

Ce sont précisément ces derniers qui deviendront la cible principale de sa critique journalistique, coupables de ne pas exploiter toutes leurs ressources pour renouveler l'art (scénique, dramatique et musical), mais de proposer uniquement des niaiseries. Savinio lui-même n'est pas d'un avis contraire : si, avant de rencontrer Apollinaire, il avait collaboré avec Fokine pour le ballet *Persée*, il dira plus tard : « plus de doux mensonges, de bains de vapeur roses, d'étuves de l'oubli, de brouillards bleus ; plus de rêves, de poisons sucrés, d'*aqua-toffana*. Le rideau des Ballets russes est définitivement tombé devant les herses multicolores, et a recouvert cet obscène bric-à-brac. On n'en parlera plus[27] ». Bien qu'Apollinaire ait reconnu la valeur des Ballets russes, il a longtemps évité de les aborder, négligeant d'en parler sauf sous la forme de vagues allusions. Du ballet *La légende de Joseph* de Strauss (1914), par exemple, il ne nota par exemple que les affiches de Bonnard[28]. S'il commença à les mentionner dans ses écrits autour de cette période, ce fut seulement pour leur opposer un art plus révolutionnaire et moins bourgeois, comme celui de Savinio. On trouve un bel exemple de cette nouvelle attitude dans les articles qui suivirent *Le coq d'or*, dernière œuvre de Rimsky-Korsakov (1908) adaptée en ballet par Michel Fokine et à laquelle Apollinaire assista lors de sa seule représentation parisienne, le 24 mai 1914, immédiatement après le récital de Savinio. On ne sait pas s'il avait acheté son billet pour les Ballets russes les jours précédant le récital ou si ce fut

du russe – a été retracée par Michele Porzio, *Savinio musicista : il suono metafisico*, Venise, Marsilio, 1988, p. 69-70 et 80-81.

26 « Gogol, Wells », *Les Soirées de Paris*, nº 25, 1914 (*Pr2*, p. 973).

27 Alberto Savinio, « Dammi l'anatema », *op. cit.*, p. 4.

28 « Bonnard illustrateur », *Paris-Journal*, 22 mai 1914 (*Pr2*, p. 718).

une décision soudaine, peut-être suggérée par Natalia Gontcharova, scénographe du spectacle et qu'Apollinaire rencontra pour la première fois à l'occasion du récital de son ami musicien. Le fait est que notre poète entra avec enthousiasme dans le théâtre des Champs-Élysées pour en ressortir dégoûté[29].

> On espère lire le nom de Savinio sur les prochaines grandes affiches des Russes. On applaudira à l'initiative de M. Diaghilev qui affirmera ainsi sa volonté de s'attacher des artistes capables de donner un nouvel essor à son entreprise. Il n'en est que temps. Et nous jugeons à propos de reprocher ici à M. de Diaghilev le peu d'intérêt que sa récente saison à l'Opéra suscita parmi nous. Sauf les décors de Mme de Gontcharova, trop de fadaises ! Un art trop superficiel et falot, et que nous eussions à peine supporté il y a dix ans. Nous demandons des œuvres musicales et dramatiques plus conformes à ce que, en d'autres branches de l'art, nous sommes accoutumés de voir à Paris. Nous demandons une conscience artistique plus proche du mouvement, sans cesse progressif, rapide et héroïque, de l'époque moderne[30].

Il s'agit d'une critique très peu généreuse à l'égard des choix artistiques de Diaghilev, mais qui permet à Apollinaire de se frayer un chemin dans le domaine scénique. Ce dernier intéressait de plus en plus notre poète et a toujours intéressé Savinio. Les deux hommes voyaient en effet le théâtre comme un lieu privilégié de renouvellement pour l'art, même sous l'angle de deux perspectives diverses : le poète venait des spectacles de revue et du café-concert, le musicien du mélodrame et du ballet[31].

Avec l'aide de Picabia et de Marius de Zayas pour les décors, ils commencèrent à écrire *À quelle heure un train partira-t-il pour Paris ?*, pantomime basée sur *Le musicien de Saint-Merry* et qui aurait dû être une alternative d'avant-garde aux spectacles scéniques en général et à ceux de Diaghilev en particulier. La guerre empêcha la représentation de la pantomime, qui resta enfouie dans les papiers de Picabia jusque

29 Il y a nombreux témoignages sur *Le coq d'or* dans les écrits d'Apollinaire. *Cf.* p. ex. « Futurisme et Ballets russes », *Paris-Journal*, 24 mai 1914 (*Pr2*, p. 726-727) ; « Les peintres aux Ballets russes », *Paris-Journal*, 27 mai 1914 (*Pr2*, p. 735) ; s. t., *L'Europe nouvelle*, 24 août 1918 (*Pr2*, p. 1469-1470). Sur ce ballet, v. Davinia Caddy, *The Ballets Russes and Beyond – Music and Dance in Belle-Époque Paris*, Cambridge, Cambridge University Press, 2012, p. 160-214.

30 « Dessin et musique », *Paris-Journal*, 7 juillet 1914 (*Pr2*, p. 811-812).

31 Il avait déjà écrit les mélodrames *Carmela* (1908), *Poema fantastico* (1908-1909), *Le trésor de Rampsenit* (1912) et *La mort de Niobé* (1912) ; les ballets *Persée*, avec chorégraphies de Michel Fokine, et *Deux amours dans la nuit* (1913).

dans les années 1970[32]. À vrai dire, ce projet s'est arrêté au seul texte : ni les scènes ni la musique n'en ont jamais été retrouvées. On ignore si Savinio les a réellement composées. On trouve cependant dans le texte des indications très générales concernant la musique : il s'agissait surtout de la musique diégétique jouée par le flûtiste démoniaque ou des sons de l'environnement. Michele Porzio suppose que ceux-ci auraient dû être insérés directement dans la partition, comme ce fut le cas dans les *Chants de la mi-mort* de Savinio, qui datent de la même année[33].

Ces *Chants*, en revanche, signèrent la véritable collaboration entre Savinio et Apollinaire, de façon cependant plus métaphorique qu'active. Les *Chants* sont une pièce en un seul acte dont le texte, la musique et les scènes (perdues) ont été entièrement réalisés par Savinio ; Apollinaire reste l'esprit qui anime la poétique, le langage et le sujet de la pièce[34]. On le retrouve aussi, en partie, dans sa conception musicale. Dans le texte des *Chants*[35], Savinio prescrit l'exécution de musiques non écrites ou non originales, à l'instar de ce qui se passera dans *Les Mamelles de Tirésias*. Il y a en effet une chanson sans musique (« Tra la la la la / Amore e pietà »), *Addio mia bella addio* (une vieille mélodie de Carlo Alberto Bosi, 1848), à chanter dans les coulisses, des roulements de tambour et des sons de sirène. La partition est destinée au piano avec des interventions vocales (une voix féminine et une masculine) et instrumentales (une grosse caisse, des coups de canon)[36].

Morphologiquement, la musique instrumentale des *Chants* apparaît *désharmonisée*, c'est-à-dire qu'elle ne présente généralement aucune progression harmonique et qu'elle ne relie que rarement de façon polyphonique les différentes voix du piano, de manière toujours dissonante et principalement bitonale. Elle est dépourvue de toute forme de

32 L'ouvrage de référence pour ce travail est Willard Bohn, *Apollinaire and the Faceless Man*, *op. cit.*

33 *Cf.* Michele Porzio, *Savinio musicista*, *op. cit.*, p. 122.

34 La présence de thèmes et de concepts apollinariens dans les œuvres saviniennes des années 1913-1915 a été analysée dans Willard Bohn, *Apollinaire and the Faceless Man*, *op. cit.*, p. 79-95 ; Silvana Cirillo, *Alberto Savinio – Le molte facce di un artista di genio*, Milan, Bruno Mondadori, 1997, p. 89-141 ; Alessandro Tinterri, *Savinio e lo spettacolo*, Bologne, Cue Press, 2018, *passim.*

35 Publié dans *Les Soirées de Paris*, nº 26-27, 1914.

36 Voir *Les Chants de la mi-mort : suite per pianoforte (1914)*, éd. L. Rognoni et A. Ballista, Milan, Suvini Zerboni, 1980.

développement thématique-motivique et repose plutôt sur une structure de collage formée de fragments de types fortement contrastés. Michele Porzio explique que ces cellules peuvent être divisées en deux groupes différents, les fragments originaux (dessins structurants) et ceux qui rappellent des musiques existantes (dessins citatifs)[37]. Chacune de ces spécificités est bien présente dans le deuxième des sept mouvements, intitulé *L'exécution du général*, pour piano solo. La structure de cette pièce mélange quatre fragments, trois structurants et un citatif. Le premier des fragments structurants est formé par un dessin homorythmique bitonal et sert d'introduction ; le second possède un chevauchement d'accords de sixte incomplets et de quatrains rapides ; le troisième, citatif, est une parodie de l'hymne national italien en Mi-bémol majeur soutenue par un *ostinato* en La mineur ; le quatrième est une violente *coda* percussive. La volonté du compositeur de produire par sa composition la simultanéité des perceptions sensorielles dans l'espace-temps, comme l'espérait Apollinaire, est évidente : la superposition de deux tonalités, la structure de collage et l'inclusion d'un thème connu ne sont rien d'autre qu'une façon de proposer, dans le même contexte, des perceptions différentes de la réalité. Il s'agit évidemment d'une réalité musicale, réalisée selon une juxtaposition sémantique de poèmes-conversation semblable à la décomposition du sujet à travers le collage du cubisme synthétique ou l'altération de la perspective naturelle dans les peintures de De Chirico[38]. C'est une façon de recréer la réalité plutôt que de la reproduire et nous nous trouvons là aux antipodes de la création artistique traditionnelle ou aussi de la technique futuriste qui consiste à évoquer « l'atmosphère retentissante des grandes villes[39] », comme le disait Russolo, à travers l'utilisation des *intonarumori* (bruiteurs), qui cherchent à rendre exactement les bruits des métropoles modernes.

---

37 Michele Porzio, *Savinio musicista*, *op. cit.*, p. 40.

38 Cette technique de décomposition et recomposition de l'espace selon différentes perspectives appartient sans doute à certaines peintures de De Chirico de ces années : *Stanchezza dell'infinito* (1913), *Mistero e malinconia di una strada* (1914), *Canto d'amore* (1914) ; « la création de l'espace harmonique bitonal de Savinio poursuit une prolifération "relativiste" similaire de lignes interdépendantes ». Michele Porzio, *Savinio musicista*, *op. cit.*, p. 30. Sur les rapports entre Apollinaire, Savinio et De Chirico, v. Maria Grazia Messina, « Parigi 1914. Quale modernità per De Chirico », in Paolo Baldacci (dir.), *Origine e sviluppi dell'arte metafisica*, Milan, Scalpendi, 2011.

39 Luigi Russolo, *L'art des bruits*, *op. cit.*, p. 12.

En conclusion, la musique des *Chants de la mi-mort*, peut-être le résultat compositionnel et théorico-musical le plus complexe des années parisiennes de Savinio, est la mise en œuvre de cette potentielle *musique comme abstraction* à laquelle Apollinaire aspirait depuis l'époque du *Bestiaire*. Libérée de son aspect purement théorique, la musique d'Apollinaire/Savinio souhaite exprimer la simultanéité des *stimuli* complexes du monde moderne. Si la simultanéité se concrétise en peinture par la décomposition cubiste du sujet ou par l'altération dechirichienne de la perspective, elle s'obtient d'abord en musique par la polytonalité, dispositif qui permet de synchroniser deux ou plusieurs zones sonores dans un sens *vertical* ; puis par le collage, qui associe des situations et des idées de façon apparemment illogique dans un sens *horizontal*. La musique d'Apollinaire/Savinio entretient également une forte relation avec la réalité, qui n'est cependant ni imitative ni reproductrice (au sens futuriste) : elle s'identifie plutôt à la recréation de sons et de musiques réels par la collecte de fragments déjà entendus – comme l'hymne italien – et qui font partie du monde réel, mais déformés, aliénés et donc recontextualisés en œuvre d'art. Les qualités sociales de la musique apollinarienne sont également l'une des particularités de la compositivité savinienne, évidente dans une pièce comme *L'exécution du général* : la violence brutale des dynamiques et des rythmes est un acte de force qui peut dissoudre ces « orgies de bon goût » organisées par les Ballets russes, tout en recréant une nouvelle *musique comme pratique*.

Un dernier détail, et non des moindres : il nous faut traiter la question du bruit en tant qu'élément musical dans la poétique apollinarienne. Au cours des années 1910, de nombreux compositeurs ont expérimenté des solutions sonores dans le domaine strictement musical, notamment, comme nous l'avons vu, Alberto Savinio. Certains ont utilisé de véritables instruments bruiteurs, d'autres ont amplifié le rôle des percussions dans l'orchestre, à partir de Stravinsky. La centralité des bruits du monde dans l'art est ainsi redécouverte non seulement par les futuristes, mais aussi dans la poétique et surtout la philosophie d'un compositeur comme Edgard Varèse ou dans une œuvre telle *Parade* de Satie et Cocteau (1917), dans laquelle on retrouve parmi l'orchestre une machine à écrire, un pistolet, une roue de loterie, des flaques d'eau résonnantes et des bouteilles accordées. Apollinaire, entouré de tels musiciens, ne se tient pas à l'écart de la « libération du son » dont parlera son ami Varèse[40], bien qu'il n'ait pas l'intention de devenir un *maître bruiteur* comme le fut Russolo. Cependant, il n'exclut pas que les bruits, après les couleurs, après la lumière, puissent être combinés de manière lyrique pour former une œuvre qui reconstruit notre perception de la réalité. Or, les possibilités offertes par les *intonarumori*, ces instruments particuliers inventés par les futuristes, ne permettent rien d'autre que de se rabattre sur l'imitation, puisqu'ils tentent de copier les sons de la réalité. Selon Apollinaire, au contraire, de même que le peintre retravaille les couleurs présentes dans le réel, l'artiste peut manipuler les bruits de la ville au moyen de la technologie, à savoir le phonographe (on le verra dans *Le Roi-Lune*) ou plus simplement en insérant ces mêmes bruits dans un discours poétique (ce qui se produira dans *Les Mamelles de Tirésias*). Voici ce que dira Varèse en juin 1917, de l'autre côté de l'océan, à New York, dans la revue *391*, reprenant des idées discutées avec son ami Guillaume ou interprétant l'esprit de l'époque, dont ils faisaient tous deux partie.

> Notre alphabet est pauvre et illogique. La musique qui doit vivre et vibrer a besoin de nouveaux moyens d'expression et la science seule peut lui infuser une sève adolescente. Pourquoi futuristes italiens reproduisez-vous servilement la trépidation de notre vie quotidienne en ce qu'elle n'a que de superficiel et de gênant ? Je rêve les instruments obéissants à la pensée – et qui avec l'apport d'une floraison de timbres insoupçonnés se prêtent aux combinaisons qu'il me plaira de leur imposer et se plient à l'exigence de mon rythme intérieur[41].

Bruit/son, création/*mimesis*, aventure/ordre : ces dichotomies, au cœur du travail d'Apollinaire avec Savinio, sont des marques distinctives de nombreuses créations apollinariennes. Mais il faut ajouter à cette liste un élément supplémentaire, objet d'une diatribe qui occupera longtemps notre poète : la question du temps dans l'art.

---

40 Edgard Varèse, « The Liberation of Sound », publication posthume de Chou Wen-Chung dans *Perspectives of New Music*, vol. 5, n° 1, 1966.

41 Edgard Varèse, « Que la musique sonne », *391*, n° 5, 1917, p. 2.

SIMULTANÉISME ENTRE IMAGE ET REPRODUCTION PHONOGRAPHIQUE

La critique apollinarienne de la séquentialité temporelle de la musique est probablement le motif le plus considérable de son appareil théorique, plus encore que la question de la *mimesis*. S'il s'agit là d'un choix personnel du compositeur – bien qu'il représente une tendance générale de ces dernières années –, la non-simultanéité en revanche est un facteur intrinsèque à la musique qui la rend, selon Apollinaire, inévitablement inférieure aux autres arts. En opposition à la peinture, la musique ne peut exprimer qu'un concept, une suggestion ou une image à la fois. Certes, les techniques de composition de Savinio avaient réussi, en quelque sorte, à décloisonner la temporalité de la musique tout en la ramenant à une relation véritable et nouvelle avec la réalité, la privant de sa composante la plus vide, l'harmonie traditionnelle – l'harmonie *impressionniste*. Mais il est également vrai que la musique n'a pas la même stabilité temporelle que les arts figuratifs, qui peuvent réunir dans un seul ensemble, donc dans un seul acte perceptif, le temps et l'espace. Ces problèmes, concernant la diffuse question de la simultanéité dans l'art à cette époque[42], seront traités par Apollinaire dans l'importante controverse avec le poète Henri-Martin Barzun, à la fin du printemps 1914[43]. Pour notre poète, le plus difficile n'est pas de concrétiser la simultanéité en peinture, ce qui s'est déjà produit avec les cubistes ou avec les Delaunay, mais de pouvoir exprimer la simultanéité même dans les arts du son. C'est la raison principale de la controverse avec Barzun,

42 Pour une contextualisation de la simultanéité dans cette époque, v. Barbara Meazzi, « Simultanéité », *DA*, p. 1034-1039.

43 Barzun reprochait à Apollinaire non seulement d'avoir copié ses idées sur le simultanéisme, mais aussi d'avoir créé l'Orphisme d'après *Orphéide*, volume qu'il allait écrire quelques mois avant qu'Apollinaire ne proclame ce courant. *Cf. CGA*, p. 472-479. Sur les échanges entre Apollinaire et Barzun, v. Claude Debon, « Barzun Martin, dit Barzun », *DA*, p. 98-100 et Marc Battier, « Des unanimistes à l'art sonore : quand la littérature, l'art et la musique recréent la technologie », in Sylvain Caron, François de Medicis et Michel Duchesneau (dir.), *Musique et modernité en France*, Montréal, Presses de l'Université de Montréal, 2006. Sur la poétique de Barzun, v. Isabelle Krzywkowski, *Le Temps et l'Espace sont morts hier. Les années 1910-1920 : Poésie et poétique de la première avant-garde*, Paris, L'Improviste, 2006, p. 87-111.

qui croyait au contraire en la possibilité d'appliquer la simultanéité, avant les arts figuratifs, à la poésie, à tel point qu'il fonda un courant consacré à cette recherche, le dramatisme.

Malgré les efforts de Savinio, Apollinaire soutenait que seuls les arts figuratifs pouvaient faire coïncider le temps et l'espace, tandis que la poésie et la musique étaient condamnées à se montrer successivement. Et la page écrite les contraindrait encore davantage. Barzun, au contraire, était convaincu qu'en composant un poème comme s'il s'agissait d'un drame ou d'un scénario, on pouvait le rendre simultané plutôt que successif. Le centre de cette diatribe est un article intitulé *Simultanisme-Librettisme*, dans lequel Apollinaire s'opposait à la « transformation théâtrale du lyrisme[44] ».

> Le simultanisme poétique de M. Barzun ne peut s'exprimer qu'au moyen de plusieurs voix combinées. C'est du théâtre. Dans le livre à un lecteur ces voix ne peuvent être que successives, donc si M. Barzun veut une poésie effectivement simultanée, il faut qu'il fasse appel à plusieurs récitants ou qu'il se serve du phonographe, mais tant qu'il se servira d'accolades et des lignes typographiques habituelles, sa poésie restera successive[45].

Apollinaire apporte deux solutions différentes. Poursuivant le chemin tracé par Mallarmé, il s'attache premièrement à coordonner la structure temporelle sur la page. On le voit avec la création des poèmes-conversations, puis des calligrammes. Dans un second temps, il cherchera à traiter la littérature non de manière typographique, mais acoustique, ce qui prendra forme avec l'utilisation des technologies musicales et sonores les plus récentes, comme le phonographe[46].

Selon notre auteur, certains exemples de simultanéité poétique peuvent déjà être identifiés dans la poésie contemporaine. Ils n'ont cependant pas grand-chose à voir avec les efforts de Barzun. Blaise Cendrars et Sonia Terck-Delaunay, avec leur *Prose du transsibérien* (1913), « ont fait une

44 « Simultanisme-Librettisme », *Les Soirées de Paris*, n° 25, 1914 (*Pr2*, p. 976).

45 *Ibid.* (*Pr2*, p. 975).

46 Une curieuse convergence entre théâtre, technologie et poésie apollinarienne de tendance simultanéiste s'est produite lors de l'émission radiophonique *Les chemins et les routes de la poésie* (1949) grâce à Paul Éluard, qui fit réciter *Lundi rue Christine* en assignant chaque vers à un acteur ou à une actrice et en définissant comment les interpréter. *Cf.* Céline Pardo, « Le poète au micro et l'utopie poétique : Paul Éluard, *Les chemins et les routes de la poésie* (1949) », *Études littéraires*, vol. 41, n° 2, 2010, p. 55.

première tentative de simultanéité écrite où des contrastes de couleurs habituaient l'œil à lire d'un seul regard l'ensemble d'un poème, comme un chef d'orchestre lit d'un seul coup les notes superposées dans la partition[47] ». Un texte comme *Le Sacre du printemps* de Sébastien Voirol (1913) offre également un exemple intéressant de simultanéité écrite[48]. Dans ce poème, cet écrivain du cercle Barzun tente de traduire verbalement et visuellement les impressions sonores suscitées par le ballet de Stravinsky en écrivant des mots de différentes couleurs (et non pas simplement par la succession de vers *chorals*). Ainsi « M. Voirol [...] était plus près de la simultanéité figurée que M. Barzun, dont l'esthétique reste uniquement une esthétique de théâtre et qui, si on retire les indications scéniques, ne serait plus après tout qu'une chose à l'instar des *Paroles en liberté* de Marinetti[49] ».

L'invention du phonographe et les différentes techniques de reproduction du son offrent la possibilité de rendre la poésie effectivement simultanée, dans la mesure où le support d'enregistrement remplace le papier et où les vers ordonnés séquentiellement sont remplacés par des sons qui peuvent s'imbriquer et se superposer efficacement. Le phonographe promeut un type de texte alternatif au livre et le poète se transforme en « poète phonographiste[50] ». Cette option élimine d'une part tout aspect visuel de la littérature et valorise d'autre part la poésie dans ses multiples capacités sonores. On ne doit d'ailleurs pas oublier qu'à côté des calligrammes, plusieurs poèmes d'Apollinaire naissent comme des chansons et n'ont donc pas la nécessité d'être transcrits sur papier pour être transmis. Notre poète chanta son hymne aux possibilités du phonographe en 1914 :

> on voit [...] quelques poètes l'employer en France sous forme de simultanéités semblables aux chœurs qui figurent dans les livrets d'opéra. Cette dernière façon de poétiser pourrait trouver son précurseur dans la personne de Jules Romains, qui fit répéter [...] un poème intitulé *L'Église*. Il devait se réciter à

47 « Simultanisme-Librettisme », *op. cit.* (*Pr2*, p. 976).

48 Sur ce poème v. Stefano Baldi et Cristina Trinchero « *Le Sacre du Printemps* di Sébastien Voirol e Igor' Stravinskij fra musica, poesia e arte », in Nicoletta Betta et Marida Rizzuti (dir.), *Cento primavere : ferocità e feracità del "Sacre du printemps"*, *op. cit.* ; Daniela De Agostini, « Una creazione "simultanea" : *Le Sacre du Printemps* di Sébastien Voirol e di Igor Stravinsky », in Sergio Zoppi (dir.), *Simultanéisme/Simultaneità*, Rome, Bulzoni, 1987.

49 « Simultanisme-Librettisme », *op. cit.* (*Pr2*, p. 977).

50 « À propos de la poésie nouvelle », *Paris-Journal*, 29 juin 1914 (*Pr2*, p. 982).

> quatre voix qui se répondaient, se mêlaient en d'authentiques simultanéités, irréalisables autrement que dans la récitation directe, ou sa reproduction par le moyen du phonographe. Avant peu, les poètes pourront, au moyen des disques, lancer à travers le monde de véritables *poèmes symphoniques*. Grâces en soient rendues à l'inventeur du phonographe, Charles Cros, qui aura ainsi fourni au monde un moyen d'expression plus puissant, plus direct que la voix d'un homme imitée par l'écriture ou la typographie. Grâces en soient rendues aux musiciens, grâces en soient rendues à Jules Romains qui tenta une *symphonie récitée* en faisant répéter son *poème symphonique* [...]. À la poésie horizontale que l'on n'abandonnera point pour cela, s'ajoutera une poésie verticale, ou polyphonique, dont on peut attendre des œuvres fortes et imprévues[51].

Il semble donc qu'Apollinaire, en réfléchissant sur ces *symphonies récitées*, soutient l'hypothèse d'une prééminence du facteur *vertical*, ou polyphonique, de la poésie. Étant donné l'analogie de celle-ci avec la musique, il fait valoir que la polyphonie et l'harmonie des voix sont supérieures à la monodie. Ce conflit entre horizontalité et verticalité de la poésie génère une contradiction apparente avec ce que Savinio énonce au même moment : « une musique point façonnée et nullement pétrie, mais dessinée et horizontale ». La réalité semble cependant être autre. Dans les deux cas, Apollinaire aborde une question méthodologique : il veut dépouiller son art de ses connotations formelles traditionnelles – l'impressionnisme d'une part, la poésie *monodique* de l'autre – pour le rhabiller différemment. Dans les deux cas la refondation de la polyphonie, entendue comme première forme de simultanéité, est en jeu. Elle n'est plus considérée comme un amalgame homogène de voix interdépendantes, mais plutôt comme une stratification de singularités, chacune dotée de son indépendance (de son *horizontalité*) et identifiable dans sa fragmentation et la multiplication d'une unité originale et mythique, qui peut à son tour donner voix aux idées et aux perceptions sensorielles les plus diverses.

Il est intéressant de noter qu'Apollinaire invitera vraiment les poètes contemporains à se servir du phonographe comme d'un moyen efficace pour atteindre la simultanéité et recréer la réalité ; dans son testament poétique d'après-guerre, *L'Esprit nouveau et les poètes* (novembre 1917), il fait valoir que le poète pourrait utiliser les éléments sonores de son monde pour se libérer des pratiques poétiques traditionnelles et d'une manière

51 « Nos amis les futuristes », *Les Soirées de Paris*, n° 21, 1914 (*Pr2*, p. 970-971). Je souligne.

lyriquement créative. Dans ce passage, le matériau sonore qu'Apollinaire fait du bruit l'objet d'une nouvelle mise en forme artistique ; les mots ressemblent – par coïncidence ou peut-être grâce à un lien implicite – à ceux que Varèse avait exprimé dans ces mêmes mois sur *391*.

> Un poème ou une symphonie composés au phonographe pourraient fort bien consister en bruits artistement choisis et lyriquement mêlés ou juxtaposés, tandis que pour ma part, je conçois mal que l'on fasse consister tout simplement un poème dans l'imitation d'un bruit auquel aucun sens lyrique, tragique ou pathétique ne peut être attaché. Et si quelques poètes se livrent à ce jeu, il ne faut y voir qu'un exercice, une sorte ce croquis des notes qu'ils inséreront dans une œuvre[52].

Partant de la *musique horizontale* savinienne, anti-impressionniste, anti-imitative et donc paradoxalement plus proche de la réalité, on aboutit à une polyphonie poétique qui stratifie les expressions de ce *moi multiple*, incarnation pure et renouvelée de la complexité moderne, à travers l'emploi de plusieurs médias.

La guerre empêcha Apollinaire de poursuivre les expérimentations sonores qui, dès 1914 et jusqu'à sa mort, continueront de l'intéresser : dans les tranchées, les phonographes se font malheureusement rares. Il chercha alors à représenter la simultanéité en élaborant ces « idéogrammes lyriques » qu'il appellera calligrammes. Si les calligrammes explorent le côté visuel de la poésie, l'un d'entre eux, *Venu de Dieuze* (1915, *Calligrammes*) écrit pendant sa permanence sur le front, joue un rôle très particulier puisque il réunit signes visuels, verbaux et musicaux, essayant de recréer une réalité nouvelle qui ne peut être reproduite par un seul *medium*. Apollinaire tente ici aussi de transférer l'aspect sonore de la réalité en mettant en valeur la dimension visuelle du domaine acoustique, sous forme de notation. Il y parviendra au point que Daniel Albright appelle ce poème un *Gesamtkunst*-gramme[53].

Le poème présente des épisodes marqués par trois fragments musicaux et par la transformation *musicale* de certains mots à travers l'insertion de deux points d'orgue, qui semblent indiquer une attente obligée, et de l'indication de *cantato* (on ne sait cependant pas sur quelle mélodie). Les notes de ces fragments ne semblent pas mises au hasard, mais sont

52 *L'Esprit nouveau et les poètes* (*Pr2*, p. 947).
53 Daniel Albright, *Untwisting the Serpent*, *op. cit.*, p. 262-263.

organisés pour créer une suggestion à la fois sonore et visuelle. Dans le premier fragment, un accord de neuvième incomplet est suivi par sa désagrégation (par son explosion) en trois triples croches, débris d'un accord qui n'existe plus. Dans le deuxième, trois doubles croches sont écrites en correspondance de « Halte là » (trois syllabes), comme si elles représentaient la musique sur laquelle entonner cette injonction ou comme si les mots devaient arrêter l'avancement de la musique en bloquant ces trois notes séditieuses. Dans le troisième fragment, une triple croche, rapide comme une bombe, parcourt *glissando* et *forte* une distance de trois octaves (de Fa_1 à Fa_4), presque comme un obus tiré vers le haut et qui s'éloigne – *s'allontanando* – jusqu'à disparaître, à « plonger ». Au niveau verbal, on découvre d'autres relations. Alfons Knauth, par exemple, soutient qu'« au point d'orgue se sur-imprime [...] la parole italienne *fermata* qui répond à l'énoncé "Halte là" beaucoup mieux que point d'orgue, puisqu'elle en est la traduction littérale : Halt[e] = fermata / fèrmati = arrêt[e] = stop[54] ». Anne Hyde Greet ajoute que « si la taille de la graphie indique le son et l'accent, le premier "Halte là" est plus fort que le second et souligne l'adverbe "là" [...]. Avec une technique presque opposée, lorsque le poète – ou le message – donne le mot de passe, l'écriture s'efface, comme un murmure[55] ».

Il semble donc qu'Apollinaire veuille concrétiser son idée de *musique comme abstraction* à travers un poème : lorsque le texte est dépouillé de ses connotations descriptives et imitatives, il devient musique. Comment aurait-il été possible pour Apollinaire de représenter l'attente par le langage sans tomber dans sa description ? Le simultanéisme de ce calligramme tente de dépasser les dramatismes de Barzun en explorant l'aspect visuel et musical du langage. Si une telle expérience était déjà présente dans l'*Antitradition futuriste*, où la « Merde » était chantée précisément au moyen d'une mélodie, dans *Venu de Dieuze* – qui n'est d'ailleurs pas sans rapport avec les mots en liberté du Futurisme – Apollinaire concrétise ce que Voirol avait tenté avant lui en combinant peinture et poésie, mais en explicitant l'élément musical qui, depuis sa relation

---

54 K. Alfons Knauth, « La guerre des langues des avant-gardes littéraires autour de 1914-1918 », in Michèle Finck, Tatiana Victoroff, Enrica Zanin, Pascal Dethurens, Guy Ducrey, Yves-Michel Ergal et Patrick Werly (dir.), *Littérature et expériences croisées de la guerre, apports comparatistes.* <http://sflgc.org/acte/k-alfons-knauth-la-guerre-des-langues-des-avant-gardes-litteraires-autour-de-1914-1918/>, page consultée le 3 avril 2020.

55 *Calligrammes*, éd. A. Hyde Greet, Berkeley, University of California Press, 1980, p. 439.

avec Savinio, semble être devenu plus important pour lui. L'inclusion de la musique ne se présente toutefois pas comme une simple option supplémentaire, comme un facteur externe et décoratif intégrant l'essence calligrammatique prédéfinie, mais comme une tentative de recréer un environnement réel dont aucune des perceptions sensorielles ne peut être éliminée. Les fragments musicaux d'Apollinaire ne constituent pas la transcription d'une musique réelle, ni ne représentent une véritable composition, car il s'agit d'une musique potentielle. Il est très difficile de croire qu'Apollinaire avait les compétences pour transcrire exactement l'inflexion parlée de ses collègues militaires ou pour percevoir la hauteur sonore du sifflet de la bombe. Au final, la réalité est recréée à partir de ce potentiel qu'Apollinaire cherche à libérer pour accéder à une musique possible, et non à partir de son abstraction.

Venu de Dieuze est un lieu de transition entre la *musique comme abstraction* et la *musique comme pratique*, parce que la musique représentée ici intègre et complète une situation qui peut être vécue visuellement et verbalement. Elle n'est donc pas une véritable composition, mais suggère au lecteur un contexte sonore effectif. C'est certainement une musique qui n'existe nulle part ailleurs et qui ne peut être écoutée, parce qu'elle n'est que sur papier. Par conséquent, ses sons ne constituent pas une musique décrivant le paysage sonore du front, mais l'interprètent de façon simultanéiste.

On pourrait également décrire cette musique comme *acousmate*, c'est-à-dire comme « bruit de voix ou d'instruments qu'on croit entendre dans l'air[56] ». *Acousmate* était déjà le titre de deux poèmes juvéniles d'Apollinaire, mais il s'applique aussi à un poème-conversation tel *Lundi rue Christine*, à un poème familier comme *Les femmes*[57], ou à un calligramme comme *Aussi bien que les cigales*. Selon Marc Battier, on peut entendre dans ce dernier « distinctement les mouvements agogiques et les tempi légèrement différents qui créent des décalages progressifs entre les couches[58] ». *Venu de Dieuze* s'approche d'une telle interprétation, puisqu'il incorpore un son et des musiques qui le poète seul pouvait entendre, mais retranscrits et reproposés de façon simultanée, concrète et nouvelle.

56 V. chap. 1.

57 Michel Décaudin, *Apollinaire*, *op. cit.*, p. 124-125.

58 Marc Battier, « De la symphonie du monde à la symphonie de bruits », *Filigrane*, n° 7, 2011, p. 4.

Cependant, la réalisation véritable et complète du simultanéisme et des idées qui dirigent l'esthétique apollinarienne de cette époque n'est pas encore achevée, bien que ces expérimentations la préfigurent. Apollinaire cherchera à l'obtenir en passant d'un contexte *intermedia* à un contexte *multimedia*, c'est-à-dire en ajoutant au premier la technologie et ses ressources. Sans jamais atteindre cet objectif multimédia – ou, du moins, pas de son vivant – Apollinaire franchira d'abord une étape intermédiaire en essayant de mettre en œuvre le simultanéisme par le biais des arts scéniques ; sa première expérimentation prendra le nom de *Les Mamelles de Tirésias*.

DRAMATURGIE MUSICALE DANS *LES MAMELLES DE TIRÉSIAS*

Après son retour de la guerre, Apollinaire conclut le discours esquissé avec Savinio, Picabia et De Zayas dans *À quelle heure* en écrivant sa première et véritable pièce pour le théâtre. Apollinaire se tourne vers le concept d'art total, voire vers un renouvellement du *Gesamtkunstwerk* wagnérien, basé sur les différentes conceptions esthétiques inaugurées à la fin du XIXe siècle. Or, paradoxalement (pour Apollinaire), les premiers et principaux acteurs de cette révolution de l'art total étaient les Ballets russes, pourtant très décriés[59]. Ils furent les premiers à achever le renouveau du *Gesamtkunstwerk* de manière totalement avant-gardiste avec *Parade*, « ballet réaliste » (18 mai 1917). Pour ce projet, Jean Cocteau réunit Picasso, Satie et Massine sous la protection théorique d'Apollinaire lui-même, qui pour l'occasion écrivit son premier programme de concert – évitant soigneusement de parler de musique, mais inventant en contrepartie le mot « surréalisme » pour définir l'esthétique de *Parade*. Environ un mois après ce ballet débutèrent *Les Mamelles de Tirésias* (24 juin 1917), « drame surréaliste » en deux actes écrit par Apollinaire avec décors de Serge Férat et produit par la revue *SIC* de

59 Pour une contextualisation du *Gesamtkunstwerk* dans l'avant-garde, v. David Roberts, *The Total Work of Art in European Modernism*, Ithaca (NY), Cornell University Press, 2011, p. 144-164.

Pierre Albert-Birot. Le drame était certainement apparenté à l'esprit avant-gardiste de *Parade*, mais reflétait surtout l'ensemble de la pensée artistique de l'Apollinaire d'après-guerre.

Bien que *Les Mamelles de Tirésias* ne soient pas une pièce entièrement musicale, il ne fait aucun doute que sa conception fut modelée par l'idée de l'art total. Éléments fondamentaux de la structuration de l'œuvre, ses musiques et ses bruits proposent une révision complète du réel en essayant d'élargir la réalité du simple *hic et nunc* à une perception totale du monde contemporain. Apollinaire lui-même explique l'importance de la musique dans une lettre pour le moins inattendue, étant donné sa longue carrière loin de ce monde. À Léonide Massine, qu'il connut lors de l'aventure de *Parade*, il écrit :

> Des écoles il y en a suffisamment de par le monde, ce qui manque c'est un mouvement assez vaste pour absorber toutes les tendances modernes, dont ce qui a cette sur-realité qui est l'imprévu même et le moderne par essence. La chorégraphie et la musique sont par excellence des arts sur-réalistes puisque la réalité qu'elles expriment dépasse toujours la nature[60].

Notre poète revient sur des questions qui contribuent à former le cadre de ses derniers souhaits. Pour réaliser un tel projet, les moyens du calligramme ne sont plus suffisants – bien qu'ils en aient été les prodromes nécessaires – et la sphère théâtrale/performative devient la seule et unique voie. Il ne s'agit évidemment pas d'un théâtre traditionnel, mais d'un type de spectacle qui suit l'aspiration globale et totalisante du surréalisme tant en termes de techniques que de contenu. Au début des *Mamelles de Tirésias*, le personnage du Directeur dit au sujet de l'auteur : « Son univers est sa pièce / À l'intérieur de laquelle il est le dieu créateur / […] Car la pièce doit être un univers complet / Avec son créateur / C'est-à-dire la nature même / Et non pas seulement / La représentation d'un petit morceau / De ce qui nous entoure ou de ce qui s'est jadis passé[61] ». Ainsi, Apollinaire tente de manipuler l'univers entier, prenant en compte chacun de ses aspects, élargissant ses horizons et allant jusqu'à l'élaboration de musiques, de sons et de bruits. Si, au cours de l'histoire, le terme surréalisme se chargea de différentes

60 Lettre à Massine, 21 mai 1917 (*CG*, t. III, p. 346). La chorégraphie comme art surréaliste est une idée exprimée aussi dans l'écrit inédit « Le cubisme et la Parade » (*Pr2*, p. 867-868).

61 *Les Mamelles de Tirésias* (*Po*, p. 882).

significations, chez Apollinaire il représente « un néologisme destiné à transcender toutes les manifestations esthétiques de la modernité, en se référant à des arts non référentiels, comme la danse et la musique, pour souligner la part essentielle réservée à l'éloignement de la nature et à l'invention[62] ».

Après ce long prologue programmatique, l'histoire des *Mamelles de Tirésias* raconte que, dans un temps et un lieu indéterminés entre Paris et Zanzibar, Thérèse quitte son mari tyrannique après une querelle, se débarrasse de ses attributs féminins et se transforme en homme, Tirésias, car elle veut obtenir toutes les libertés accordées aux seuls hommes. À l'inverse, le Mari devient une femme et acquiert la faculté de faire ses propres enfants : en une nuit, il en fera 40 049. La morale est aristophanesque : « Écoutez, ô Français, la leçon de la guerre / Cher public faites des enfants / vous qui n'en faisiez guère[63] ». C'est Apollinaire lui-même qui établit un lien avec le dramaturge antique : « J'ai écrit mon drame surréaliste avant tout pour les Français comme Aristophane composait ses comédies pour les Athéniens », et ce n'est pas un argument secondaire. Il renvoie en effet à la façon dont le comédien grec parlait de (et faisait) la société, c'est-à-dire en riant, au moyen de la satire. On se rapproche également de l'importance du rôle féminin dans des pièces comme *Lysistrata* ou *L'Assemblée des femmes*. Plus significatif encore, dans *Les Mamelles de Tirésias*, le Grec renvoie directement au spectacle de revue dont il était le saint patron déclaré et souvent invoqué[64]. Cela se traduit par l'affirmation d'un nouveau canon scénique et musical. Le spectacle de revue était en effet le seul genre théâtral à relier fantastique et réalité, ironie (même dans son sens étymologique) et vérité. Il les mettait en scène en mêlant plusieurs techniques scéniques, registres linguistiques et styles musicaux. Le café-concert était l'endroit idéal si l'on voulait déstabiliser définitivement, tant au sens social qu'esthétique, le concept de réalité et celui d'art, « car l'art populaire est un fonds excellent[65] ». Le café-concert et les spectacles de revue ont prêté à Apollinaire diverses solutions technico-formelles ; le drame entier, avec quelques légères

62 Claude Debon et François Naudin, « Surréalisme », *DA*, p. 1068.

63 *Ibid.* (*Po*, p. 881).

64 V. chap. 1.

65 V. *Préface* aux *Mamelles de Tirésias* (*Po*, p. 866). Cette intuition n'est pas sans rapport avec l'idée futuriste du *Teatro di varietà* qui a influencé *À quelle heure* aussi. *Cf.* Willard Bohn, *Apollinaire and the Faceless Man*, *op. cit.*, p. 73-74.

variations, est basé sur le modèle typique de la revue tant dans sa forme que dans son contenu, mais on peut également y trouver des traces de nombreux autres genres théâtraux populaires[66].

Comme dans le cas de *Venu de Dieuze*, la musique ne joue pas un rôle supérieur aux autres arts, puisqu'elle est ici placée au même niveau. Dans le contexte de l'action scénique, elle ne penche ni vers le mélodrame, où elle aurait joué un rôle essentiel, ni vers le drame en prose, où elle n'aurait obtenu qu'un rôle secondaire. S'il est cependant vrai que la dimension musicale des *Mamelles de Tirésias* s'inspire du modèle de la revue, la manière dont le drame est réalisé renvoie en revanche à toutes les caractéristiques stylistiques et esthétiques auxquelles notre auteur a été confronté les années précédentes. Il semble donc que *Les Mamelles de Tirésias* concluent toute une série de théories et d'expériences apollinariennes.

Les sons et les bruits des *Mamelles de Tirésias* sont stratifiés sur trois niveaux : on y trouve premièrement cinq mouvements pour piano composés par Germaine Albert-Birot ; deuxièmement les bruits du Peuple de Zanzibar, personnage collectif et silencieux habillé en peau-rouge qui, par de simples effets sonores, commente ce qui se passe sur scène ; troisièmement plusieurs références textuelles à la musique. À y regarder de plus près, la musique des *Mamelles de Tirésias* est totalement intégrée dans un *Gesamtkunstwerk* composé non seulement de plusieurs médias, mais aussi de différents registres linguistiques, d'un public socialement très divers et d'une relation ramifiée avec l'histoire et la contemporanéité.

LA MUSIQUE DE SCÈNE DE GERMAINE ALBERT-BIROT

L'amitié avec Alberto Savinio, bien que fructueuse d'un point de vue théorique et personnel, n'avait pas donné naissance à un produit commun et partagé. Toutefois, *À quelle heure*, même inachevée, était une opération similaire et apparentée à celle qui sera réalisée dans *Les Mamelles de Tirésias* ; l'on peut supposer que dans les intentions du

66 Sur *Les Mamelles de Tirésias* comme spectacle de revue, v. Alessandro Maras, « La revue de fin d'année entre divertissement et avant-garde : le cas Apollinaire », in Micaela Niccolai et Clair Rowden (dir.), *Musical Theatre in Europe 1830-1945*, Turnhout, Brepols, 2017. Les relations avec des autres formes de spectacle sont soulignées dans Ikuko Morita, « Le théâtre de Guillaume Apollinaire », *op. cit.*, p. 86-93 ; et *AMT*, p. 71-72.

poète, il y avait le désir de confier la musique de son nouveau drame à Savinio. Malheureusement, à son retour du front, Apollinaire n'a plus à sa disposition la compétence de son ami, resté en poste entre Ferrare et sa Grèce natale jusqu'à la fin du conflit. Il trouve en revanche la personne idéale en Germaine Albert-Birot, esprit souple et polyédrique qui, si elle n'était pas familière avec les réalisations théoriques et pratiques de Savinio avant de rencontrer Apollinaire, sera éduquée en ce sens par notre auteur. Il n'y a aucun doute que la musique d'Albert-Birot a été fortement influencée par celle de Savinio à travers Apollinaire, qui donna des instructions à la compositrice sur le style musical à suivre, la formant selon les préceptes du surréalisme et prolongeant ainsi les effets de la pensée savinienne et la verve de *À quelle heure*. Bien que Faure-Favier ait écrit qu'« Apollinaire s'y est peu intéressé, confessant son incompétence[67] », Albert-Birot n'aurait cependant pas pu connaître la musique de Savinio par un autre moyen : ni par l'étude de ses partitions, qui ne furent publiées que dans les années 1970, ni par l'écoute directe, puisque les Albert-Birot n'étaient pas présents au concert du 24 mai 1914. D'autre part, Tirésias lui-même était déjà apparu dans la musique de Savinio (*Tirésias est mort*, 1914-1915) et apparaîtra à nouveau dans ses écrits (*Hermaphrodito*, 1918), comme un esprit qui plane sur son amitié avec Apollinaire.

On sait peu de choses sur Germaine Albert-Birot (1877-1931)[68] : née à Cherbourg sous le nom de Germaine Reynaud d'Arc (elle signe toutefois souvent du nom de famille de sa mère Germaine de Surville), elle épouse en 1913 Pierre, qu'elle avait rencontré quelques mois plus tôt dans un cercle espérantiste parisien. L'œuvre de Surville est, dès le jour de son mariage, étroitement liée à celle de son mari avec lequel, selon Adrienne Monnier, elle forme un « couple édénique[69] ». Peu de temps après, elle fonde avec lui l'école d'art Francilla et surtout la revue *SIC*, où elle publie la plupart de ses partitions et qui sera l'organisatrice matérielle des *Mamelles de Tirésias*. On sait peu de choses sur son activité musicale avant ce drame : quelques-unes de ses courtes compositions, presque des épigrammes musicales pour voix et piano ou pour piano

67 Louise Faure-Favier, « Apollinaire et la musique », *op. cit.*, p. 16.

68 Une esquisse biographique d'Albert-Birot se trouve dans Alessandro Maras, « Germaine Albert-Birot – Musique entre Futurisme, Esprit nouveau et Dada », in Franca Bruera et Cathy Margaillan (dir.), *Le troisième sexe de l'avant-garde*, Paris, Classiques Garnier, 2017.

69 Cit. dans Gino Severini, *La vita di un pittore*, Milan, Abscondita, 2008 (I éd. 1965), p. 161.

seul, ont été publiées dans *SIC* ; les années précédentes, on la trouve accompagnant au piano les cours de gymnastique d'Academia, école d'éducation physique pour femmes et enfants parrainée par la Duchesse d'Uzès.

En ce qui concerne le style de sa musique de scène pour le drame surréaliste, on peut dire premièrement qu'elle renonce complètement à toute forme de régularité formelle et à tout psychologisme descriptif, et qu'elle tend plutôt vers la désintégration cellulaire du flux musical. La régularité de la forme, le développement motivique-thématique et une idée harmonique claire sont abolis au profit de l'idée de collage, omniprésente chez les artistes de ces années depuis les cubistes synthétiques. Bien qu'on puisse trouver quelques thèmes courts régulièrement construits, avec une ligne mélodique et un accompagnement dans la même tonalité, les fragments polyphoniques constitutifs de ces pièces ne possèdent pas de cohérence tonale, mais sont basés sur la répétition de simples figures rythmiques ou sur des accords récurrents. La dissonance est largement cultivée, notamment par le recours à des accords diminués et par l'utilisation systématique des *clusters*. Les collages de Germaine Albert-Birot, tout comme les morceaux de Savinio, sont constitués de petits fragments complètement indépendants. Cependant, ces fragments n'ont que rarement la caractéristique de la bitonalité et ils prennent très souvent la forme de simples séquences rythmiques-percussives, fréquemment homophoniques. L'empreinte apollinarienne est très forte : comme cela était déjà le cas chez Savinio, dans ces musiques coexistent « autonomie des images, collage de fragments [...], technique de la simultanéité, simplification de la syntaxe[70] » – pour utiliser quelques mots de Michel Décaudin à propos des *Calligrammes*.

La suite qui constitue la musique de scène des *Mamelles de Tirésias* est composée de cinq mouvements, publiés dans la première édition du drame[71] : *Ouverture*, *Marche funèbre*, *Chœurs*, *Entr'acte*, et une chanson finale. Toutes les pièces sont confiées au piano solo, auquel s'ajoutent quelques instruments-jouets, le mirliton et les tourniquets dans l'*Ouverture* et l'*Entr'acte*, ainsi qu'un banjo et un ensemble vocal dans les *Chœurs*. Contrairement à ce qui a été transmis depuis 1917, rien ne prouve que

70 Michel Décaudin, *Apollinaire*, *op. cit.*, p. 123.

71 Aujourd'hui aussi dans *AMT*, p. 99-103.

la suite ait été écrite à l'origine pour orchestre[72], excepté l'excuse émise par Apollinaire dans l'édition imprimée des *Mamelles de Tirésias* : « Mlle Niny Guyard était au piano, la partition d'orchestre n'ayant pu être exécutée à cause de la rareté des musiciens en temps de guerre[73] ». Or, pendant la guerre, Paris avait non seulement un groupe important de musiciens à son actif, mais avait aussi intensifié son activité de concert comme rarement auparavant : la musique était l'un des rares loisirs auxquels une nation assiégée pouvait se livrer[74]. Ces excuses semblent signifier qu'Apollinaire souhaitait une partition pour orchestre, peut-être semblable à celle qui accompagnait les drames traditionnels, comme le travail de Mendelssohn pour *Le Songe d'une nuit d'été*, dans lequel on trouve précisément, entre autres, une *Ouverture*, une *Marche funèbre*, des *Chœurs*, un entr'acte (*Intermezzo*) et un *lied* choral final.

Quoi qu'il en soit, le drame tisse de forts liens avec la tradition. Ainsi, la fonction de l'*Ouverture* est la même que dans le théâtre musical classique : elle fait office de prélude aux événements et aux sentiments. Seule particularité, l'inspiration et le style musical ne proviennent pas de la musique cultivée, mais de la musique populaire, du cirque et des fanfares. On retrouve la présence d'un thème soldatesque (mesures 26-35) qui anticipe Tirésias « à la tête de l'Armée à la Chambre à l'Hôtel de Ville », et un fragment de musique de cirque – ce que l'on appelle une *screamer march* (m. 51-53) – qui anticipe et annonce l'arrivée de « Presto et Lacouf, [...] des clowns qui tombent et se relèvent à volonté, comme au cirque Medrano[75] ». En revanche, le final de l'*Ouverture*, en dialogue avec Thérèse, bouleverse la tradition. En effet, « elle entre dès que le rideau est levé, mais dès que le rideau commence à se lever, elle cherche à dominer le tumulte de l'orchestre[76] ». La musique est donc construite de manière à entrer en conflit avec la protagoniste, tout en essayant de faire entrer l'auditeur dans le développement du drame. Le dispositif utilisé pour rendre ce conflit entre l'actrice et la musique est très simple : une échelle chromatique descendante et rapide présente le tumulte ; le

---

72 Il n'existe pas d'autres partitions manuscrites, à l'exception de celles pour piano publiées dans la première édition, et aucune esquisse n'a été conservée, dont on pourrait déduire l'existence d'une partition d'orchestre originale.

73 *Les Mamelles de Tirésias* (*Po*, p. 877).

74 Jane F. Fulcher, *The Composer as Intellectual*, *op. cit.*, p. 28.

75 *AMT*, p. 72.

76 *Les Mamelles de Tirésias* (*Po*, p. 883).

piano lutte avec Thérèse en l'opposant à des *clusters* de quartes et de secondes superposées ; il lui laisse enfin de l'espace en imitant le lever du rideau avec une échelle chromatique ascendante. La musique est alors partie intégrante de l'univers scénique surréaliste et devient elle-même personnage, échappant à son rôle habituel.

La *Marche funèbre*, dont le ton provient des pièces classiques de Beethoven ou de Chopin, est prévue pour la quatrième scène du premier acte. Curieusement, mais non sans raison, elle *introduit* le duel entre les deux personnages les plus éminemment comiques de tout le drame, là où l'on attendrait une de ces *screamer march* rapides et entraînantes qui, au cirque, introduisent l'entrée d'un Footit et d'un Chocolat. Ce n'est pas un hasard si la marche funèbre est insérée *avant* que quelqu'un ne meure sur scène : la célébration musicale de la mort doit être déjouée, la mort elle-même doit être mystifiée. Selon Peter Read, « l'emploi d'une marche funèbre [...] pour accompagner une action burlesque, instaure un contraste déstabilisant : il semble parodier les rites et les conventions sacrées qui permettent à la société de gérer et canaliser la douleur occasionnée par la mort omniprésente en temps de guerre[77] ».

Les *Chœurs*, première des deux pièces prévues pour l'intervalle entre les deux actes, comprend un ensemble composé d'un piano, d'un banjo, d'un instrument non identifiable et d'une pièce chorale pour trois voix d'hommes dont les paroles sont tirées de la huitième et de la neuvième scène du premier acte. Ici aussi, la technique utilisée est celle du collage : il ne s'agit pas d'une séquence temporelle de fragments, mais plutôt d'un chevauchement de trois lignes vocales sans consistance mélodique, mais qui possèdent les caractères de la récitation chantée (sauf pour le troisième chœur qui laisse entrevoir une sorte de mouvement mélodique conjoint, à tel point que Max Jacob dira, un peu exagérément, que c'est « un thème qui se développe comme une phrase de Massenet[78] »). Les trois voix chorales doivent être exécutées à droite, à gauche et à l'arrière du parterre ; elles étaient probablement conçues pour de petits ensembles qui chantent simultanément trois strophes différentes (lors de la première représentation, il n'y avait que deux personnes par chœur, dont Max Jacob, Arthur Honegger et Maurice

77 *AMT*, p. 93.

78 Cit. dans Jacqueline Bellas, « *Les Mamelles de Tirésias* en habit d'arlequin », *GA* 4, p. 46.

Lévy[79]). Le rôle de ces *Chœurs* n'est pas très clair, puisqu'ils n'ajoutent rien au drame et apparaissent à rideau fermé. On pourrait cependant revenir à Aristophane, car ils ressemblent davantage à la parabase du théâtre grec qu'aux chœurs du théâtre contemporain, le banjo tenant lieu de cithare. Par ailleurs, le rapport technique des *Chœurs* avec la polyphonie des *dramatistes* ou d'un poème comme *L'Église* de Jules Romains, qui « devait se réciter à quatre voix qui se répondaient, se mêlaient en d'authentiques simultanéités, irréalisables autrement que dans la récitation directe », est très clair[80]. Si un dispositif similaire avait déjà été expérimenté dans *Venu de Dieuze*, avec l'apposition de *cantato* à trois vers successifs, les chœurs peuvent apparaître ici comme une mise en œuvre de l'idée simultanéiste de voix superposées et contemporaines, à la façon d'une part des dramatistes, d'autre part de la polyphonie savinienne.

Le statut de collage de la pièce suivante, *Entr'acte*, est néanmoins épatant. Deux exemples peuvent éclairer cette lecture. La première est la citation simplifiée du thème principal de *Plaisir d'amour*, très célèbre romance de Jean-Paul Martini (1785), située entre deux épisodes – deux morceaux de papier collés – résolument dissonants construits sur un *ostinato* de Do. Le premier est percussif, le second lyrique et conserve les échos du troisième mouvement de la sonate *La Tempête* de Beethoven. Il est évident que l'inclusion de *Plaisir d'amour* vise non seulement à se moquer du Mari (« Plaisir d'amour ne dure qu'un moment / Chagrin d'amour dure toute la vie » chantait Martini), mais n'est aussi rien d'autre que l'expression du pathétisme pompier tant décrié par Apollinaire et finalement porté ici au rang de musique d'avant-garde. L'émotion qu'elle aurait provoquée chez un public bourgeois est donc lancée, mais immédiatement interrompue, éloignée de son contexte et déplacée, de sorte que toute sensation, authentique ou fictive, est canalisée vers la construction du surréalisme et non dans la jouissance sensorielle bourgeoise, calme et stéréotypée.

Or, la citation déformée de pièces célèbres donne aussi un autre sens à ces mêmes compositions, puisqu'elles demandent à l'auditeur de douter de leur véritable identité. Sont-elles toujours de Beethoven

79 Marie-Louise Lentengre, *Pierre Albert-Birot – L'invention de soi*, Paris, Jean-Michel Place, 1993, p. 120.

80 « Nos amis les futuristes », *op. cit.* (*Pr2*, p. 971).

et de Martini ou font-ils partie d'un autre canon, celui de l'imagerie apollinarienne de Zanzibar ? Le *hic et nunc* de la réalité quotidienne est nié au profit d'une surréalité qui regarde le monde non pas d'un point de vue imitatif, mais complètement créatif. Pourquoi choisir *Plaisir d'amour* et le placer au milieu de l'*Entr'acte* ? Apollinaire et Albert-Birot ont très probablement voulu recréer le pathétisme d'un *intermezzo* mélodramatique contemporain, comme ceux de *Pagliacci*, *Manon Lescaut* ou *Cavalleria*, en ironisant sur son ton larmoyant tout en montrant comment l'utilisation d'un *intermezzo* dans un cadre surréaliste était totalement dénuée de sens. Mais parodier le paysage sonore du Paris actuel, c'est aussi s'interroger sur son effectivité dans le monde et la vie quotidiens. À travers la critique de cette tradition qui constitue l'identité d'un public, la musique de ce drame cherche à déstabiliser l'auto-conscience uniforme de la contemporanéité et opère donc à deux niveaux : d'une part, elle remet en question la validité artistique des œuvres parodiées, et de l'autre le goût du public. La technique de composition est ici éminemment avant-gardiste, la gravité programmatique de Savinio est laissée de côté et l'effet est plus moqueur que métaphysique. L'*Entr'acte* fonctionne comme un parfait objet cubiste et préfigure les créations du surréalisme bretonien. Il rappelle un collage comme *Guitare, feuille de musique et verre* (1912) de Picasso, où la représentation mimétique d'une guitare a été abolie au profit d'un trapèze bleu sur lequel ont été collées la découpe d'une partition d'un côté et une courbe semblable à un B inversé de l'autre. C'était une autre façon de reconstruire une guitare, de la même manière qu'ici l'*Entr'acte* est une manière différente de créer un interlude mélodramatique.

Enfin, un dernier exemple intéressant tiré de l'*Entr'acte* se trouve dans l'épisode final, qui coïncide avec le lever du rideau au début du deuxième acte. Ici encore, la musique entre en dialogue avec l'action : l'*Entr'acte* se transforme en une douce berceuse en Fa majeur, utile pour le Mari qui berce deux de ses nouveaux-nés. Cependant, plus le protagoniste demande à sa progéniture de se taire, plus le piano brise la délicatesse de la berceuse en exécutant *fortissimo* des *clusters*. En somme la musique, provoquée au début du spectacle, réagit dans le deuxième acte en réveillant les enfants que le Mari essayait d'endormir.

Pour la clôture du spectacle, Albert-Birot écrivit un simple accompagnement composé de quatre notes couvrant un intervalle de tierce mineure, qui devait soutenir la chanson écrite par Apollinaire (« Et puis chantez matin et soir… »). Il s'agit du deuxième exemple de *scie* de revue, refrain à chanter avec le public, en plus de « Eh ! fumez la pipe Bergère / Moi je vous jouerai du pipeau », présent à plusieurs reprises dans la pièce. Bien que « les paroles de la chanson en font l'affirmation collective d'une joie de vivre ludique, libertaire, tolérante et mouvementée[81] », la répétition de ce schéma obsessif et sombre contraste ouvertement avec le sens des mots. La musique en a-t-elle eu assez de s'occuper du drame ?

SONS ET BRUITS

Parmi les *dramatis personæ* des *Mamelles de Tirésias*, le Peuple de Zanzibar représente un personnage collectif, silencieux et constamment présent sur scène pendant les deux actes. Il « a sous la main les instruments qui lui serviront à mener tel bruit au moment opportun : revolver, musette, grosse caisse, accordéon, tambour, tonnerre, grelots, castagnettes, trompette d'enfant, vaisselle cassée[82] ». Comme le premier interprète de ce personnage, le sculpteur Cecil Howard, le Peuple de Zanzibar doit savoir jouer de la musette et de l'accordéon (Apollinaire songeait aussi au hautbois[83]) sans toutefois utiliser aucune partition et en laissant à l'imagination et à l'oreille le rendu final de ces prescriptions. Il lui faut en effet exécuter un « petit air de musette », un « air triste », une marche militaire et cinq autres interventions musicales qui accompagnent des moments particuliers, comme la danse qui conclut le premier acte ou le *cakewalk* à l'entrée du Journaliste[84]. Sa fonction est donc de sonoriser (ou plutôt, de souligner de façon sonore) certains vers prononcés par les protagonistes sans se mêler du déroulement de l'action, sauf pour tuer Presto et Lacouf avec un de ses instruments de musique, le revolver.

Cette figure particulière doit son origine à plusieurs expériences théâtrales non seulement d'avant-garde mais aussi populaire et, plus particulièrement, liées aux intérêts d'Apollinaire pour le spectacle contemporain.

81 *AMT*, p. 96.

82 *Les Mamelles de Tirésias* (*Po*, p. 883).

83 Le « air triste » dans les ébauches du premier acte porte l'indication de « hautbois en mineur ». *Cf. AMT*, p. 97.

84 Apollinaire demande un « tour de kakewalk [*sic*] » dans le manuscrit. Hypothèses sur les musiques à exécuter avec l'accordéon sont contenues dans *AMT*, p. 93-94.

Willard Bohn, par exemple, compare le Peuple au personnage collectif de l'armée polonaise dans *Ubu Roi*, confié à un seul acteur[85] ; Louis Aragon et, plus récemment, Adrian Curtin le rapprochent du bruiteur (c'est-à-dire du créateur d'effets sonores) du cinématographe[86]. Il pourrait également être rattaché aux prescriptions de Marinetti énoncées dans *La déclamation dynamique et synoptique* (1914), dans laquelle il déclarait que l'acteur futuriste devait « utiliser une certaine quantité d'instruments élémentaires tels que marteaux, planches de bois, trompettes de voiture, tambours, tambourins, scies, cloches électriques, pour produire sans effort et avec précision les différentes onomatopées simples ou abstraites et les accords onomatopoïétiques[87] ». Enfin, il n'est pas non plus éloigné du monde du cirque, clown et orchestre réunis.

La véritable originalité du Peuple de Zanzibar réside dans son vêtement de peau-rouge, comme l'avait établi Apollinaire pour le début des *Mamelles de Tirésias*. Pourquoi un tel costume si l'action scénique se déroule entre Paris et Zanzibar ? Pour répondre à cette question, on peut remonter à la chorégraphie et au décor du *Sacre du printemps* (1913), car parmi les critiques tumultueuses et dans le sillage du débat sur l'art nègre, certains associèrent la chorégraphie tourbillonnante des Ballets russes et les costumes de l'ancienne Russie à un rite primitif d'origine exotique[88]. Maurice Touchard, dans *La Nouvelle Revue*, se demandait par exemple : « pourquoi ces hommes préhistoriques portent-ils de l'indienne[89] ? », tandis qu'Adolphe Boschot écrivait que la musique du *Sacre* « accompagne des danses de caraïbes[90] ». Durant ces années, le public parisien perçoit les décors exotiques comme issus des cultures amérindiennes. Glenn Watkins explique que « pour de nombreux observateurs parisiens, l'utilisation de bandanas, de fourrures et de broderies en forme de perles a coïncidé spontanément avec leur récente habitude de voir des Indiens d'Amérique se produire[91] ». On peut en déduire que

85 Willard Bohn, « Autour des *Mamelles de Tirésias* », *Que vlo-ve ?*, n° 20, 2002, p. 115.

86 Louis Aragon, « Le 24 juin 1917 », *SIC*, n° 27, 1918 ; Adrian Curtin, *Avant-Garde Theatre Sound – Staging Sonic Modernity*, Basingstoke, Palgrave-Macmillan, 2014, p. 74-77.

87 Filippo Tommaso Marinetti, « La declamazione dinamica e sinottica », in Id., *Teoria e invenzione futurista*, éd. L. De Maria, Milan, Mondadori, 1968, p. 124-125.

88 *Cf.* Glenn Watkins, *Pyramids at the Louvre*, *op. cit.*, p. 90-97.

89 Maurice Touchard, « Ballets Russes et Français », *op. cit.*, p. 118.

90 Adolphe Boschot, « Le "Sacre du Printemps" – Ballet de MM. Roerich, Stravinsky et Nijinsky », *L'Écho de Paris*, 30 mai 1913.

91 Glenn Watkins, *Pyramids at the Louvre*, *op. cit.*, p. 94.

la présence d'un seul musicien habillé en Amérindien dans *Les Mamelles de Tirésias* n'est rien d'autre qu'une reprise d'un thème critique du *Sacre*. Le Peuple représenterait une retombée du ballet de Stravinsky dans la poétique apollinarienne : il dépeindrait la musique moderne dans un drame moderne car, comme le disait le Mari pour décrire l'environnement sonore de Zanzibar, rempli des cris de ses enfants, il n'y a « pas besoin d'aller aux ballets russes ni au Vieux-Colombier[92] ».

Tout comme l'identité du Peuple de Zanzibar est multiple, ses actions et ses musiques sont variées. L'utilisation d'une seule personne au lieu d'un orchestre entier semble être une représentation surréelle du gigantisme wagnérien ou stravinskien ; au lieu de multiplier indéfiniment les sons, les timbres et le volume, le gouffre mystique est synthétisé en une seule peau-rouge. En outre, l'emploi d'instruments non-musicaux, bien visibles sur scène, se situe à l'exact opposé de l'orchestre qui s'enfonce dans la fosse du théâtre de Bayreuth. C'est un environnement sonore quotidien, naturel, immédiatement perceptible et reconnaissable, non négocié par l'élaboration du *génie* du XIXe siècle. Il s'agit plutôt d'un système sonore qui fait directement référence à la réalité et part de sa surface pour découvrir ses aspects cachés et ses propres caractéristiques, toujours changeantes. C'est pourquoi il n'y a pas de relation étroite – ni chronologique, ni causale – entre les bruits produits par les instruments-jouets et les phrases qu'ils commentent, sauf quelque vague ressemblance sémantique. Les grelots, par exemple, rappellent les jeux d'enfants d'abord évoqués par des voix de femmes, puis présents sur scène[93]. Mais quel pourrait être le rapport entre la Princesse de Bergame, les enfants « nègres » et les castagnettes ? En insérant des sons et des bruits qui n'ont rien à voir avec les situations, les objets et les mots de la pièce, mais dont l'origine est évidente pour le public, Apollinaire brise à la fois la tradition mélodramatique du *Leitmotiv* et l'innovation récente des bruiteurs du cinématographe, qui, dans l'obscurité de la salle, secouaient une feuille d'étain pour rendre le bruit de la tempête.

Les bruits produits par le Peuple de Zanzibar ne sont cependant qu'une partie des effets sonores à réaliser sur scène. « L'espace sonore est entièrement investi par les braillements des nouveaux-nés, projetés sur les spectateurs depuis la scène, les coulisses et les deux côtés de la

92 *Les Mamelles de Tirésias* (*Po*, p. 899).

93 *Ibid.* (*Po*, p. 894 et 899).

salle. La garderie géante d'Apollinaire est une transposition surréaliste des pouponnières industrielles de Neuilly-Levallois-Perret et de chez Citroën[94] », qui en 1917 hébergeaient les mères devenues ouvrières à la place de leurs maris partis au front. Mais il y a aussi les ballons qui explosent, les coups de revolver entre Presto et Lacouf, et d'autres moments sonores qui ne peuvent être compris ni comme musique ni comme simple jeu d'acteur. Il en va ainsi lorsque Thérèse doit alterner chaque phrase avec un sifflet, un éternuement, l'imitation d'un poulet et d'un train[95]. « Au contraire de la vraie musique qui est l'apanage des opéras, dit Ikuko Morita, celle des *Mamelles de Tirésias* pourrait être appelée la fausse musique fantaisiste comme le clown musique[96] ». Ou, peut-être, de la musique surréelle, une musique qui se voudrait recréation des sons de la réalité.

RÉFÉRENCES À D'AUTRES MUSIQUES

L'univers sonore mis en place dans *Les Mamelles de Tirésias* entre en compétition avec celui du théâtre musical traditionnel et bourgeois, voire de l'opéra, des ballets et des concerts, car il en est un renversement, presque l'antichambre de leur subversion complète. On peut trouver plusieurs références à ces genres dans les vers, dans la structure et dans le contenu même des *Mamelles de Tirésias*. Une référence flagrante à la musique contemporaine est donnée au début du deuxième acte, lorsque le Mari se met en colère face à la confusion excessive causée par les pleurs et les cris de ses enfants : « C'est épatant la musique moderne / Presque aussi épatant que les décors des nouveaux peintres / Qui florissent loin des Barbares / À Zanzibar / Pas besoin d'aller aux ballets russes ni au Vieux-Colombier / Silence silence[97] ». On peut lire ici les noms de l'entreprise de Diaghilev et du Théâtre du Vieux-Colombier, où plusieurs musiciens de la nouvelle génération feront leurs débuts et auxquels le Mari oppose une nouvelle musique, faite de sons quotidiens élevés au rang de véritable art. Il est également intéressant de noter le parallèle entre les arts coloniaux, les arts figuratifs et la musique dans le domaine de la modernité. Cela reflète une tendance qui se répercutera, de manière sérieuse ou ironique, même parmi

94 *AMT*, p. 138.
95 *Les Mamelles de Tirésias* (*Po*, p. 884-885).
96 Ikuko Morita, « Le théâtre de Guillaume Apollinaire », *op. cit.*, p. 85.
97 *Les Mamelles de Tirésias* (*Po*, p. 899).

les artistes proches du cercle-Apollinaire. Prenons par exemple Germaine Albert-Birot qui, dans un article intitulé *Réflexions sur la danse*, souligne que la véritable danse ne ressemble pas à celle des Russes, car « la danse [...] ce sont les sauvages, les sauvages surtout, criant, hurlant, gesticulant, trépignant, exprimant frénétiquement de TOUT leur être l'émotion rythmique[98] » ; ou *Rhapsodie nègre*, curieuse œuvre de Francis Poulenc sur un texte de Makoko Kangourou (Jean Cocteau), dont la première aura lieu environ six mois après celle des *Mamelles de Tirésias* au Théâtre du Vieux-Colombier (11 décembre 1917).

Dans les ébauches, on trouve aussi une petite référence à Erik Satie. Elle sera cependant retirée de l'édition finale, probablement en raison des désaccords entre Apollinaire et le compositeur à cette même période : « Le maestro sud-américain bien connu / Senior Erik Satie / Termine un opéra qui a quatre mesures à deux temps // Le Mari : 4 mesures On en reparlera c'est pas fini[99] ». On pourrait également lire une référence un peu plus cachée derrière ces vers : « Le beau constructeur Alcindor / Masqué comme les fantassins / Jusqu'à minuit joua du cor / Pour un parterre d'assassins / Et je suis sûr qu'il sonne encore[100] ». Alcindor, Almanzor dans les esquisses (nom qui donne lieu à des interprétations très différentes[101]), pourrait coïncider avec le personnage homonyme du deuxième acte de *La Bohème* de Puccini (1898), mélodrame bien connu par le public des *Mamelles de Tirésias*. Alcindor (ou Alcindoro dans la version originale italienne) est un « vieux beau, prétentieux », comme le dit le livret, qui suit partout sa jeune maîtresse Musetta. Elle l'abandonnera pour mieux, son ancien prétendant Marcello. Trahi comme le Mari des *Mamelles de Tirésias*, il peut être compris comme son *alter ego* : après s'être résigné à la perte de Musetta, Alcindoro commence à fréquenter un « parterre d'assassins », probablement pour venger son honneur perdu. Que la performance d'Alcindor devant son public particulier puisse être la conséquence d'une trahison passée et que, par conséquent, sa dimension soit celle du souvenir, c'est ce qu'indique l'instrument du cor, puisque « Les souvenirs sont cors de chasse / Dont meurt le bruit parmi le vent[102] ».

98 Germaine Albert-Birot, « Réflexions sur la danse I », *SIC*, n° 25, 1918.

99 Cit. dans *AMT*, p. 127-128.

100 *Les Mamelles de Tirésias* (*Po*, p. 905-906).

101 *AMT*, p. 127.

102 *Cors de chasse* dans *Alcools* (*Po*, p. 148). V. aussi *Le son du cor*, dans *Le guetteur mélancolique* (*Po*, p. 518). La fonction du cor, instrument cher à la poésie symboliste et décadente

Mentionner lieux, personnages et compositeurs n'est pas la seule façon dont Apollinaire fait allusion à la scène musicale de son temps. Il prend la plus haute expression du théâtre musical traditionnel, le mélodrame, et en renverse les rôles. Il est en effet possible de concevoir Thérèse comme un soprano typique, qui joue pourtant aussi le rôle de baryton (Tirésias), empêche et détruit son propre mariage tout en s'opposant à un ténor (Mari) qui ne chante pas un air d'amour mais insiste pour demander du lard. Le personnage même de Thérèse incarne une allégorie surréelle des héroïnes célèbres du mélodrame de cette époque. Elle est une Louise qui, au lieu de fuir ses parents avec son amant poète, comme dans l'opéra éponyme de Charpentier, fuit un mari vulgaire et autoritaire ; elle est surtout une Carmen qui se débarrasse de ses seins, « oiseaux de ma faiblesse[103] », plutôt que de rester à la merci de l'amour, « oiseau rebelle » qui « n'a jamais connu de lois », comme dans la *habanera* de Bizet.

Mais c'est surtout le prologue des *Mamelles de Tirésias* qui représente une satire et une opposition directe au mélodrame réaliste et vériste contemporain. Le prologue des *Mamelles de Tirésias* a pour matrice évidente celui de *Pagliacci* de Ruggero Leoncavallo, mêlé aux *prólogoi* aristophanesques et à l'entrée d'un compère de revue[104]. Cependant, le vérisme déprécié se transforme ici en essence parodiée. On trouve chez Leoncavallo, représenté par la figure du clown Tonio, l'intention de « peindre une tranche de vie [*uno squarcio di vita*] », puisque l'auteur « au fond de son âme, un nid de souvenirs / chanta un jour, et avec de vraies larmes, / il écrivit, ses soupirs marquant la mesure[105] ». Ce que répond le Directeur est en revanche très éloquent : son drame a été écrit « Non pas dans le seul but / De photographier ce que l'on appelle une tranche de vie / Mais pour faire surgir la vie même dans toute sa vérité[106] ». De toute évidence, Apollinaire a bien l'intention de s'inspirer des déclarations du premier des clowns pour renouveler les voies du théâtre contemporain. Mais en plus de l'intention anti-mimétique,

---

également, est soulignée par Didier Alexandre, *Apollinaire : Alcools*, Paris, PUF, 1994, p. 117-118.

103 *Les Mamelles de Tirésias* (*Po*, p. 885).

104 Une autre référence à *Pagliacci* dans les écrits apollinariens se trouve dans *L'Europe nouvelle*, 14 septembre 1918 (*Pr2*, p. 1475).

105 Ruggero Leoncavallo, *Pagliacci* (livret), Milan, Sonzogno, 1893, p. 7.

106 *Les Mamelles de Tirésias* (*Po*, p. 882).

le réalisateur propose d'utiliser des personnages tirés du quotidien à travers « l'usage raisonnable des invraisemblances[107] » et de rassurer le public sur une pièce à « sujet domestique[108] », tout en l'incitant à être « la torche inextinguible du feu nouveau[109] », à ne pas se laisser prendre des « spasmes, des cris de rage et des rires sardoniques[110] », comme le dit Tonio, qui envahissent le vérisme de Leoncavallo.

Finalement, la musique des *Mamelles de Tirésias* semble avoir deux fonctions ; la première est d'élargir l'espace de la réalité représentée, qui ne reste plus seulement verbale et visuelle, mais inclut toutes les manifestations sonores du monde contemporain. Le son et le bruit sont essentiels, car ils permettent d'explorer, de modifier ou d'interagir, comme dans l'*Ouverture*, avec tous les aspects de la réalité, matériels et immatériels. Sa deuxième fonction est celle d'un réservoir de références à la vie quotidienne de l'auteur et du spectateur. On se déplace alors sur un plan social, le territoire même des spectacles de revue. Citer *Carmen*, Puccini, les spectacles de revue ou quoi que ce soit d'autre sert non seulement à donner un ton ironique et légère au drame, mais aussi à ramener à la mémoire et aux sens les expériences les plus courantes du public. Le surréalisme d'Apollinaire se nourrit de citations, de coupures de journaux, d'anecdotes et de chroniques tirées du quotidien, sans lesquelles non seulement le réalisme mimétique, mais également le surréalisme (et donc la représentation d'une réalité invisible et apparemment irrationnelle) ne pourraient exister. Dans ce drame, l'histoire de la musique n'est qu'une gigantesque revue de presse de moments sonores, dépourvue de l'aura que le concert et l'académie voudraient lui attribuer. Elle revient à la réalité brute des relations quotidiennes. Ce n'est qu'en arrangeant soigneusement, dans le temps et l'espace, ces découpages musicaux, ces *dessins citatifs* ou cette *vaisselle cassée*, mais sans les reproduire exactement, que l'artiste surréaliste peut amener son public à une vision, ou mieux : à une audition nouvelle du monde dans lequel il vit. En fin de compte, « la musique est l'émanation d'une métaphysique réelle[111] », comme le disait Savinio.

---

107 *Ibid.* (*Po*, p. 881).
108 *Ibid.*
109 *Ibid.* (*Po*, p. 882).
110 Ruggero Leoncavallo, *Pagliacci* (livret), *op. cit.*, p. 7.
111 Alberto Savinio, « Dammi l'anatema cosa lasciva », *op. cit.*, p. 4.

LE MÉLODRAME ET LE WAGNÉRISME

Autant *À quelle heure* essayait de s'approprier le monde du ballet, autant *Les Mamelles de Tirésias* entrent en compétition avec le théâtre musical traditionnel et ses différents registres, de la revue au mélodrame. Le mélodrame, symbole de traditionalisme, d'académisme et de pathétisme, est la présence la plus difficile à neutraliser. Apollinaire est un critique sévère de ce genre depuis l'époque où il a écrit *Le Théâtre italien* (1910), anthologie et œuvre de divulgation dans laquelle il concrétise et explique plusieurs de ses idées. On peut y découvrir qu'Apollinaire n'apprécie pas la faible valeur linguistique et poétique des livrets (il parle par exemple de la « banalité » du talent de Métastase[112]) et l'artificialité de leur intrigue, qui se traduit par une déformation de la réalité. Il apprécie certains mélodrames du XVIIe siècle, mais déclare toutefois que « ces compositions ont beaucoup moins d'importance au point de vue littéraire qu'au point de vue musical » et qu'au fil du temps, les partitions elles-mêmes n'ont pas conservé leur valeur. Au contraire : « tout l'intérêt résida dans la mise en scène[113] ». Si le jugement des plus anciens auteurs de mélodrames semble emprunté à Rolland[114], ceux qui concernent les périodes les plus récentes de l'histoire de l'opéra (mais aussi du théâtre en général), de la valeur des textes mis en musique (notamment ceux de Métastase) et surtout l'illustration de la réalité par le mélodrame semblent tout à fait originaux et coïncident avec les instances esthétiques proposées par Apollinaire à l'égard des autres arts[115]. Il suffit de lire son opinion à l'égard du vérisme. Il basera d'ailleurs le prologue et une grande partie des *Mamelles de Tirésias* sur son renversement. Ce courant, « en voulant être trop près de la vie, n'arrive souvent qu'à en présenter la caricature à cause des conventions et du raccourci scénique avec lesquels l'auteur dramatique est toujours obligé de compter et qui

112 *Le Théâtre italien*, Paris, Louis Michaud, 1911, p. 38.

113 *Ibid.*, p. 32.

114 *Cf.* Romain Rolland, *Histoire de l'opéra en Europe avant Lully et Scarlatti*, Paris, Ernest Thorin, 1895, p. 137 ; « Ces tableaux fantastiques, cette imagination des décors et des machines, sont dangereux ; ils écrasent les autres éléments de l'œuvre, la musique et la poésie ».

115 À l'égard de l'originalité du *Théâtre italien*, *cf.* Antoine Fongaro, « *Le théâtre italien* de Guillaume Apollinaire », *Que vlo-ve ?*, n° 17, 1995.

le tiennent toujours à une certaine distance de la réalité qu'il se propose d'atteindre[116] ».

Le vérisme et les arts réalistes ont été battus en brèche par Picasso, les cubistes et les orphistes, mais le coup de grâce, du moins selon Apollinaire, leur fut donné par *Les Mamelles de Tirésias*. Restent Wagner et les wagnériens, au souffle ravivé par la récente diffusion mondiale de *Parsifal*, œuvre qui déclencha chez Apollinaire un intérêt et des avis contradictoires. Le mythe de *Parsifal* (1882) avait dominé toute la Belle Époque, mais il avait également traversé la Première Guerre Mondiale : il constitua l'une des principales raisons des *pèlerinages wagnériens* puisque, selon les dispositions testamentaires de Wagner, il devait être lié à Bayreuth trente ans encore après sa mort (1883)[117]. Lorsqu'expirèrent les droits d'exécution (1er janvier 1914) et que l'œuvre put donc être exécutée hors de Bayreuth, son influence atteint puissamment le grand public. Apollinaire en est un exemple clair. Notre auteur assista à l'œuvre wagnérienne lors d'une de ses représentations dans les premières semaines de 1914. Il en laissa des traces dans divers écrits. Il la mit par exemple en cause dans des commentaires à Rouveyre[118], ou dans d'autres à Restif et au Douanier, auxquels il attribue la « sénilité sensuelle et féconde [...] de Wagner dans *Parsifal*[119] » ; il est presque certain que *Parsifal* a aussi affaire avec la réédition apollinarienne du *Perceval le Galloys* qui aurait dû apparaître dans la première moitié de 1913[120]. Selon Apollinaire, la caractéristique principale de cette œuvre est cependant l'ennui. Entre art et abattement, elle devient le terme de comparaison parfait pour la guerre : « La guerre est dangereuse et fastidieuse mais personnellement je ne m'y ennuie pas ou du moins l'ennui est tellement fort qu'il devient un art, un plaisir. Cela me rappelle par la longueur l'inextricable et l'endormant, ce sublime *Parsifal*[121] », disait Guillaume à Max Jacob. À Georgette Catelain, sa marraine de guerre, il avouait aussi :

---

116 *Le Théâtre italien*, *op. cit.*, p. 48-49.

117 Sur la captivité de *Parsifal*, Apollinaire écrivait déjà en 1903 : « "Parsifal à New York" se réjouit de la libération de Parsifal "de la prison de Bayreuth, où les dragons de Mme Wagner le gardaient enchaîné" ». « Revue des revues », *Revue d'art dramatique et musical*, janvier 1904 (*Pr2*, p. 1242).

118 « André Rouveyre », *Paris-Journal*, 30 juin 1914 (*Pr2*, p. 798).

119 Lettre à Pierre Mille, 20 février 1914 (*CG*, t. I, p. 592).

120 Sur ce livre, v. *CGA*, p. 407-408.

121 Lettre à Max Jacob, 14 mars 1916 (*CG*, t. III, p. 130).

> Je me suis ennuyé à *Parsifaal* [*sic*] parce que je ne supporte pas longtemps la musique sans que mon esprit divague au loin et que je m'obstinais à être attentif. Mais le génie de Wagner ne m'échappe point et j'y découvre bizarrement un mélange de Zola, de l'Arioste et du Goethe de *Faust.* Pour la musique de *Parsifaal* [*sic*] cette guerre me la rappelle d'une façon frappante. Il s'en dégage le même ennui sublime[122].

Avant cette explication, on pouvait lire une toute simple confession à l'égard du mélodrame, de ses livrets et de la musique en général. Apollinaire avait le

> regret de n'être point mélomane. J'aime trop la poésie pour cela. Et toutefois je goûte de temps en temps la musique et aurais volontiers un harmonium chez moi. Et j'aime beaucoup les compositions de César Franck pour l'orgue. Mais je suis loin d'être mélomane et je déteste aller au concert, c'est trop long pour moi. La 1re fois que j'ai entendu *Parsifal* à l'Opéra, je me suis ennuyé pas autant que le jour où j'assistai à une séance au Reichstag et le jour où je fus à la Chambre des députés[123].

La relation d'Apollinaire avec Wagner était essentiellement contradictoire, mais pas seulement à cause du manque de plaisir esthétique envers un art reconnu comme brillant. Chez notre auteur comme chez le musicien, l'attention et la passion pour les épopées médiévales sont centrales, bien antérieures à l'intérêt porté au devin néo-méditerranéen Tirésias – l'*Enchanteur pourrissant*, le *Bestiaire* et les nombreuses références, même tardives, au cycle arthurien sont là pour le confirmer. Ce n'est certainement pas grâce à l'influence de Wagner qu'Apollinaire a subi la fascination de l'antiquité médiévale, mais il faut noter ici que l'affinité d'Apollinaire avec Wagner dans ce domaine, si elle pouvait amener le poète à accepter et à apprécier l'esthétique et le contenu de la *Tétralogie*, n'eut pour autant aucune conséquence[124]. L'opinion du poète se fixait sur une position parfois respectueuse, mais constamment critique, du phénomène wagnérien.

À quelques reprises cependant, le chemin d'Apollinaire croisa celui de Wagner. Citons par exemple un récit comme *Le Roi-Lune*, publié dans le recueil *Le poète assassiné* en 1916, mais déjà esquissé au début

122 Lettre à Georgette Catelain, 12 mars 1916 (*CG*, t. III, p. 121-122).
123 Lettre à Georgette Catelain, 8 février 1916 (*CG*, t. III, p. 69).
124 Pour un résumé sur l'imaginaire du Moyen Âge chez Apollinaire, v. Jean Burgos, « Moyen Âge », *DA*, p. 695-697.

du siècle, ou *Lul de Faltenin* (1907, *Alcools*), poème dans lequel les analogies avec l'univers wagnérien – de *Tannhäuser* à la *Tétralogie* – sont claires : les sirènes, une blessure, le sang, une vergue qui reverdit[125]. Si, par conséquent, Apollinaire respecte le compositeur allemand, cela ne coïncide pas avec la vénération (souvent) irrationnelle dont font preuve les wagnériens français, mais avec une acceptation pacifique d'un passé artistique et historique plus que digne. Selon Apollinaire, l'expérience de la poétique wagnérienne ne doit pas être un obstacle à la libre reconstruction de l'art et de la réalité. Wagner a donc reçu une « Merde » dans l'*Antitradition futuriste*, justifiée précisément par le respect du critique pour les conceptions artistiques des générations précédentes : « la *Merde en musique* de mon manifeste-synthèse publié par les Futuristes ne s'appliquait pas à l'œuvre des anciens, mais à leur nom opposé comme barrière aux nouvelles générations[126] ».

L'esthétique du compositeur de Bayreuth sera définitivement abrogée avec *L'Esprit nouveau et les poètes* (1917), afin d'arriver au surréalisme :

> Qu'on ne s'étonne point si, avec les seuls moyens dont ils disposent encore, [les poètes] s'efforcent de se préparer à cet art nouveau (plus vaste que l'art simple des paroles) où, chefs d'un orchestre d'une étendue inouïe, ils auront à leur disposition : le monde entier, ses rumeurs et ses apparences, la pensée et le langage humain, le chant, la danse, tous les arts et tous les artifices [...]. Ne croyez pas toutefois que cet esprit nouveau soit compliqué, languissant, factice et glacé. Suivant l'ordre même de la nature, le poète s'est débarrassé de tout propos ampoulé. Il n'y a plus de wagnérisme en nous et les jeunes auteurs ont rejeté loin d'eux toute la défroque enchantée du romantisme colossal de l'Allemagne de Wagner [...][127].

De ces mots, on peut voir, entre autres, comment Apollinaire entendait surpasser Wagner dans son propre domaine : les poètes seraient des chefs d'orchestre qui ne chercheraient pas à façonner le mystique, mais à reconstruire le terrain à travers « tous les arts et tous les artifices humains ». Puis, Apollinaire précise qu'il « n'y a plus de wagnérisme dans notre âme. [...] La poésie nouvelle est tout étude de la nature et de notre monde nouveau. Son grand ressort est la surprise. Elle imagine des

125 Interprétations wagnériennes de ce poème se trouvent dans Jacqueline Bellas, « Lul et l'Or du Rhin », *GA* 11 ; Marc Poupon, « Sources allemandes d'Apollinaire », *GA* 14.

126 Lettre à André Billy, 29 juillet 1918 (*CG*, t. III, p. 563).

127 *L'Esprit nouveau et les poètes* (*Pr2*, p. 944-945).

fables prophétiques que plus tard les inventeurs réaliseront[128] ». Si notre poète admet son éloignement du monde existant, il ne coupe cependant pas le contact avec la réalité, comme le fait Wagner, car ce que l'art invente se concrétisera sans doute dans le quotidien. Pour comprendre ces affirmations, il faut revenir au récit *Le Roi-Lune*, lieu d'affrontement et de rencontre très intéressant entre ces deux univers si éloignés et dans lequel l'intangibilité sacrée de Wagner est décomposée et recomposée dans un fantastique mélange de cultures, d'époques et de lieux.

Un beau jour au début du siècle, près de Munich, un voyageur se perd dans les bois. Cherchant un abri pour la nuit, il s'aventure à l'intérieur d'une caverne. Ce n'était pas un lieu ordinaire, mais le siège de la cour du roi Louis II de Bavière, le Roi-Lune, que tous croyaient mort. Il est au contraire vivant et actif dans l'un des lieux les plus luxueux, luxuriants et luxurieux de l'empire. Des « mélomanes souterrains » s'y abandonnent à des « orgies anachroniques » avec les esprits de personnages célèbres du passé ou mythologiques. Dans la salle du trône, le roi avait installé un orgue énorme, sur lequel se trouvait la partition originale de l'*Or du Rhin*, que l'on croyait également disparu. Dans une salle adjacente, il faisait résonner la *Symphonie du monde*, composition particulière que lui permettait d'écouter les sons des nations les plus lointaines, des trams de Chicago aux chants mexicains, des cris des cochers napolitains aux cloches tibétaines. La nuit ne se terminait qu'après un concert enivrant parmi les arbres de la forêt, au milieu desquels le protagoniste pouvait voir s'envoler Louis II suivi de toute sa cour.

On pourrait dire du *Roi-Lune* qu'il s'agit de l'irruption d'Apollinaire, en tant qu'homme et en tant qu'artiste, dans l'imaginaire wagnérien. Le nom de Wagner n'apparaît jamais dans ce récit, dont les sensations et les images qui jaillissent de la vague wagnérienne à travers la figure du monarque bavarois forment le sujet. Louis II est à la fois le symbole et le représentant principal de ce courant, qui avait déjà conquis des écrivains comme Verlaine ou Mendés, et qui se retrouve en d'autres occasions chez Apollinaire (*La Chanson du mal-aimé*, par exemple[129]). L'appellation Roi-Lune, renversement de Roi-Soleil, semble en revanche provenir d'un cycle

128 « Pour lire – L'Esprit nouveau », *Bulletin des écrivains*, décembre 1917 (*Pr2*, p. 1322).
129 *Cf. Pr1*, p. 1283-1284.

de poèmes du dandy wagnérien par excellence, Robert de Montesquiou, intitulé *Rex Luna*, qui contient aussi la scène fantasmagorique du dîner avec les esprits des fables et de l'au-delà (dans *Salle comble*) et d'autres détails qui s'accordent avec l'intrigue apollinarienne[130].

Tout au long du *Roi-Lune*, la musique et les sons constituent la chaîne d'une trame tissée de réminiscences historiques et biographiques, mais aussi d'une fantaisie plus que débridée, sur un fond d'univers wagnérien bouleversé en termes apollinariens. Il ne s'agit cependant pas d'un récit qui parodie le mythe de Wagner, mais d'une tentative de le dégager de son caractère sacré et sacralisé, de le jeter dans un monde différent et davantage teinté de quotidienneté, de le détacher de son origine pseudo-mystique. Ainsi, comme le note Peter Por, la façon dont les « orgies anachroniques » ont été menées est une désacralisation de Montsalvat, où, comme le chante Gurnemanz dans la première scène de *Parsifal*, « Zum Raum wird hier die Zeit [L'espace devient le temps][131] ». Les courtisans utilisaient en effet une machine (non un objet sacré et spirituel comme le Graal) qui « avait pour fonction : d'une part, d'abstraire du temps une certaine portion de l'espace et de s'y fixer à un certain moment[132] ». Ce dispositif n'apportait donc aucune pureté spirituelle, mais répandait le plaisir parfait des sens, disponible et accessible à quiconque savait le gouverner. Un autre dispositif technologique capable d'accroître les possibilités de jouissance sensuelle apparaît lorsque Louis souhaite écouter sa *Symphonie du monde* ; il ressemble d'une part à un orgue et de l'autre à un Théâtrophone. Encore en vogue en 1911, année où Proust s'est abonné au service, le Théâtrophone permettait à ses utilisateurs d'écouter les spectacles des théâtres parisiens en direct grâce à de nombreux microphones placés sur les scènes, qui transmettaient le son *via* le réseau téléphonique[133]. Ce qui passe par cet appareil sont donc des sons, mais surtout des bruits, tous déconnectés de leur source et donc *acousmate*. La capacité du Roi-Lune à organiser ces matériaux sonores fait

130 Je me réfère ici aux poèmes contenus dans Robert De Montesquiou, *Les chauves-souris – Clairs obscurs*, Paris, Richard, 1907 (I éd. 1892). Les sources d'Apollinaire pour ce récit sont pourtant nombreuses : v. *AMA*, p. 140 ; *CGA*, p. 121-122.

131 Peter Por, « Notes en marge des textes d'Apollinaire », *GA* 18, p. 144.

132 *Le Roi-Lune* (*Prl*, p. 311).

133 Sur le Théâtrophone, v. Melissa van Drie, « Hearing through the théâtrophone : Sonically constructed spaces and embodied listening in late Nineteenth-century French theatre », *SoundEffects*, vol. 5, n° 1, 2015.

de lui non pas un auditeur passif, mais presque un artiste, ou plutôt un « poète phonographiste » au sens d'Apollinaire et de Varèse.

D'un point de vue visuel et esthétique, Louis devient à la fois sublimation surnaturelle et parodie du vrai roi ; c'était

> un homme au visage jeune [...] [qui] s'y tenait vêtu comme un grand seigneur français du règne de Louis XVI. Ses cheveux nattés à la Panurge étaient surchargés de poudre et de pommade. Comme je pus m'en rendre compte par la suite, des scènes de *Richard Cœur de Lion* étaient brodées sur son gilet et des boutons de deux pouces de diamètre contenaient sous verre douze miniatures, portraits des douze Césars[134].

(Le treizième était Louis lui-même, ce que soutenait également Montesquiou[135]). Il était donc en partie un personnage de mélodrame – *Panurge* de Massenet (1913) ? *Richard Cœur de Lion* de Grétry (1784) ? – en partie une image anachronique, drôle et extravagante tirée de l'*Histoire de la mode en France* de La Bédollière (dont la description du roi est en partie plagiée[136]). Richard Cœur de Lion pourrait aussi être Richard Wagner lui-même, dont le roi n'hésiterait pas à faire broder (tatouer, pourrait-on dire aujourd'hui) l'allégorie sur lui. Le Roi-Lune représenterait ainsi le prototype du wagnérien aimant le compositeur par-dessus tout. Apollinaire veut profaner l'image du monarque bavarois et de tous les wagnériens – Montesquiou en premier –, voire les « cocufier » : « J'ai cocufié le cygne[137] », écrivait le protagoniste après s'être accouplé avec Léda dans cette orgie anachronique. Il est clair que le cygne n'est pas seulement une antonomase de Zeus, mais aussi une double référence à Louis et à Wagner : le cygne correspond à Lohengrin, autour duquel Louis avait construit son château (Neuschwanstein, « nouveau rocher du cygne ») et auquel il s'identifiait[138]. Il s'agit alors d'une extrême défiguration de la pureté incarnée par le jeune Gottfried injustement transformé par Ortrud, pureté au centre d'œuvres comme *Tannhäuser* ou *Parsifal*, mais sublimée et mystifiée dans les premières années du siècle à tel point qu'elle sera devenue ridicule et risible aux yeux d'Apollinaire.

---

134 *Le Roi-Lune* (*Pr1*, p. 313).

135 *Cf. Treizième César*, dans Robert de Montesquiou, *Les chauves-souris*, *op. cit.*

136 Émile de la Bédollière, *Histoire de la mode en France*, Bruxelles, Meline, Cans et Cie, 1858, p. 142.

137 *Le Roi-Lune* (*Pr1*, p. 312).

138 Sur l'identification de Louis, v. aussi *AMA*, p. 155-159.

Ce qui surprend le plus, toutefois, ce sont les descriptions musicales, presque un *hapax* dans l'ensemble du *corpus* apollinarien : l'une fait référence à la *Symphonie du monde*, l'autre à la musique jouée par l'orchestre d'un certain Oswald von Hartfeld durant l'apothéose du roi ; sur l'*Or du Rhin*, cependant, le poète reste muet. Pour comprendre ces musiques, on doit suivre les instructions détaillées du Roi, calculées dans le but précis d'expérimenter la musique sous tous ses aspects. « Apportez-moi, me dit-il, la partition originale de l'*Or du Rhin*, je veux la parcourir après avoir écouté la symphonie du monde et avant d'aller entendre l'orchestre mouvant de M. Oswald von Hartfeld[139] ». Trois verbes sont utilisés : « écouter », « parcourir », « entendre », chacun ayant une valeur sémantique et gnoséologique précise. La nature est la première à être prise en compte, suivie par le travail de l'*auctoritas* et complétée par la musique interprétée. L'art n'est possible qu'à travers cet ordre précis, c'est-à-dire dans l'équilibre entre perception et création, complété et dépassé par le résultat final qui sera ensuite interprété par un auteur en chair et en os, présent pour et dans la représentation. Les trois aspects de l'expérience musicale ont trait aux trois étapes de la création artistique d'Apollinaire et visent à dépasser les conceptions créatives antérieures, l'une trop étroitement liée à la *mimesis*, les autres associées à la célébration d'un moi mystique à travers des ouvrages à caractère presque spirituel (pour le Roi-Lune – et après tout pour tous les wagnériens – les partitions de Wagner, et l'*Or du Rhin* en particulier, *sont* des livres sacrés). En tout cas, les trois moments ne sont ni niés ni abolis l'un après l'autre, mais chacun d'entre eux représente une partie nécessaire d'un mouvement qui les conduira à être transfigurés par la musique finale – dans ce cas le concert parmi les arbres, dans le cas du projet apollinarien l'accomplissement de l'art pur. Il ne s'agit cependant pas d'un chemin presque spirituel, comme cela aurait pu être le cas seulement vingt ans auparavant à l'ombre des grands symbolistes : Apollinaire et le Roi-Lune ne conduisent pas à une élimination de la réalité, mais plutôt à un rapport plus profondément charnel. Si la *Symphonie du monde* a apporté à leurs oreilles la musique du monde entier, impalpable et invisible, le concert final est donné par des musiciens existants. C'est une performance que tout le monde pourrait voir et vivre. À la chute du Walhalla, Apollinaire oppose l'expérience

139 *Le Roi-Lune* (*Pr1*, p. 317).

d'une réalité optimiste, dans laquelle il est enfin possible d'atteindre le but d'un art fait avec et pour la réalité elle-même.

Mais quelle peut être la musique que le narrateur du récit a écouté, ou mieux encore la musique à laquelle Apollinaire aspire ? Son auteur n'est pas connu et, vraisemblablement, irréel ; il s'agit, là aussi, d'une musique potentielle. Néanmoins, une longue description en est fournie dans le final de l'histoire :

> Il y avait des musiciens très éloignés et d'autres tout proches. Leurs fanfares s'en allaient et revenaient, éclataient au loin ou tout près. On eut dit que cent orchestres se fuyaient, se cherchaient, se groupaient, se couraient après, s'éloignaient ou se rapprochaient, vite ou lentement. Il y avait là des stridences inconnues, des sonorités d'une force inouïe, des timbres d'une nouveauté impressionnante. Il venait de la musique de très haut, comme du ciel. Il en sortait de dessous terre et nous étions noyés, pour ainsi dire, dans un océan de sons magiques[140].

Est-ce de la musique wagnérienne ? *Ou* ces sons inouïs appartiennent-ils au *Sacre du printemps* ? Peut-être s'agit-il d'une musique imaginaire et fantaisiste, qui n'a pas pour but de décrire une partition possible, mais plutôt d'illustrer la sublimation de tous les concerts et de tous les sons dans une musique idéale, résultat des instructions données par le Roi-Lune ?

Dans ce récit convergent de nombreux aspects de l'univers wagnérien, proposé de manière personnelle et désabusée, et dans lequel la mythification de Bayreuth a décliné. Apollinaire réinvente le phénomène-Wagner dans sa totalité, soit à partir de son essence poétique, mystique et symbolique, soit à partir des épiphénomènes qui en ont découlé – le polymorphe Louis ou bien l'image de Montesquiou, qui apparaît en filigrane. Cela ne veut pas dire qu'Apollinaire ait nié l'influence et l'importance de ce phénomène, ni, surtout, qu'il en ait fait l'éloge comme beaucoup de ses contemporains : avec ce récit, notre auteur aura transporté l'art et la musique de son temps de l'Ordre à l'Aventure.

---

140 *Ibid.* (*Prl*, p. 318).

UNE MUSIQUE NOUVELLE

Après le succès éphémère des *Mamelles de Tirésias* (24 juin 1917) et les mots de la conférence sur l'*Esprit nouveau et les poètes* (26 novembre), l'élan qui propulsa l'art d'Apollinaire, et qui s'était déjà manifesté avant la guerre avec les productions et les collaborations d'avant-garde les plus variées, est définitivement épuisé. Les deux ouvrages mentionnés ci-dessus, ainsi que *Calligrammes*, publié le 15 avril 1918, peuvent être considérés comme des recueils de toute l'époque qui s'étend jusqu'à la guerre, mais qui ne sera plus par la suite qu'un souvenir de révolutions désormais passées.

Dans les mois qui suivent l'écriture des *Mamelles de Tirésias*, Apollinaire commence à s'intéresser à la sphère musicale au point de parvenir à la rédaction du livret de la comédie lyrique *Casanova* (août 1918). Il s'agit d'un intérêt qui, de manière inattendue, ne cherche plus à canaliser la *musique comme abstraction* vers son application concrète, mais plutôt à récupérer et à réhabiliter la *musique comme pratique*. La question du simultanéisme, la critique de la séquentialité de la musique, l'anti-académisme, la lutte contre la *mimesis* ne sont plus au centre de l'attention poétique ou théorique de notre auteur. Cette ouverture lui est permise, et peut-être même encouragée, par un statut socio-artistique différent de celui qui, lors de l'aventure du *Festin*, l'avait contraint à ne pas aborder directement ce sujet. Après la guerre, Apollinaire est sans aucun doute un véritable intellectuel. Cela ressort également de la liste des invités au grand banquet organisé en son honneur le 31 décembre 1916 et auquel assistent, aux côtés des meilleurs artistes modernes, des membres de la grande bourgeoisie, de l'édition et du marché de l'art[141]. Il est un personnage central de la culture parisienne et peut se permettre d'intervenir dans n'importe quel aspect du débat artistique et politique contemporain. Il commence alors, certes timidement, à raconter des anecdotes sur la musique ou les musiciens contemporains, cherchant à se rapprocher d'un *champ* qu'il n'avait pas encore exploré.

On peut ainsi lire dans ses articles de courtes anecdotes sur *La Rondine* de Puccini, qui venait de faire ses débuts à Monte-Carlo, mais

141 Sur ce banquet légendaire, v. *CGA*, p. 666-667.

aussi sur Paisiello, sur Maria Malibran, sur l'histoire du théâtre Verdi à Padoue – récemment bombardé – de Galuppi à la première de *Loreley* de Catalani, sur l'impressionnante biographie de Palestrina écrite par Raffaele Casimiri et même sur Wagner[142]. Enfin, épitomé de son attitude envers la musique, il écrit aussi un article (peut-être sur la suggestion de son nouvel ami, le musicologue Camille Bellaigue[143]) dans lequel il défend une série de compositeurs allemands que les autorités françaises voudraient vouer à la *damnatio memoriae* en raison de leur nationalité.

> Va-t-on supprimer, comme on a supprimé la rue Richard Wagner, la rue Beethoven, qui fut autrefois la plus passante de Passy ? Nous n'en croyons rien : l'harmonieux sourd n'a rien à faire avec la guerre [...] ; pas plus que Meyerbeer ; pas plus que Gluck sur lequel M. Camille Bellaigue, qui n'est pas suspect de germanophilie, a écrit de si belles pages dans son dernier livre : pas plus que Weber ou Mozart, le dernier surtout : [...] il n'est pas question de cela et le patriotisme ne perdra rien à laisser subsister une rue Beethoven[144].

Cet écran de curiosités anecdotiques lui sert non seulement à démontrer prudemment une attitude différente envers la musique, mais aussi à exprimer des jugements sincères sans pour autant devoir entrer dans une diatribe intellectuelle sur la musique. Ce n'est qu'en se cachant derrière la justification de l'article de chronique que notre auteur pourra affirmer que Claude Debussy, « qui vient de mourir », est « le plus grand musicien français contemporain[145] ». C'est une déclaration qu'il n'hésitera pas à confirmer en s'appropriant les paroles du compositeur italien Giacomo Orefice[146], puis en comparant les funérailles d'Arrigo Boito à celles de Debussy[147]. Cependant, si son intérêt pour la musique

142 « *La Rondine* », *Paris-Midi*, 27 mars 1917 (*Pr2*, p. 1319) ; « Paesiello en Russie », *Mercure de France*, 1er septembre 1917 (*Pr2*, p. 1336) ; « La Malibran à Milan », *Mercure de France*, 16 octobre 1917 (*Pr2*, p. 1344) ; « Le théâtre Verdi à Padoue », *Mercure de France*, 16 avril 1918 (*Pr2*, p. 1374) ; « Giovanni Pier Luigi da Palestrina », *Mercure de France*, 1er septembre 1918 (*Pr2*, p. 1393-1394) ; s. t., *L'Europe nouvelle*, 14 septembre 1918 (*Pr2*, p. 1475).

143 Apollinaire avait rencontré Bellaigue en hiver 1918, lors de sa convalescence à l'hôpital de guerre de la Villa Molière.

144 « Noms de rues », *Mercure de France*, 1er octobre 1918 (*Pr3*, p. 589-590). Les « belles pages » dont parle notre auteur correspondent au chap. VI du volume *Propos de musique et de guerre* (Paris, Nouvelle Librairie Nationale, 1917) que Bellaigue avait donné à Apollinaire.

145 « À propos de Debussy », *L'Europe nouvelle*, 6 avril 1918 (*Pr2*, p. 1417).

146 s. t., *L'Europe nouvelle*, 25 mai 1918 (*Pr2*, p. 1438-1439).

147 « Comment mourut Arrigo Boito », *Mercure de France*, 1er juillet 1918 (*Pr2*, p. 1384-1385). À l'égard de la mort de Boito « musicien et poète estimé », Apollinaire avait

cultivée augmente, son attention pour les autres musiques ne change pas : il publie, dans le *Mercure de France*, des articles sur les chansons et les musiques populaires[148], auxquels on peut ajouter quelques nouvelles sur les hymnes et les chants de guerre[149].

À côté de ce type d'articles, il est intéressant de noter qu'Apollinaire promeut le travail de jeunes compositeurs et interprètes issus de contextes socioculturels bourgeois – de Vaughan-Williams à Jane Bathori, la *soprano* célèbre amie de Ravel[150]. Il faut relier cette publicité à la toute nouvelle disposition d'Apollinaire envers ce noyau de musiciens qui, quelques mois après sa mort, prendra le nom de Nouveaux Jeunes puis de Groupe des Six, sous l'égide de Satie. Si ce dernier était considéré par eux comme un père musical, le père poétique – et plus généralement artistique – fut certainement Apollinaire. Le poète, pour sa part pas du tout réticent à la nouveauté et plutôt désireux de promouvoir son « esprit nouveau », les soutient en exploitant son autorité et sa popularité. Il parle des concerts de Marcelle Meyer, la future *pianiste des Six*, et de Satie, du ballet du « musicien brésilien » Darius Milhaud *L'homme et son désir*[151], mais surtout de la parution du *Coq et l'Arlequin*, déjà évoquée en privé avec Cocteau lui-même[152] et qu'il définit comme des « notes autour de la musique destinées à faire du bruit dans le monde des musiciens[153] », ou encore « un tract sur la musique moderne, appelé sans doute à être discuté dans les milieux où l'on s'intéresse à la musique[154] ».

écrit un autre écho quelque jour auparavant (s. t., *L'Europe nouvelle*, 29 juin 1918 ; *Pr2*, p. 1452).

148 Par exemple un article sur la flûte (« En bois ou en cuivre », 16 mai 1917 ; *Pr2*, p. 1325), un sur les légendaires concerts de sous-marins allemands (« Orchestras sous-marins », 16 mai 1917 ; *Pr2*, p. 1325), ou sur la passion des animaux pour la musique populaire (« Les ânes amateurs de musique », 16 février 1918 ; *Pr2*, p. 1363).

149 V. p. ex. « Les chants des morts teutoniques », 1er novembre 1917 (*Pr2*, p. 1349) ; « Musiques militaires chez les grecs », 16 juillet 1918 (*Pr2*, p. 1387) ; « Le chant national tchèque », 16 juillet 1918 (*Pr2*, p. 1387) ; « Hymne de la Société des Nations », 16 août 1918 (*Pr3*, p. 289-292).

150 *Cf.* p. ex. « Au Vieux-Colombier », *Mercure de France*, 16 novembre 1917 (*Pr2*, p. 1353) ; « Réunions », *Les Arts à Paris*, 15 mars 1918 (*Pr2*, *p.* 1408) ; s. t., *L'Europe nouvelle*, 13 avril 1918 (*Pr2*, p. 1420) ; s. t., *L'Europe nouvelle*, 12 octobre 1918 (*Pr2*, p. 1482).

151 « Actualités », *Les Arts à Paris*, 15 mars 1918 (*Pr2*, p. 1406) ; s. t., *L'Europe nouvelle*, 15 juin 1918 (*Pr2*, p. 1445).

152 V. p. ex. la lettre que Cocteau envoie à Apollinaire le 19 août 1918 ; Guillaume Apollinaire et Jean Cocteau, *Correspondance*, *op. cit.*, p. 91.

153 « Chronique des livres », *Les Arts à Paris*, 15 mars 1918 (*Pr2*, p. 1409).

154 s. t., *L'Europe nouvelle*, 15 juin 1918 (*Pr2*, p. 1447).

Cette trêve avec le monde de la musique cultivée est éloquente de la volonté du poète d'établir une *paix artistique* générale. Cela se manifeste dans les projets conçus par Apollinaire dans la dernière année de sa vie (un ballet et un mélodrame), mais aussi dans le style choisi pour créer ses nouvelles œuvres. Par exemple, on peut voir la forme *classique* de la pièce *Couleur du temps* (1918), dans laquelle, par rapport aux *Mamelles de Tirésias*, « l'invention verbale, la fantaisie échevelée, le rire avaient laissé la place à une gravité tragique, à des dialogues en vers où domine l'ennéasyllabe [ou] l'alexandrin[155] ». D'un point de vue esthétique cependant, ce changement ne contredit pas autant les réalisations artistiques précédentes que leur appartenance à une certaine sphère sociale. L'art d'Apollinaire ne peut plus être considéré comme socialement avant-gardiste, puisqu'il s'aligne sur les modes de production et de culture de la bourgeoisie (musique savante, tradition, plaisir, absence de conflit, *etc.*). Notre poète conceptualise cette situation en termes significativement musicaux, faisant notamment revivre, après 15 ans, la figure de Berlioz :

> On concilie facilement la nouveauté et le classicisme mais on ne réconcilie jamais le classicisme et la nouveauté. En musique par exemple on voit très bien un Debussy goûtant Grétry, mais ceux qui en 1850 fulminaient contre Berlioz au nom de Grétry, s'ils vivent aujourd'hui où Berlioz est pour ainsi dire un des classiques de la musique, n'ont pas dû désarmer. Ainsi va la vie ! Mais la nouveauté, croyez-moi, a du bon, quoi qu'on dise[156].

La production contemporaine de Picasso peut être une clé pour comprendre cette situation : en 1917, mais surtout pendant son séjour à Rome en compagnie des Ballets russes pour la préparation de *Parade*, le peintre reprend son étude de la peinture néoclassique et de l'art préromantique, produisant des œuvres dans le style de Poussin ou d'Ingres – dont le célèbre *Portrait d'Olga dans un fauteuil*. Rosalind E. Krauss raconte à ce propos que Picasso « avait loué un studio donnant sur la Villa De' Medici. Il y travaillait alternativement sur des scènes naturalistes et des dessins cubistes. [Ernest] Ansermet trouvait cette schizophrénie stylistique particulière et s'en émerveillait avec Picasso. “Mais vous ne le voyez pas ? – a déclaré Picasso – les résultats sont les mêmes”[157] ». Cette nouvelle

155 Michel Décaudin, *Apollinaire*, *op. cit.*, p. 174.

156 Lettre à Louis Dimier, 7 octobre 1918 (*CG*, t. III, p. 621-622).

157 Rosalind E. Krauss, *The Picasso Papers*, Cambridge, MIT Press, 1999, p. 102.

voie n'est rien d'autre qu'un moyen complémentaire pour atteindre les objectifs qu'Apollinaire visait depuis *Les Mamelles de Tirésias*, lorsqu'il avait mis fin à l'ère *héroïque* de l'Orphisme en continuant, dans le même esprit, vers le surréalisme.

La mise en place de cette nouvelle perspective passe par la musique ; d'avril 1917 jusqu'aux dernières semaines de sa vie, Apollinaire fréquenta de plus en plus les performances des Nouveaux Jeunes, chercha la voix et l'aide de plusieurs musiciens qu'il contacte afin de réaliser son premier projet entièrement musical, très probablement un ballet.

BALLET : *HO.S.Y.N.O.*

Quelques jours avant d'assister à *Parade*, Apollinaire avait écrit une lettre à Léon Bakst, peintre et collaborateur des Ballets russes, qu'il avait connu par l'intermédiaire de Cocteau, et dans laquelle il disait avoir de nombreux projets musicaux en tête. Il écrivait cependant : « je ne connais malheureusement pas de musicien duquel je sois certain. Je viens d'achever une pièce [*Les Mamelles de Tirésias*] et j'ai des sujets de ballets mais tout est subordonné en ce moment à la question du musicien[158] ». Un mois plus tard, il explique à Massine que

> pour ce qui touche *Parade* et peut-être les ballets en général, je crois que les genoux et les coudes n'ont pas obtenu tous les égards qu'ils méritent. J'espère avoir l'occasion de vous rencontrer avant votre départ et vous développer ce que je pense à ce propos. Je vous montrerai aussi un projet qui peut-être vous plaira et plaira aussi au charmant Diaghilew[159].

Entre-temps, il avait également pris contact avec le jeune Arthur Honegger, qui lui avait dédié six mélodies sur *Alcools* – appréciées par le poète lui-même[160] – et fut donc invité dans le groupe des choristes des *Mamelles de Tirésias*. Malheureusement, Honegger ne sera pas le musicien d'Apollinaire ou, du moins, les deux ne collaboreront jamais à un projet commun.

Quelle œuvre pouvait donc bien trotter dans la tête d'Apollinaire ? Quel musicien cherchait-il ? Au fil des ans, l'hypothèse s'est imposée

158 Lettre à Léon Bakst, 10 avril 1917 (*CG*, t. III, p. 335).

159 Lettre à Léonide Massine, 21 mai 1917 (*CG*, t. III, p. 347).

160 Honegger en parle dans une lettre à ses parents. *Cf.* Harry Halbreich, *Arthur Honegger*, Portland, Amadeus Press, 1999, p. 42.

que notre auteur souhaitait ressusciter le projet avorté de *À quelle heure un train partira-t-il pour Paris ?*, encore inédit, en le transformant en ballet et en le consignant aux Ballets russes. Pendant l'été 1917, il se retrouva à collaborer avec un musicien espagnol rencontré récemment[161], José Soler Casabon (1884-1964), personnage assez mystérieux dont la formation et la jeunesse restent inconnues et qui fut introduit dans les milieux d'avant-garde grâce à son amitié avec le sculpteur Pablo Gargallo et avec Pierre Reverdy. Vers la fin de la même année, Casabon terminait la composition de la musique de ce nouveau ballet intitulé *HO.S.Y.N.O., L'homme sans yeux, sans nez et sans oreilles*[162]. La relation entre les deux hommes ne semble toutefois pas avoir débouché sur une collaboration fructueuse : il n'y a aucune référence à ce projet dans les écrits d'Apollinaire, ni aucune nouvelle dans ses échos (comme cela s'était produit avec Savinio, *Les Mamelles de Tirésias* ou *Parade*) ni de version autographe du sujet. Dès le mois d'août de cette année, Apollinaire semble se refuser au compositeur et ne pas chercher une collaboration active, bien que l'Espagnol ait insisté avec ténacité pour une rencontre[163]. Le poète s'éloigna bientôt du musicien et abandonna l'idée d'un projet d'avant-garde, même s'il était bien moins avant-gardiste que *À quelle heure*[164]. Les raisons en restent mystérieuses : sont-elles liées au caractère du musicien ? à son art ? Elles semblent d'une part être en rapport avec l'hostilité que plusieurs artistes opposèrent à Casabon, homme au caractère louche, difficile et insistant. La fille de Pablo Gargallo, par exemple, soutenait que Soler Casabon « était un solitaire [...] [il] semblait insulter la terre. Il était toujours de mauvaise humeur et contre le monde entier[165] ». C'est peut-être pour cette raison qu'en 1920, les Six

161 Les noms des deux artistes apparaissent sur la même affiche le 16 juin 1917, une semaine avant la première des *Mamelles de Tirésias*, à l'occasion de la conférence *Une tendance de la poésie contemporaine* donnée par Apollinaire et durant laquelle sont également jouées des pièces de Soler Casabon et d'Honegger (trois des six poèmes sur *Alcools*), d'Auric, de Satie, de Durey et de Gabriel Grovlez. *Cf.* Catherine Miller, *Jean Cocteau, Guillaume Apollinaire, Paul Claudel et le Groupe des Six*, Sprimont, Mardaga, 2003, p. 140.

162 Sur cette collaboration et sur Soler Casabon, v. Damien Top, « À la recherche du ballet perdu, *Le Musicien de Saint-Merry*, de Guillaume Apollinaire et José Soler Casabon », *Que vlo-ve ?*, n° 25-26, 2004 ; Willard Bohn, « Apollinaire, Soler Casabon et *L'Homme sans visage* », *Que vlo-ve ?*, n° 27-28, 2004.

163 V. p. ex. la lettre de Soler Casabon à Apollinaire du 11 août 1917 (BNF, département des Manuscrits), dans laquelle le musicien se plaint de ne jamais pouvoir rencontrer le poète.

164 Willard Bohn, « Apollinaire, Soler Casabon et *L'Homme* », *op. cit.*, p. 57.

165 José Estruga, « José Soler Casabon y Apollinaire », *Revista de Cultura Aragonesa*, n° 123, 2007.

boycottèrent un concert dans lequel Soler Casabon devait apparaître[166], et que Picasso n'accepta jamais de collaborer avec son compatriote, quoique le musicien ait insisté à plusieurs reprises pour créer un lien – à la fois artistique et amical – avec le peintre, allant parfois jusqu'à s'adresser à lui de manière brusque et grossière[167]. En dehors de ces considérations d'ordre personnel, d'un point de vue esthétique, il ne semble pas que le compositeur ait bien assimilé la pensée apollinarienne. Au sujet de *HO.S.Y.N.O.*, Soler Casabon écrivait à Picasso : « Je veux que ce soit toi qui fasses la musique, me dit-il [Apollinaire], parce qu'il faut que cela déborde de passion[168] ». Si l'on peut douter de la véracité de cette affirmation, on doit cependant soupçonner que le musicien n'ait pas bien compris les caractéristiques de la poétique apollinarienne, très éloignée du concept de passion et de la transposition artistique des états d'âme. En revanche, du côté d'Apollinaire, il ne reste presque rien ni de cette fréquentation ni du projet[169]. Le ballet ne sera exécuté qu'en 1948, bien que la partition pour deux pianos fût déjà prête en 1917 (sans qu'Apollinaire l'ait toutefois écoutée ou approuvée[170]). Les tendances esthétiques de notre poète changèrent entre-temps.

MUSIQUE DE SCÈNE : *COULEUR DU TEMPS*

HO.S.Y.N.O. et Soler Casabon arrivaient dans une période où Apollinaire avait adouci ses manières à l'égard de l'art et des artistes. Pas d'agressivité, de révolutions sanguinaires, mais au contraire une tendance à la paix et à la placidité de la création. L'automne 1917 sera la période du recueil *Vitam impendere amori* et de la pièce théâtrale *Couleur du temps.* « Après la folle expérience de la pièce surréaliste », dit Laurence Campa, « son inspiration dramatique s'affermissait en s'assombrissant. Comment échapper à la guerre ? La paix véritable existait-elle ? L'harmonie

166 Michel Sanouillet, *Dada à Paris*, Paris, Éditions du CNRS, 2005, p. 121.

167 Par exemple, le 1 juin 1940 il écrivait à Picasso « il faut absolument que je parte, envoyez-moi le plus rapidement 20 000 francs ». Cit. dans Damien Top, « À la recherche du ballet perdu, *Le Musicien de Saint-Merry*, de Guillaume Apollinaire et José Soler Casabon », *op. cit.*, p. 18. En plus, Top soutenait aussi que « S'il estimait certaines femmes, il lui était insupportable qu'elles puissent exprimer leur opinion ». *Ibid.*, p. 13.

168 Cit. *ibid.*, p. 8.

169 Deux lettres de Soler Casabon sont conservées dans la correspondance d'Apollinaire (BNF, département des Manuscrits), dont une seule mentionne leur projet commun.

170 La BNF conserve les orchestrations de 1935 et 1948, tandis que la partition originale pour deux pianos semble avoir été perdue.

était-elle de ce monde[171] ? ». Comme nombre d'artistes de cette période, Apollinaire cherchait un ordre nouveau, qui pourrait le sauver des horreurs de la guerre tout en reconstruisant un art moderne, dépourvu des conflictualités d'avant-guerre. *Couleur du temps* naquit de cette vision, autant dans sa forme que dans son contenu : il ne s'agissait pas d'un nouveau *Gesamtkunstwerk*, bien que mots, musiques et peinture y soient liés. C'est une pièce théâtrale en vers, presque *classique*, où le désir de briser les marges esthétiques de la modernité semble s'être affaibli, tout comme le rire et l'optimisme des *Mamelles de Tirésias*, remplacés par une conscience tranquille mais résignée de « l'inéluctabilité de la guerre et surtout [de] la vanité, [du] caractère utopique du pacifisme[172] ».

Pour sa pièce, Apollinaire demanda à Laboureur de s'occuper des décors (il fut remplacé ensuite par Vlaminck) et chargea de la musique Carol-Bérard (1881-1942), ancien élève d'Albéniz, grand défenseur de la musique de Satie, théoricien novateur et compositeur de tendance debussyste[173]. Son évolution artistique recoupe celle d'Apollinaire vers 1916, probablement grâce à Severini, un ami commun. Toutefois, à cette époque du moins, Apollinaire ne le tient pas en grande estime. Son amie Marthe Roux lui écrivit un jour, confirmant ses idées : « J'ai vu hier à l'Alma le fameux "crétin" de Carol-Bérard. Il est bête ; d'une bêtise qui fait songer à l'infini et j'ai pensé en riant à la lettre qu'il vous avait écrite[174] ». Carol-Bérard fait partie des convives du banquet en l'honneur d'Apollinaire (1916)[175] et les deux artistes se fréquentent plus intensément dans la seconde moitié de l'année 1918, lors des initiatives de l'association Art et liberté du couple Autant-Lara. Au cours de ces séances, Apollinaire peut entendre la mise en musique de ses poèmes

171 *CGA*, p. 714.

172 Samir Marzouki, « *Couleur du temps* ou la paix utopique », *GA* 20, p. 132.

173 « Chaque fois que M. Carol-Bérard s'est mêlé d'écrire de la musique proprement dite, il n'y a fait montre d'aucune originalité et a poussé l'admiration envers M. Debussy jusqu'à lui emprunter la monnaie de sa manière courante ». Octave Séré [pseud. de Jean Poueigh], « Cubisme et musique », *op. cit.* Sur Carol-Bérard v. aussi J. Bertrand, « Le compositeur Carol-Bérard », *L'Homme libre*, 14 septembre 1920 ; Caroline Potter, *Erik Satie – A Parisian Composer and His World*, Woodbridge, Boydell, 2016, p. 60-62.

174 Marthe Roux à Apollinaire, mai [?] 1916. Lettre transcrite dans le catalogue des ventes Brissonneau, 14 juin 2012, p. 20.

175 Son nom se trouve parmi les signatures des personnes présentes au banquet, aux côtés de ceux de Matisse, Gris, Jacob, Reverdy et autres. V. le recueil de signatures (p. 7) publié dans Gilbert Boudar, « Complément aux catalogues de la Bibliothèque d'Apollinaire », *Que vlo-ve ?*, n° 27, 1988, p. 26.

La grenouillère et *Il pleut* (4 octobre 1918), que le compositeur lui avait dédiée, exécutée par Jane Bathori[176]. Carol-Bérard chercha toujours à être un musicien aux tendances d'avant-garde : il composa une *Symphonie des forces mécaniques* (1910, perdue), conçut vers 1918 la théorie des *concerts colorés*, c'est-à-dire des projections de lumières combinées au déroulement d'une partition musicale et, en 1929, écrira *Recorded noises ? Tomorrows's instrumentation*, article qui rassemble certaines des suggestions apollinariennes sur les possibilités du phonographe et de l'enregistrement[177]. Cet esprit novateur ne suscite pourtant aucun intérêt véritable chez Apollinaire. Il parle en ces termes des *concerts colorés* :

> C'est ainsi que nous verrons les symphonies de Beethoven ou les préludes de Debussy. Par contre, on ne nous dit pas si l'on nous fera entendre une composition du Poussin, un paysage de Claude le Lorrain, ou l'Odalisque d'Ingres. [...] M. Carol-Bérard pourrait aussi nous jouer Beethoven sous la forme subtile des odeurs. C'est égal, le concert coloré du musicien de Bourg-la-Reine aura pour le moins un beau succès de curiosité[178].

Comme dans le cas de Soler Casabon, on peut supposer que ce musicien avait vaincu la résistance d'Apollinaire à l'usure et il faut remarquer que le poète s'est très peu intéressé à la musique de *Couleur du temps*. En tout cas, il ne reste aucune trace de la musique que Carol-Bérard aurait écrite et nous ne savons pas si elle fut complètement composée ou s'il en existe seulement des ébauches. Elle ne fut jamais jouée en public et n'accompagna jamais la pièce d'Apollinaire qui, à ses débuts – trois semaines après la mort du poète –, fut privée des décors de Vlaminck et de sa musique[179].

---

176 En l'invitant au concert le musicien écrit au poète : « Vous excuserez Carol-Bérard parce qu'il est plein d'amitié pour vous et – depuis longtemps – d'admirative sympathie pour votre œuvre – toute votre œuvre ». Carol-Bérard à Apollinaire, octobre 1918 (BNF, département des Manuscrits). Sur cette séance *cf.* s. t., *L'Europe nouvelle*, 12 octobre 1918 (*Pr2*, p. 1481-1482).

177 Publié dans *Modern Music*, vol. 6, n° 2, 1929. *Cf.* Marc Battier, « De la symphonie du monde à la symphonie de bruits », *op. cit.*

178 s. t., *L'Europe nouvelle*, 3 août 1918 (*Pr2*, p. 1464-1465).

179 *Cf.* Claude Debon, « *Couleur du temps* – D'une réception l'autre », *GA* 20.

MÉLODRAME : *CASANOVA*

Ni *HO.S.Y.N.O.* ni *Couleur du temps* ne satisfaisaient le besoin d'art nouveau chez Apollinaire. D'ailleurs, si le wagnérisme était mort, la folie des *Mamelles de Tirésias* ne correspondait pas à la quête d'Apollinaire d'un lieu de paix et de beauté. Il était alors nécessaire de prendre d'autres voies. À cette époque, les Ballets russes sont toujours une référence ; il leur manque cependant ce qu'Apollinaire peut offrir en quantité : des mots, de la poésie et une orientation sur l'art. Paradoxalement, notre poète finit par se rapprocher du mélodrame. Lui qui détestait les librettistes du passé (de Métastase à Étienne de Jouy jusqu'aux véristes) pour leur mauvaise poésie saisit l'occasion et construit un livret différent, composé non seulement des *stimuli* du présent, mais aussi des vestiges du passé, dans un contexte de beauté linéaire, pure, en un mot *classique*, détruite par la guerre.

Cette fois, ce ne fut pas Apollinaire qui cherchait un musicien – il n'avait pas été très efficace dans cette tâche – mais un compositeur qui lui demanda des paroles. Il s'agit du chef d'orchestre des Ballets russes, Henry Defosse (1883-1956), qu'Apollinaire rencontra au printemps 1918 au chevet de la blessée Olga Khoklova, danseuse fiancée à Picasso[180]. Defosse, ancien élève de Fauré, était un compositeur peu prolifique[181], mais un directeur affirmé ; il travaillait avec les Russes depuis quelques mois, puis aura la possibilité de diriger les premières de certaines œuvres remarquables, tels *La boutique fantasque* (Respighi-Rossini, 1919) ou *Le fils prodigue* (Prokofiev, 1929), dernière création des Ballets russes[182]. Henry Defosse était donc un musicien artistiquement et socialement académique, un personnage qui, seulement quatre ans plus tôt, aurait été la cible des critiques d'Apollinaire. Néanmoins, la relation entre les deux, comme le dira également Defosse, fut de compréhension sereine. Cette entente se transformera au bout de quelques mois en une collaboration heureuse qui prendra le nom de *Casanova*, comédie lyrique en

180 La collaboration Apollinaire-Defosse a été reconstruite par Michel Décaudin, « Histoire d'un texte », *GA* 18.

181 Il a composé des ouvrages pour piano, des mélodies, quelques vocalises à usage didactique et aussi quelques œuvres pour la scène, comme *Le Rossignol, le Paon et la Rose* (1927), sur un texte de l'amie d'Apollinaire Roch Grey (Hélène d'Oettingen).

182 Renseignements biographiques sur Defosse se trouvent dans Claude Debon, « Un prix pour *Casanova*, livret d'Apollinaire, musique de Henry Defosse », *GA* 18.

trois actes basée sur les *Histoires de ma vie* de l'aventurier vénitien. Le souvenir de leur première rencontre est éloquent.

> Au cours de la conversation – dit Defosse – je parlai de mon désir d'écrire une œuvre musicale gaie, facile et accessible au grand public, en prévision du besoin de distraction et d'oubli qui allait certainement succéder aux tristes années que nous étions tous en train de vivre. Voyant que cette idée intéressait Guillaume Apollinaire je lui demandai s'il consentirait de me composer un livret pour une œuvre ayant ce caractère. [...] Dès notre premier rendez-vous nous fûmes d'accord[183].

La proximité de Picasso, avec lequel Defosse s'était également lié d'amitié, conduisit les deux auteurs à espérer une collaboration à trois[184], semblable à celle établie pour *Parade*. Si Picasso ne prit toutefois pas part à ce projet, les deux hommes commencèrent à travailler sans hésitation, sauf une, probablement décisive : la question du genre. Le ballet avait été écarté dès le début, mais Apollinaire restait indécis entre opéra bouffe et opérette. Selon lui,

> l'opérette était morte et voici qu'elle renaît. Elle naît de ses cendres mêmes comme le Phénix. Une longue paix avait émoussé le plaisir que pouvait procurer ce genre gaulois par excellence. Une contrefaçon de l'opérette nous venait des pays germaniques. Désormais nous pourrons nous passer de cette exportation. [...] M. Defosse enfin compose aussi une opérette qui sans doute sera une révélation dans le genre illustré par Charles Lecocq, dont le premier ouvrage bouffe date de 1857 et qui, notons-le en passant, n'a jamais employé le mot d'opérette pour ses ouvrages[185].

L'opérette était alors le genre français par excellence : pas de symphonies ou de tragédies lyriques, disaient Debussy et Koechlin[186], mais un heureux dénouement et une musique légère. Toutefois, Defosse raconte qu'Apollinaire lui « proposa d'écrire un livret d'opéra-bouffe », mais qu'après quelques semaines, « leur première idée de mélanger la parole

---

183 Lettre de Henry Defosse à Pierre-Marcel Adèma, 7 mars 1951. BHVP, fonds Décaudin.

184 John Richardson, *A Life of Picasso – The Triumphant Years (1917-1932)*, New York, Alfred Knopf, 2007, p. 108.

185 « La renaissance de l'opérette », *Mercure de France*, 16 juillet 1918 (*Pr2*, p. 1388).

186 *Cf.* Claude Debussy, « Préface » à Jean Bach-Sisley, *Pour la musique française : douze causeries*, Paris, Grès, 1917, cit. in Jane F. Fulcher, *The Composer as Intellectual*, *op. cit.*, p. 36 ; Charles Koechlin, « Le théâtre comique et plus généralement le comique en musique », in Id., *Musique et société*, éd. M. Duchesneau, Wavre, Mardaga, 2009, vol. 2, p. 33.

au chant fut abandonnée[187] ». C'est ainsi qu'Apollinaire et Defosse se sont accordés pour écrire une comédie lyrique (qui fut toutefois baptisée « comédie parodique », dans le plus pur style apollinarien), soit un drame chanté du début à la fin. Les deux hommes ne cherchaient rien d'autre qu'« un refuge heureux », affirme Jean Burgos, « hors du temps qui passe, grande la tentation d'un enfermement dans quelque prison heureuse, fût-elle précaire[188] », c'est-à-dire qu'ils voulaient créer une œuvre qui, ajoute Laurence Campa, « exprimait la nostalgie de la joie légère et de l'harmonie, du désir ludique, de la forme gracieuse et de la paix. Ces songeries avaient des vertus apaisantes[189] ».

Ce sont les raisons mêmes qui expliquent le choix d'un genre théâtral peu utilisé récemment, mais léger sans être superficiel – qu'on se rappelle *L'Heure espagnole* de Ravel (1907), *Panurge* de Massenet (1913) ou *Gianni Schicchi* de Puccini (1918) – et d'un sujet pré-romantique. Il ne s'agit pourtant pas là d'une tendance exclusive de ces auteurs, puisqu'elle partage beaucoup de ses caractères avec ce qu'on appellera bientôt le néoclassicisme et qui triomphera avec un ballet comme *Pulcinella* de Stravinsky (1919), un opéra comme *Monsieur Beaucaire* de Messager (1919) et surtout *Les femmes de bonne humeur* de Tommasini d'après Goldoni, adaptation pour les ballets de Diaghilev des musiques de Scarlatti (première œuvre scénique du courant néoclassique, selon les historiens). La première parisienne de ce ballet se tint le 11 mai 1917, une semaine avant celle de *Parade*, et son écho se fait déjà sentir dans *Les Mamelles de Tirésias* (Louise Faure-Favier appelait Tirésias une « maman de bonne-humeur[190] »). Apollinaire, qui avait assisté aux répétitions des Ballets russes, eut certainement l'occasion d'observer l'organisation du ballet de Tommasini, que Defosse dirigera, à Paris et à l'étranger. On remarque en effet quelques similitudes entre *Casanova* et ce ballet, dont la plénitude de joie et de vitalité a été reconnue par Diaghilev lui-même[191]. Ainsi, tous deux s'appuient sur un sujet vénitien du XVIIIe siècle ; de même, le texte original est empli de scènes et de personnages de la *Commedia dell'Arte* ; il est également centré sur des déguisements carnavalesques, thème moderniste cher à beaucoup de

187 Defosse à Adèma, 7 mars 1951, *op. cit.*
188 Jean Burgos, « *Casanova*, ou le sourire tragique », *GA* 18, p. 38.
189 *CGA*, p. 755.
190 Cit. dans « *Les Mamelles de Tirésias* (extraits de la presse) », *SIC*, n° 19-20, 1917, p. 4.
191 *Cf.* Sjeng Scheijen, *Diaghilev : A Life*, Londres, Oxford University Press, 2009, p. 329.

peintres contemporains, de Picasso à Severini, de *Parade* à *Pulcinella*[192]. La partition de Defosse pour *Casanova* s'inspirera de l'atmosphère de ces pièces, sans oublier pour autant le ton léger de l'opérette et de l'opéra bouffe : on a retracé des modèles musicaux de *Casanova* dans *La fille de madame Angot* (Lecocq, 1872) ou *Les cloches de Corneville* (Planquette, 1877)[193]. On pourrait y ajouter *L'étoile* de Chabrier (1877) et *Les saltimbanques* de Ganne (1899), encore au répertoire en 1918.

Les deux hommes travaillent intensément entre le printemps et l'été 1918 ; le poète échange souvent avec le compositeur – « pour l'hôtelier, au commencement, vous pouvez lui faire mimer tout ce que vous voudrez[194] », répondit par exemple Defosse le 8 août – et Apollinaire donne au compositeur quelques suggestions musicales. Deux semaines plus tard, chez le compositeur, Apollinaire peut écouter la mise en musique complète du premier acte. L'audition fut pour le moins positive : les deux artistes passèrent « la soirée, jusqu'à une heure du matin à former des projets de collaborations futures. [Apollinaire] pensait à un *Pantagruel*, au *Diable amoureux* de Cazotte[195]… ». Malheureusement, cette amitié et cette collaboration s'interrompirent brusquement quelques jours plus tard : Defosse partit avec les Ballets russes pour une longue tournée et ne revint à Paris qu'au printemps 1919, alors qu'Apollinaire était déjà mort. La musique des deux derniers actes de *Casanova* sera complétée par le seul Defosse entre 1919 et 1921, et le produit final en sera sinon assez hétérogène, du moins attribuable en partie seulement aux idées du poète. En effet, Defosse change le livret à plusieurs reprises dans les deuxième et troisième actes, dont le final est complètement réorganisé. Dans le premier acte, en revanche, les modifications sont limitées à la suppression de quelques répétitions. En outre, le deuxième acte contient deux fragments ouvertement inspirés de la musique de Jean-Joseph Mouret (1682-1738), opération qui doit plus à l'idéologie du néoclassicisme musical dans sa récupération du matériel et des formes du XVIIIe siècle, qu'à l'esprit d'Apollinaire[196].

---

192 Sur la *Commedia dell'arte* dans ce contexte, v. Stephen Walsh, *Stravinsky : A Creative Spring – Russia and France (1882-1934)*, Londres, Random House, 2002, p. 306 *sq.* ; John Richardson, *A Life of Picasso*, *op. cit.*, p. 25-28 et 40-42.

193 *Ibid.*, p. 42.

194 Lettre de Henry Defosse à Apollinaire, 5 août 1918 (BNF, département des Manuscrits).

195 Lettre de Henry Defosse à Pierre-Marcel Adèma, 7 mars 1951. BHVP, fonds Décaudin.

196 Je dois les observations sur la relation livret-musique à l'analyse de Jean-Jacques Heude, « Le *Casanova* de Henri Defosse », *GA* 18.

Les trois actes de *Casanova* sont, en ce qui concerne l'intrigue, aux antipodes des *Mamelles de Tirésias* ; néanmoins, contre toute lecture superficielle, *Casanova* se révélera être une application de nombreuses instances surréalistes tournées vers le néoclassicisme. L'intrigue raconte l'aventure du fugitif Casanova qui, arrivé dans une petite ville italienne, rencontre la Marquise, son ancien amour. Celle-ci tente de séduire Bellino, acteur merveilleux dont Casanova lui-même tombe amoureux (Acte I). Ce dernier est cependant convaincu que Bellino est une femme et fait tout son possible pour découvrir sa prétendue imposture, au point d'irriter et d'offenser le jeune acteur lors de la représentation de *La Métamorphose galante* (dans laquelle il est déguisé en femme). Pour compliquer l'histoire, la gitane Rosinella entre en scène. Elle tombe amoureuse de Casanova (Acte II). Bellino et le protagoniste s'affrontent en duel. Mais l'aventurier doit d'abord se battre contre Rosinella, puis contre la Marquise, toutes deux déguisées en Bellino et toutes deux désireuses de mourir ou de tuer celui qui a brisé leurs rêves d'amour. Après que Casanova a battu les deux candidats, Bellino arrive enfin. Amoureux de Casanova, il révèle sa véritable identité : il s'agit en fait de Bellina, une femme. Le Vénitien et la jeune actrice, recherchés par les gardes – bien que la Marquise et Rosinella aient été sauvées *in extremis* par un médecin – fuient ensemble la ville (Acte III). Dans ce scénario on ne trouve rien qui diffère d'une intrigue traditionnelle d'opéra (sauf, peut-être, l'absence d'un homme cherchant à saboter les projets du protagoniste). De plus, « distribution, dramaturgie, système prosodique, découpage en récitatifs, airs, duos et ensembles suivent très fidèlement les normes de l'époque[197] ». De même, le texte semble alterner harmonieusement le langage simple et efficace de l'opérette et le rythme de la chanson populaire avec une complexité sémantique et un raffinement du vers qui renvoient à des œuvres d'un registre plus élevé. Ainsi, l'utilisation de refrains – de dérivation légère – est plutôt fréquente non seulement dans le livret, mais aussi, grâce à Defosse, dans la musique. En même temps, le texte contient des souvenirs de poésie récente (Musset, Verlaine, Laforgue, Mallarmé, *etc.*[198]), tandis que la musique présente une utilisation discrète de thèmes conducteurs – sans

---

197 Jacqueline Bellas, « Apollinaire librettiste – *Casanova* et l'écriture parodique », *GA* 18, p. 71.

198 *Cf.* Jean Burgos, « *Casanova*, ou le sourire tragique », *op. cit.*, p. 32.

toutefois que l'on puisse parler d'un véritable système à la manière de Wagner, Debussy ou Puccini[199]. Il s'agit donc clairement d'une opération à la Apollinaire, qui mélange les registres et les tons.

Le poète semble donc être intervenu dans la composition et la dramaturgie musicale également, sans se limiter à sa fonction de librettiste. Rappelons, par exemple, le moment où la Marquise offre une prise de tabac à Casanova : le dialogue renvoie à la chanson populaire *J'ai du bon tabac*, dont la mélodie est insérée dans l'accompagnement orchestral. De la même façon, le chœur qui ouvre le deuxième acte, « Dansons, dansons le fourlane », se réfère à la danse de la Renaissance qu'aimait aussi Ravel et qui, depuis 1914, était appelée « danse du pape », car Pie X l'aurait opposée au scandaleux tango[200]. Elle rappelait à Apollinaire d'une part l'époque d'avant-guerre, de l'autre les aventures de Casanova.

> Dans un petit théâtre, quelques mois avant la guerre, j'ai vu danser la furlana (prononcer fourlana), que les danseurs, avant de la danser, qualifièrent de danse du pape ; c'étaient des pas si lascifs que le pape serait bien étonné d'être mentionné à ce propos. Et tandis que la danseuse presque nue, plus que nue, atrocement nue, car le cache-sexe de cette jolie fille la faisait ressembler aux Vénus orthopédiques, ballait avec son cavalier, je pensais à cette scène gracieuse des *Mémoires* où Casanova dansait la forlane à Constantinople. Et cette jolie page dont je me souvenais, mieux que les histrions que j'avais sous les yeux, me montrait la danse vénitienne sinon recommandée, du moins évoquée par le pape Pie X comme un sur remède au tango [...][201].

Apollinaire semble avoir demandé à Defosse de lui jouer la musique qu'il aimait, comme s'il avait voulu recréer son environnement musical préféré et s'y immerger.

Ni la musique – qui n'a jamais été publiée et n'a été redécouverte par Claude Debon qu'au début des années 1990 – ni le livret de *Casanova* n'ont été appréciés. Defosse tenta de le promouvoir dès 1921, en s'adressant à l'Opéra Comique sur la recommandation de Fauré, mais sans pouvoir

199 Heude a identifié une dizaine de leitmotive. Jean-Jacques Heude, « Le *Casanova* de Henry Defosse », *op. cit.*, p. 57-60.

200 Sur la *forlane* v. Alessandro Maras, « Intersezioni geosemantiche fra classico e neoclassico : la furlana », *Italogramma*, n° 17, 2019. Ravel l'avait insérée dans *Le tombeau de Couperin* (1914-1917). Sur la querelle tango-forlane, v. Enrique Cámara de Landa « Scandales et condamnations : l'introduction du tango en Italie (1913-1914) », in Ramón Pelinski (dir.), *Tango nomade*, *op. cit.*

201 Ébauche de paragraphe du chapitre II de *La Femme assise* (*Pr1*, p. 1341).

le faire exécuter. Il chercha à nouveau à le faire représenter en 1924 et, espérant peut-être obtenir une faveur immédiate, n'envoya que le livret d'Apollinaire aux directeurs de l'Opéra Comique, qui répondirent que

> Sans nier les qualités que peut présenter le poème de Guillaume Apollinaire il ne répond pas à l'un des genres divers que nous sommes disposés à accueillir à l'Opéra Comique ; ni sa construction, ni son exécution ne nous semble suffisantes.
>
> Pour traiter un sujet pareil, il faut une légèreté de touche, un esprit et, en même temps, une expérience dramatique que nous n'avons pas trouvé et nous avons l'impression qu'un livret aussi dénué de fantaisie et d'habileté ne peut que compromettre les chances du musicien qui assume la tâche difficile de lui donner son inspiration[202].

À la même époque (décembre 1924), Defosse participe avec *Casanova* à un concours organisé par la Ville de Paris[203]. Après avoir passé les premières sélections, la comédie parodique est exécutée (pour la première et unique fois) devant une importante commission composée de musiciens tels Widor, Messager et Charpentier. Les rapports finaux des juges reprennent les évaluations de l'Opéra Comique : « les livrets des partitions présentées sont vraiment très faibles et qu'alors même que la musique serait jugée intéressante, il semble malaisé de représenter au théâtre les œuvres dramatiques retenues, en raison de leurs défauts au point de vue scénique[204] ». *Casanova* ne remportera pas ce concours – surpassé par *Cyrca* de Marc Delmas, drame lyrique lourd et traditionaliste à décor grec[205] – mais recevra un prix de deux mille francs. Defosse abandonne alors tout espoir de faire jouer l'opéra, se limitant à diriger quelques pièces, comme le *Prélude*, avec certains de ses orchestres successifs.

Quelles peuvent bien être les raisons de l'échec de cet opéra, aussi paisible que sibyllin, et notamment de son livret ? Le sous-titre de *Casanova*, « comédie parodique », est peut-être la clé. Il reflète tout d'abord la mode contemporaine, qui consistait à caractériser les mélodrames au moyen

---

202 Louis Masson et Georges Ricou à Henry Defosse, 4 novembre 1924. BHVP, fonds Décaudin.

203 Sur ce concours et sur le destin de *Casanova*, v. Claude Debon, « Un prix pour *Casanova* », *op. cit.*

204 Cit. *ibid.*, p. 25.

205 « C'est un drame lyrique dont les quatre actes se déroulent à Tyr, vers 700 avant J.-C., dans une atmosphère de sang, de volupté et de mort qu'eût aimée Maurice Barrès » ; Paul Le Flem, « Les projets de nos compositeurs – M. Marc Delmas », *Comoedia*, 28 septembre 1925.

d'une appellation curieuse[206]. De plus, il fait de *Casanova* un ouvrage qui recueille des spécificités, des qualités, voire des *topoï* de la tradition mélodramatique ou littéraire pour les mélanger avec des intentions en partie satyriques, mais qui entendent surtout reconstruire la réalité à travers l'art. Cette « comédie parodique » peut être lue comme une parodie de la vie même de Giacomo Casanova, qu'Apollinaire connaissait très bien[207]. On sait que le personnage vénitien a souvent été qualifié d'« anti-Don Juan » et on pourrait voir *Casanova* comme une antithèse explicite au *Don Giovanni* de Mozart[208]. Cet opéra apparaît déjà dans *Toujours*, poème écrit peu de mois avant la comédie parodique (novembre 1917, *Calligrammes*) dans lequel Apollinaire parlait des « mille et trois comètes[209] » de Don Juan, autant que les femmes du *catalogo* célèbre. Casanova lui-même s'oppose au personnage de Mozart et Da Ponte dans son premier air : « Don Juan / Était tragique et triste / [...] Je commets des péchés, non des crimes. / Je suis gai, tendre et charmant / Je suis le meilleur des amants / Car j'aime légèrement[210] ». La façon dont il chante ces vers, tant pour leur ton grave que pour leur profil mélodique, est un écho clair de la dernière scène du *Don Giovanni* de Mozart et surtout du rôle du Commandeur. Casanova devient ainsi non seulement un « anti-*Don Giovanni* », mais aussi sa *némesis*, un deuxième festin de pierre. Si le protagoniste dérive de la tradition, Apollinaire infuse beaucoup de thèmes qui ont caractérisé sa poétique dans la figure de Bellino (dénommé Thérèse dans les *Histoires de ma vie*) : l'ambiguïté homme/femme, le déguisement, la toute-puissance créative de l'individu et même le contraste aux conventions traditionnelles et académiques. Bellino, « c'est une femme [qui] chante constamment dans la vérité de son registre. Le propos de la pièce est précisément de conduire à l'annulation du paradoxe de son

---

206 *Cf.* p. ex. Mila De Santis, « Opera o altro. Sul complemento del titolo nella drammaturgia musicale italiana del Novecento », in Marco Vincenzi (dir.), *Drammaturgie musicali del Novecento : teorie e testi*, Lucques, LIM, 2008.

207 *Cf.* Elisabetta Frecenon, « Le *Casanova* d'Apollinaire, ou les fidélités et les trahisons d'une biographie parodique », in Agnès Morini (dir.), *Figure, figures – Portraits de femmes et d'hommes célèbres, ou moins, dans la littérature italienne*, Saint-Étienne, Université de Saint-Étienne, 2002. V. aussi Claude Debon, « Apollinaire lecteur de Salmon, Casanova et quelques autres », *GA* 14.

208 V. p. ex. Félicien Marceau, *Casanova ou l'anti-Don Juan*, Paris, Gallimard, 1949 ; Giovanni Macchia, « Casanova et le *Don Juan* de Mozart », dans *Le théâtre de la dissimulation*, Paris, Gallimard, 1993.

209 *Po*, p. 237.

210 *Casanova* (*Po*, p. 972-973).

travesti. [...] Elle ne "parodie" pas, mais délivre la tradition lyrique de son équivoque[211] ». Le personnage multiple de Bellino-Thérèse conduit alors vers une interprétation parallèle de *Casanova* et des *Mamelles de Tirésias*, à partir du « choix d'un lieu ouvert comme cadre permanent de l'action [...], l'irruption de la danse, les frénésies de chants et de couleurs dont il est question dans le prologue des *Mamelles de Tirésias*[212] », mais aussi dans la présence d'une histoire d'amour qui oppose (au lieu d'unir) la femme à l'homme, ou encore dans un duel qui décrète la mort de deux personnages pour ensuite révéler que cette mort n'a jamais eu lieu.

Remarquons également que chaque protagoniste affiche les traits caractéristiques de certains personnages de mélodrames contemporains. Une ressemblance impressionnante révélée par Jacqueline Bellas, et bien qu'elle ne soit pas étayée par des preuves documentaires, est celle du trio Casanova-Marquise-Bellino avec le baron Ochs, la Maréchale et Octavian du *Rosenkavalier* de Strauss (1911)[213]. Dans une des premières études sur *Casanova*, la chercheuse a aussi réussi à retracer pas moins de vingt références au mélodrame classique ou contemporain, tant dans le texte qu'en ce qui concerne les caractéristiques des personnages et la structure générale de l'œuvre : on y trouve *Carmen*, *Manon*, *Faust* de Gounod, *Rigoletto*, *Samson et Dalila*, *Les Fêtes galantes* de Remacle[214], mais on pourrait aussi ajouter *Trovatore* et à nouveau *Pagliacci* pour la scène méta-théâtrale de la *Métamorphose galante*. Cependant, la mesure avec laquelle Apollinaire s'est approprié divers traits des opéras rend obscure l'identification de leur source originale, caractérisant ainsi ces emprunts davantage comme une simple utilisation parodique de *topoï* mélodramatiques. Se fait alors jour un désir évident de créer un collage d'épisodes et de structures communes aux mélodrames du XIXe siècle et de le combiner de façon parodique avec les thèmes chers à l'auteur.

D'autre part, il est troublant qu'Apollinaire tente, pour réaliser une telle opération, de s'intégrer à l'objet qu'il souhaite parodier. La parodie impose une certaine distance entre le sujet et l'objet, une rupture établie par la remise en question de l'objet parodié, avec des intentions plus ou moins burlesques. Chez l'Apollinaire de *Casanova*, cette distance ne peut

---

211 *Ibid.*, p. 88.

212 Claude Debon, « Apollinaire lecteur de Salmon », *op. cit.*, p. 78.

213 *Cf.* Jacqueline Bellas, « Apollinaire librettiste », *op. cit.*, p. 86-88.

214 *Ibid.*

pas avoir affaire à la sphère bourgeoise, avec laquelle il cherche le dialogue, ni paradoxalement à l'avant-garde, que notre auteur n'abandonnera jamais. Enfin, même la rupture avec les thèmes ou les images de la période d'avant-guerre n'est pas définitive. Cette situation nous amène à penser que la parodie ne constitue pas ici une attaque contre une idéologie artistique contraire, mais qu'elle est plutôt canalisée vers les ramifications du passé identifiables dans le présent et à l'origine de la guerre. Le poète éloigne la culture de sa jeunesse, la reconstruisant comme comédie lyrique sous forme d'un collage brillant. On se rapproche ici du comique bergsonien, c'est-à-dire de la « correction » d'une société artistique et politique désormais ruinée. La comédie parodique engage donc un dialogue de l'intérieur avec la bourgeoisie et la tradition, plutôt que de l'extérieur comme dans *Les Mamelles de Tirésias*, abolissant ainsi le conflit avec l'autre sphère (et l'autre *champ*) artistique et essayant de collaborer à la reconstruction de la réalité. Si *Les Mamelles de Tirésias* peuvent être considérées comme un drame de guerre (à la fois dans un sens chronologique et qualitatif/artistique), *Casanova* est une comédie d'après-guerre ; la paix et le bonheur rêvés par Apollinaire se situent dans un lieu extérieur au quotidien, qui présume et met en scène un contexte non conflictuel. C'est une comédie dans laquelle on ne recherche pas la confrontation ou la destruction des adversaires, mais le refuge dans une sérénité olympique, solaire, voire méditerranéenne, à l'abri des attaques de celui qui est perçu comme – ou qui est – l'ennemi. Enfin, ce que signifie peut-être l'expression « comédie parodique », c'est la recherche d'un dialogue qui, aussi farceur et ironique qu'il puisse paraître, réussit à remettre sur les rails le passé violent de l'avant-guerre.

La collaboration entre Apollinaire et Defosse, bien que nourrie d'estime mutuelle et de cordialité, ne semble pas avoir réussi à produire une œuvre efficace d'un point de vue mélodramatique. Quoi qu'il en soit, *Casanova* reste un témoignage valable de l'environnement socioculturel d'après-guerre, dans lequel vivent et travaillent des personnalités lointaines comme Apollinaire et Defosse, et dans lequel les décombres de la guerre seront débarrassés par de nouvelles et de plus brillantes idées, comme le naissant néoclassicisme. Mais cette œuvre reste aussi, et peut-être surtout, un document par lequel Apollinaire approuve définitivement la musique – *toute* la musique – et un témoignage supplémentaire de l'un des visages nombreux et sereins du génie apollinarien.

APOLLINAIRE DANS LA MUSIQUE ET LA PENSÉE MUSICALE

L'attitude ambiguë, conflictuelle et inconstante d'Apollinaire face à la musique a laissé des traces évidentes dans le testament culturel apollinarien. D'une part, la rareté de ses déclarations publiques sur la musique n'a pas empêché, et a parfois même encouragé, les jeunes musiciens à s'approprier son esthétique et sa poésie, à commencer par Jean Cocteau et le Groupe des Six. D'autre part, son acrimonie envers le public et le *bon goût* bourgeois a fourni une justification et un soutien à ceux qui ont tenté par la suite de détruire l'art traditionnel d'un point de vue esthétique et social, à savoir André Breton et les premiers surréalistes. Une troisième voie a été empruntée par des artistes qui ont croisé le chemin de notre poète et qui, volontairement ou non, ont absorbé au moins partiellement ses idées. C'est le cas, par exemple, d'Edgard Varèse, dont les liens avec la poétique d'Apollinaire sont nombreux et parfois évidents, surtout dans le domaine du simultanéisme et du bruit. Intéressons-nous dans un premier temps aux deux noms de Cocteau et de Breton, qui comptent parmi les plus importants disciples de notre poète et explorons, certes très rapidement, les relations entre leur musique et celle d'Apollinaire.

Les deux années (1916-1918) pendant lesquelles Cocteau et Apollinaire se fréquentent sont « fertiles en rebondissements de tous ordres et presque constamment troublé[e]s par des malentendus ou des méfiances réciproques[1] ». Cocteau, issu de la sphère bourgeoise, veut faire partie de l'avant-garde littéraire et picturale en tant qu'artiste et, si possible, comme chef de file[2]. Malheureusement (pour lui), Apollinaire domine. L'espace musical, en revanche, reste une terre en friche qui commence

1 Pierre Caizergues et Michel Décaudin, « Préface », in *Correspondance Jean Cocteau – Guillaume Apollinaire, op. cit.*, p. 7.

2 Malou Haine, « Jean Cocteau, impresario musical à la croisée des arts », in Sylvain Caron, François de Médicis et Michel Duchesneau (dir.), *Musique et modernité en France, op. cit.*

certes à se remplir de jeunes talents, mais qui manque toujours d'un véritable point de référence. Comme le dira Cocteau lui-même en se référant aux activités des Six : « la place était libre. Nous l'occupâmes. Dès 1916 commença notre révolution[3] ». L'absence d'une position apollinarienne ferme et décisive vis-à-vis de la musique est l'une des raisons qui ont conduit Cocteau à rassembler autour de lui les musiciens qui admiraient déjà notre poète, à les comparer aux peintres qui entourèrent Apollinaire – parmi les Six, « Germaine Tailleferre nous promet une Marie Laurencin pour l'oreille[4] » disait-il – et à prendre un nouveau chemin, dont Apollinaire fut le point de départ. Il n'est donc pas surprenant de retrouver, parmi les premières œuvres de Honegger, de Poulenc et de Durey, des œuvres basées sur ses textes : respectivement une sélection d'*Alcools* (1917) et deux *Bestiaires* (1919). Cocteau chercha très probablement à entretenir un dialogue *musical* avec Apollinaire. Ils partageaient certaines positions sur la tradition musicale du XIXe siècle et sur la nécessité d'un nouvel art total après Wagner. C'est peut-être la raison pour laquelle il invita notre poète à écrire le programme de *Parade*, le préférant à un musicologue ou à un musicien. Apollinaire était l'interlocuteur idéal pour déclarer avoir lu un livre d'art « pendant une symphonie où Beethoven répète 15 fois la même chose[5] ».

Le premier véritable ouvrage théorique de Cocteau, *Le Coq et l'Arlequin* (1918), est une sorte de *Méditations esthétiques* – le premier ouvrage théorique d'Apollinaire – sous forme aphoristique et consacrée à la musique. On y ressent la forte influence (terminologique et conceptuelle) de la critique d'Apollinaire, surtout en ce qui concerne l'anti-wagnérisme et le conflit avec la *Kultur*, l'anti-impressionnisme, la dépréciation de l'imitation dans l'art et le mépris de la surabondance d'éléments pathétiques ou décoratifs. Bien que le but de cette recherche ne soit pas de relire Cocteau à la lumière d'Apollinaire, il est indéniable que de nombreux aspects du *Coq et l'Arlequin* proviennent de l'esthétique de notre poète. Ainsi, lorsque Cocteau dit que « le public est choqué par le charmant ridicule des titres et des notations de Satie, mais [qu'] il respecte le formidable ridicule du livret de *Parsifal*[6] » ou que « le café-concert est souvent pur,

3 Jean Cocteau, *La difficulté d'être*, Paris, Éditions du Rocher, 1989 (I éd. 1947), p. 39.
4 Jean Cocteau, *Carte blanche*, Paris, La Sirène, 1920, p. 22.
5 Cocteau à Apollinaire, février 1918. *Correspondance Jean Cocteau – Guillaume Apollinaire*, *op. cit.*, p. 67.
6 Jean Cocteau, *Le Coq et l'Arlequin*, Paris, La Sirène, 1918, p. 27.

le théâtre toujours corrompu[7] », on croirait lire un appendice à *Musique nouvelle* ou à *L'Esprit nouveau*. Le vide général laissé par notre auteur est transformé par Cocteau en une nouvelle structure, dont l'architecte inconscient est, pour beaucoup, Apollinaire lui-même.

Le cas d'André Breton commence par ce même vide. Comme Cocteau, il tente de perpétuer les idées d'Apollinaire après sa mort, s'appropriant le terme *surréalisme*, mais abandonnant progressivement l'estime inconditionnelle réservée à son vieux maître pour des raisons sociales et esthétiques[8]. Néanmoins, il est bien connu que la musique ne semble avoir aucune importance pour Breton. Son influence – d'ailleurs peu partagée par nombre de ses collègues[9] – sera responsable du silence de presque tous les écrits produits par le mouvement surréaliste sur la musique : elle n'est pas considérée comme un art capable d'exprimer un art surréaliste[10]. D'Apollinaire, Breton assimila en premier lieu l'identification de la musique savante et surtout du mélodrame à la bourgeoisie et à ses « orgies de bon goût ». Il demeura pourtant tiède à l'égard de la musique populaire et de la nouvelle mode, le jazz, qu'aimaient beaucoup d'autres surréalistes. En second lieu, il hérita d'une idée de la musique comme art totalement apte à devenir complètement *pur*, c'est-à-dire déconnecté de tout rapport imitatif avec la réalité. Breton, cependant, lit ces propriétés comme négatives et tente de séparer la musique des arts qui peuvent rendre compte de l'inconscient et former les images qui en sont issues, éléments de base de la révolution surréaliste.

> À ces divers degrés de sensations correspondent des réalisations spirituelles assez précises et assez distinctes pour qu'il me soit permis d'accorder à l'expression

---

7 *Ibid.*, p. 33.

8 Sur ces arguments, *cf.* Jean-Gérard Lapacherie, « Breton critique d'Apollinaire : les *Calligrammes* comme bégaiement », *Que vlo-ve ?*, n° 14, 1985 ; Willard Bohn, *The Rise of Surrealism*, *op. cit.*, p. 121-139.

9 Dans un sondage publié dans *Littérature* où on demandait le nom du musicien préféré, sur 11 surréalistes, seuls Breton et Fraenkel ont répondu « Aucun » ; les autres ont exprimé leur préférence pour des musiciens classiques, la musique afro-américaine ou, dans le cas de l'excentrique Peret, pour le bruit. André Breton et Philippe Soupault (dir.), « Quelques préférences », *Littérature*, n° 2, 1922, p. 1-4.

10 À l'égard de la musique dans le surréalisme, v. Sébastien Arfouilloux, *Que la nuit tombe sur l'orchestre – Surréalisme et musique*, Paris, Fayard, 2009 ; Henri Gonnard, « La voix et le surréalisme, une rencontre problématique », in Pascal Lècroart et Frédérique Toudoire-Surlapierre (dir.), *Éclats de voix – L'expression de la voix en littérature et en musique*, Paris, L'improviste, 2005.

> plastique une valeur que par contre je ne cesserai de refuser à l'expression musicale, celle-ci de toutes la plus profondément confusionnelle. En effet les images auditives le cèdent aux images visuelles non seulement en netteté, mais encore en rigueur et, n'en déplaise à quelques mélomanes, elles ne sont pas faites pour fortifier l'idée de la grandeur humaine[11].

Cette distinction semble faire écho à la définition d'Apollinaire selon laquelle la musique « procède par suggestion » et est donc plus indéfinie et ambiguë que la peinture, à laquelle on peut aisément confier la tâche de réorganiser la réalité. Mais si notre poète attribue à la musique la faculté de guider les autres arts, car elle est la seule qui soit potentiellement non imitative, Breton va jusqu'à transformer la *pureté* de la musique en *confusion*. La suggestion dont parlait Apollinaire est transformée par le surréaliste en son contraire ; le manque de détermination tombe du piédestal de la perfection et est entraîné dans les abîmes du chaos. « Que la nuit continue donc à tomber sur l'orchestre », concluait Breton.

Si les exemples de Cocteau et de Breton montrent comment le rapport d'Apollinaire à la musique s'est essentiellement vidé de sa substance, les études de Marc Battier et de Brian Kane émettent l'hypothèse que certaines des idées musicales de notre auteur ont formé un courant souterrain apparu quelque trente ans après sa mort sous la forme d'une *musique acousmatique*[12]. Par définition, ce type de musique sépare le son de sa source en introduisant la technologie comme moyen de diviser et de réorganiser les deux éléments. La musique acousmatique, créée à la fin des années 1940 par Pierre Schaeffer et le Groupe de Recherches Musicales (GRM), s'est peut-être penchée sur certaines œuvres d'Apollinaire, qui prévoient la séparation entre le son et sa source et leur remaniement. Selon Battier, des exemples clairs se retrouvent dans la *Symphonie du monde* du Roi-Lune, ainsi que dans les poèmes de l'époque de Stavelot intitulés *Acousmate* et dans certains calligrammes comme *Aussi bien que les cigales*, dans lequel une représentation du bruit qui correspond à la définition d'acousmate (« bruit de voix ou d'instruments qu'on croit entendre dans l'air[13] »). Même si *acousmate* et *acousmatique* sont liés par

11 André Breton, *Le surréalisme et la peinture*, Paris, Gallimard, 1965 (I éd. 1928), p. 1-2.

12 Marc Battier, « What the GRM brought to music : from musique concrète to acousmatic music », *Organised Sound*, n° 12, 2007 ; et « De la symphonie du monde à la symphonie de bruits », *op. cit.* ; Brian Kane, *Sound Unseen : Acousmatic Sound in Theory and Practice*, Londres, Oxford University Press, 2014, p. 73-94.

13 V. chap. 1.

une origine étymologique commune, la genèse du dernier terme – inventé par Jérôme Peignot, fils de la soprano Suzanne, amie intime de Poulenc et des Six – passe selon Battier et Kane par Carol-Bérard et par son essai *Recorded noises ? Tomorrows's instrumentation* (1929)[14], ce qui renforcerait les preuves d'une ascendance apollinarienne. On pourrait ajouter aussi à ces écrits le paragraphe de *L'Esprit nouveau et les poètes* dans lequel Apollinaire, prolongeant les effets de la *Symphonie du monde* jusqu'à l'après-guerre et prévoyant l'idée *acousmatique* de « poète phonographiste », demande aux poètes de construire « un poème ou une symphonie composés au phonographe [qui] pourraient fort bien consister en bruits artistement choisis et lyriquement mêlés ou juxtaposés[15] ».

Quoi qu'il en soit, on sait qu'Apollinaire n'a jamais été poète phonographiste de son vivant ; il le deviendra pourtant après sa mort. Bien qu'il n'aime ni sa voix ni sa façon de lire la poésie, Apollinaire a la chance de participer à un projet pour les Archives de la Parole conçu et organisé par Ferdinand Brunot, un des premiers linguistes de la Sorbonne. Le 24 décembre 1913, Apollinaire récite devant un microphone de phonographe *Le pont Mirabeau*, *Marie* et *Le Voyageur* (*Alcools*)[16]. Ces enregistrements représentent les seuls témoignages qui nous restent de sa voix, probablement l'une des parties les plus incontournables de sa personnalité. La voix d'Apollinaire, sa sonorité, son rire surtout a impressionné tous ceux qui l'ont entendue en personne. Breton écrit que « son rire, à de tous autres propos, faisait le même bruit que sur la vitre une première rafale de grêle[17] » ; Cocteau dit que son « rire ne sortait pas de sa bouche. Il arrivait des quatre coins de l'organisme. Il l'envahissait, l'ébranlait, lui imprimait des saccades[18] ». Non pas que sa diction, sa façon de parler, soient exceptionnelles, bien au contraire ; plusieurs témoins racontent son incapacité à exprimer la beauté de ses propres vers par la lecture qui, souvent et comme dans ces enregistrements, était monotone. Mais les significations cachées dans l'inflexion

14 V. chap. 2.

15 *L'Esprit nouveau et les poètes* (*Pr2*, p. 947).

16 Sur ce projet, v. « La vie anecdotique – Les archives de la parole », *Mercure de France*, 1er juillet 1914 (*Pr3*, p. 214). Michel Murat, « Dire la poésie en 1913 : les Archives de la parole de Ferdinand Brunot », in Jean-François Puff (dir.), *Dire la poésie ?*, Nantes, Cécile Defaut, 2015.

17 André Breton, *Anthologie de l'humour noir*, Paris, Pauvert, 1966 (I éd. 1940), p. 411.

18 Jean Cocteau, *La difficulté d'être*, *op. cit.*, p. 118.

de sa voix – totalement dépourvue d'accent dialectal, entre autres – dans ses accents et dans son ton, ont enrichi ses mots d'aspects non perceptibles à la simple lecture de la page écrite[19]. Francis Poulenc déclarait : « Chose capitale : j'ai entendu le son de sa voix. Je pense que c'est là un point essentiel pour un musicien qui ne veut pas trahir un poète. Le timbre d'Apollinaire, comme toute son œuvre, était à la fois mélancolique et joyeux[20] ». Ou encore : « un vieux disque d'Apollinaire [...] [renseigne] beaucoup mieux sur [ses] secrets poétiques que de divagantes exégèses[21] », et, ajoutons-nous, permet de dévoiler en partie les énigmes que la *petite musique* disparue et l'absence de ponctuation dans ses poèmes posent à qui voudrait interpréter le rythme et le sens de certains passages poétiques.

Il n'est donc pas surprenant que sa voix même soit devenue la base de quelques expériences musicales, mélangeant le son et le bruit à la lecture de ses poèmes tels qu'ils avaient été enregistrés en 1913, et transformant finalement Apollinaire en poète phonographiste. Un exemple est celui du *Guillaume Apollinaire* de Peter Ablinger, premier d'une série de 80 *portraits* de voix célèbres contenus dans *Voices and piano* (commencé en 1998), où l'instrument suit le contour vocal, la prosodie et les inflexions sans accompagner vraiment la lecture, dans une espèce de comparaison simultanée entre deux langages différents. Une autre opération sur la voix d'Apollinaire a été réalisée par DJ Spooky (Paul D. Miller) en 2004, qui a considéré la lecture du *Pont Mirabeau* comme faisant partie d'un continuum artistique, géographique et temporel, et, à ce titre, proche ontologiquement de multiples autres expressions sonores[22]. Il l'a superposée à une composition du suédois Carl Michael von Hausswolff et juxtaposée à une pièce du musicien gnaoua Abdenbi Binizi, créant ainsi un environnement sonore qui non seulement mêle parfaitement le son de voix d'Apollinaire à des sonorités apparemment inconciliables, mais place aussi *Le pont Mirabeau* hors du temps et de l'espace.

---

19 Une analyse poétique de ces enregistrements se trouve dans Michèle Aquien, « La voix d'Apollinaire », *Poétique*, n° 111, 1997.

20 Francis Poulenc, « Mes mélodies et leurs poètes », *Conferencia*, n° 36, 1947, p. 520.

21 Francis Poulenc, *Moi et mes amis*, Paris-Génève, La Palatine, 1963, p. 133.

22 Sur ce concept, v. Paul D. Miller, *Rhythm Science*, MIT Press, Cambridge (MA), 2004.

MUSIQUES POUR APOLLINAIRE

Si l'on exclut le cas particulier de *Casanova*, Apollinaire ne pensait pas que ses poèmes seraient un jour mis en musique. Néanmoins, lorsqu'il eut l'occasion d'écouter les mélodies créées sur ses poèmes par Honegger et Carol-Bérard, il ne fit pas du tout preuve d'hostilité, mais sembla satisfait, voire enthousiaste. Inversement, pour les musiciens, les poèmes apollinariens et Apollinaire lui-même ont toujours semblé très *musicaux*. Au début des années 80, un groupe post-punk britannique assez réussi a pensé prendre le nom de notre poète : The Apollinaires – bien plus par assonance drôle avec des groupes célèbres comme The Jordanaires que par affinité avec sa poétique, comme l'a avoué l'ancien batteur du groupe, l'acteur Kraig Thornber[23]. Le groupe de rock new-yorkais Les Sans Culottes lui a même dédié une chanson, dont le refrain est basé sur la musicalité de son nom : « Born in Rome, near the Spanish Stairs / A guy called Guy, Guy Apollinaire / A nom de plume, a nom de guerre / For nursing poetry like an au pair » (*Apollinaire* dans l'album *Faux realism*, 2002). Peu d'artistes ont cependant tenté de poursuivre la pensée musicale de notre poète, tandis que seuls quelques-uns ont cherché à aborder son œuvre en étudiant attentivement son style poétique ou ses conceptions générales sur l'art.

La disparité de style, d'époque et de formation des quelques cent-vingt musiciens qui, en un peu plus d'un siècle, ont mis en musique les textes d'Apollinaire est tout à fait évidente. Depuis 1965, des listes ont été rédigées pour suivre et tracer les activités des musiciens qui travaillent sur les paroles d'Apollinaire, sans jamais atteindre une exhaustivité complète[24]. Ce catalogue devrait être en constante expansion, puisque les dernières œuvres tirées des textes de notre poète datent de 2019 (une version *a cappella* du *Pont Mirabeau* [*Utakatano Koi*] par le groupe japonais Ensemble Planeta, par exemple ; en 2018 sont parus *Hôtels* de John Greaves et *L'adieu* d'Enrico Pieranunzi), sans parler des innombrables

23 Communication personnelle, 4 juillet 2020.

24 Le catalogue raisonné le plus récent est celui de Ikuko Morita, « Apollinaire en musique. Discographie sélective », *Revue des sciences humaines*, n° 3, 2012 (« Apollinaire en archipel », n° monographique 307, éd. L. Campa).

enregistrements, reprises, rééditions de pièces du passé constamment reproposées par le marché du disque – et en excluant du décompte des musiciens les amateurs, les semi-professionnels, les interprètes de chansons d'autrui ou les simples exécutants, dont le nombre s'élèverait au moins à 650 personnes.

Si l'on exclut la musique composée du vivant de notre auteur, l'histoire de la mise en musique d'Apollinaire commence quelques mois après sa mort, au printemps 1919, lorsque Francis Poulenc et Louis Durey écrivent chacun un *Bestiaire*, le premier ne comportant que six poèmes, le second reprenant presque l'intégralité du texte d'Apollinaire. Un tournant remarquable – qui aurait certainement plu à l'esprit flâneur de notre poète – se produisit lorsqu'en 1950, Louis Bessiéres met en musique *Saltimbanques* et le confie à Yves Montand ; suivront *Le pont Mirabeau* de Léo Ferré (1952) et *Les cloches* de Juliette Greco (musique de Henry Patterson, 1953) : c'est ainsi qu'Apollinaire entre dans le monde de la musique de masse.

Grâce à l'intensité plus profonde avec laquelle, dans la seconde moitié du XXe siècle, les traductions de poèmes et les recherches internationales sur la poétique d'Apollinaire se sont succédées, les textes d'Apollinaire furent mis en voix et en musique par de musiciens appartenant à des cultures très éloignées : la Russie avec Chostakovitch, la Roumanie avec Nicu Alifantis, le Vietnam avec Pham Duy et, plus récemment, le trio Đai Lâm Linh. En excluant le cas particulier des cent-quatre intonations du musicologue et compositeur Robert Caby, dont plusieurs sont restées inédites[25], il est évident que le compositeur apollinarien le plus prolifique de tous les temps a été Francis Poulenc : l'étude et l'amour de ses textes l'ont amené à composer pas moins de trente-cinq mélodies – incluses dans plusieurs recueils, dont *Bestiaire* (1919), *Banalités* (1931) et *Calligrammes* (1948) – et l'opéra bouffe *Les Mamelles de Tirésias*, sur lequel nous reviendrons ultérieurement. Avec Guillaume, Poulenc a « trouvé [son] véritable style mélodique[26] » et de nombreuses études musicologiques sur la relation Apollinaire/Poulenc constatent l'efficacité et la fécondité des œuvres qui en sont le produit[27]. Marie Laurencin le

25 Sur Caby, v. Thierry Bodin, « Robert Caby, musicien-poète. Brève esquisse » et Robert Caby, « Cent poèmes d'Apollinaire », dans *Que vlo-ve ?*, n° 33, 1990.

26 Francis Poulenc, *Diary of my songs – Journal de mes mélodies*, Londres, Gollancz, 1989 (I éd. 1964), p. 26.

27 Je renvoie à la bibliographie contenue dans l'ouvrage excellent de Hervé Lacombe, *Francis Poulenc*, Paris, Fayard, 2013.

confirme également : « je chantonne comme je peux ton *Bestiaire* et tu ne peux pas savoir Francis Poulenc comme tu as pu rendre la nostalgie et la mélopée de ces admirables quatrains. Et ce qui me cause presque de l'émotion, on dirait la voix de Guillaume Apollinaire quand il récitait ses vers[28] ». Poulenc a proposé la poésie apollinarienne sous forme musicale d'une part en essayant de faire revivre l'époque d'Apollinaire, c'est-à-dire sa propre jeunesse, en utilisant le poète comme moyen pour faire surgir un temps heureux et héroïque, de l'autre en absorbant les structures morphologiques et formelles, ou « le son spécial de sa voix, mi-ironique mi-mélancolique[29] », qui caractérisera nombre de ses mélodies. Avec une expression heureuse, Jacqueline Bellas définit les versions musicales de Poulenc comme une « lanterne de projection, [qui] donne plus d'ampleur aux mots, leur apporte une résonance qui rend beaucoup plus accessibles à la sensibilité de l'auditeur les textes [...] qu'une trop riche densité d'images fait paraître obscurs[30] ». On peut d'autre part aisément remarquer que le style de composition de Poulenc – qu'il soit vocal ou instrumental – est basé sur la juxtaposition de vers, d'images ou de souvenirs traduits en musique. Certes, cette technique descend de Debussy, de Satie ou de Stravinsky, mais elle ressemble aussi beaucoup à la façon dont Apollinaire a essayé de réunir dans un même poème, comme un « brocanteur[31] », pour paraphraser Duhamel, les voix et les objets les plus variés du monde contemporain et du passé récente. Poulenc a acquis cette technique de notre poète et il en a presque fait sa marque de fabrique : il « n'était pas tant un “créateur” au sens de Beethoven qu'un “collectionneur” de ce que pouvaient être les objets éphémères de la vie quotidienne[32] », disait Wilfrid Mellers.

> Apollinaire – ajoute Hervé Lacombe – est pour Poulenc un double qui le précède et lui montre la voie. Tous deux sont des visuels procédant par un réseau de correspondances entre le monde extérieur et leur territoire intérieur. Par un jeu subtil de similitudes et d'échos sensibles le musicien trouve chez le poète le matériau langagier, les thèmes, le style et la forme idéals. Il ne

28 Laurencin à Poulenc, septembre 1921. Francis Poulenc, *Correspondance*, éd. M. Chimènes, Paris, Fayard, 1994, p. 136-137.

29 Francis Poulenc, *Moi et mes amis*, *op. cit.*, p. 63.

30 Jacqueline Bellas, « Apollinaire et Poulenc », *op. cit.*, p. 50.

31 Georges Duhamel, « *Alcools* d'Apollinaire », *Mercure de France*, 16 juin 1913, p. 800.

32 Wilfrid Mellers, *Francis Poulenc*, Oxford, Oxford University Press, 1993, p. 70.

> s'agit cependant pas d'illustration ou de reconstitution. Plus qu'une analyse, il accomplit un exercice d'empathie[33].

La plupart des textes choisis par Poulenc sont tirés du recueil posthume *Il y a* (1925), qui contient de nombreux poèmes écrits entre 1904 et 1917. D'autres font partie de *Calligrammes*, comme le cycle de mélodies homonyme. *Alcools* en revanche était « suffisamment lyrique[34] » – c'est-à-dire déjà musical en soi, selon Poulenc – et il n'y puisera que trois fois, avec *Marie*, *La blanche neige* (dans *Sept chansons*, 1938) et *Rosemonde* (1955).

Dans le domaine populaire, en revanche, on se souvient de Léo Ferré pour son long et complexe *oratorio* sur la *Chanson du mal-aimé* (1952-1953) et pour les sept chansons qu'il a publiées (d'autres restent inédites), toutes tirées d'*Alcools* : *Le pont Mirabeau* (1952), *Marizibill* (1969), *L'adieu* (1970, face B du 45 tours qui contient *Avec le temps*), *Marie* (1973 et 1986), *La porte* (1984), *Les cloches et la tzigane* (1986), *Automne malade* (1990). Lui aussi partageait avec Apollinaire ce côté mi-ironique mi-mélancolique et notre poète fut, pour lui comme pour Poulenc, une lumière et un guide à travers la poésie et le lyrisme. Selon le chanteur monégasque, par ailleurs ami de Breton et d'Aragon, « il y avait trois grands poètes (enfin, en France) au dix-neuvième. Maintenant, au vingtième, il y en a un, hein ! [...] C'est le grand poète Apollinaire. Et il m'a beaucoup aidé, en le lisant je crois que j'ai trouvé mon chemin[35] ». Baudelaire est en réalité le prince des poètes pour Ferré, mais il avoue à ce prince même : « Apollinaire a pris de toi ce qu'il pouvait et puis réinventé le Verbe[36] ». Notre poète est le modèle sur lequel le chanteur, comme il en témoigne lui-même, a construit la manière d'écrire ses paroles musicales : « du point de vue poétique, j'ai surtout été influencé par Apollinaire. Il a tout inventé, dans le style, dans la voix, dans le choix des mots, dans les images... il avait cette espèce de parole d'avant la parole, il parlait comme un grand oiseau sur la pierre[37] ». Ferré finit parfois même par s'identifier à Guillaume, en partie grâce à leurs liens

33 Hervé Lacombe, *Francis Poulenc*, *op. cit.*, p. 170.

34 Jacqueline Bellas, « Apollinaire et Poulenc », *op. cit.*, p. 49.

35 Ferré à l'émission *Apostrophes*, 4 juillet 1980 ; transcrit dans Léo Ferré, *Vous savez qui je suis, maintenant ?*, éd. Q. Dupont, Monaco, La mémoire et la mer, 2003, p. 375.

36 Léo Ferré, « À Charles Baudelaire », dans les notes aux concerts *Ferré chante les poètes* au Théâtre Libertaire de Paris (TLP-Déjazet), 28 octobre – 16 novembre 1986, p. 8.

37 Cit. *ibid.*, p. 6.

avec Monaco – Apollinaire y avait étudié dans son enfance –, en partie parce qu'il sent le devoir d'exprimer musicalement les sentiments que le poète avait énoncés des années auparavant. Ce sont quelques-unes des raisons pour lesquelles il passa une année entière à écrire les musiques de la *Chanson du mal-aimé, oratorio* pour quatre voix solistes – ensuite réduites à une voix d'acteur-chanteur (1972) –, chœur et orchestre. « Tout ce "mal aimé" – moi – mes tonnes de papier à quarante portées bien noires. Quarante portées à chemins de croix, avec parfois, quelques stations à cigarettes. Un an plié, sous la *manus* de ce Guillaume. Un an de mal au dos, de mal aux yeux et à l'imaginaire. Un an de devoirs, de rigueurs, dans la fumée de poêle fumeur[38] ». Les résultats de cette année troublée, comme nous le verrons, peuvent toutefois être comptés parmi les plus hautes œuvres non seulement du répertoire de Ferré, mais aussi de l'ensemble des mises en musique de la poésie d'Apollinaire.

Un seul poème fut mis en musique aussi bien par Poulenc que par Ferré (suivis par Pierre Perret [1974] et Jacques Chailley [1993]) : *Marie.* Pour Poulenc, ce poème devient une pièce chorale « qui sautille » en tonalité mineure jusqu'à l'illumination finale – presque une transfiguration –, dans laquelle le dernier accord se transforme en majeur. Pour Ferré, il s'agit d'une chanson mélancolique et désespérée dans laquelle le nom de Marie est invoqué sans cesse jusqu'à la fin du morceau.

D'un point de vue général, Apollinaire est pour les musiciens synonyme d'*Alcools* ; les poèmes issus des recueils ultérieurs et posthumes sont choisis dans une moindre mesure, avec une préférence évidente pour ceux de *Il y a* et du *Guetteur mélancolique*, même si certaine attention a également été portée à *Bestiaire.* Il n'est pas surprenant que de véritables calligrammes ou des poèmes-conversation aient été très rarement mis en musique, compte tenu de leur difficulté d'interprétation et de déchiffrement. *Alcools* est certes une œuvre difficile en raison de la complexité de ses formes, mais elle est captivante par le soin pris à sa structure et par ses thèmes (amour, mélancolie, temps qui passe, *etc.*). Si ce recueil reste le préféré des musiciens, c'est peut-être qu'on peut y sentir un « courant semblable à un influx musical[39] » qui traverse tous les poèmes et qui

38 Léo Ferré, « Il y a vingt ans que je n'écris pas de musique », notes d'accompagnement à *Léo Ferré chante et dirige la Chanson du mal-aimé de Guillaume Apollinaire*, LP, Barclay – 90363, 1972.

39 Jacqueline Bellas, « Apollinaire et Poulenc : peut-on mettre *Alcools* en musique ? », *AM*, p. 52.

frappe la majorité des artistes – mais repousse Poulenc – précisément parce qu'il est *déjà* musical.

Le fait qu'*Alcools* soit intrinsèquement musical explique le nombre de musiques écrites spécifiquement pour accompagner sa récitation par des acteurs ou, à l'inverse, la tendance assez répandue à utiliser ses poèmes dans des chansons, sans leur donner de nouvelle mélodie. Dans le premier cas, on trouve par exemple les musiques composées et exécutées par le quintet jazz de Derry Hall (avec Roger Guérin à la trompette) qui accompagnent les lectures de Gérard Philipe dans le film fantastique *Un charlatan crépusculaire* (1958) de Jean Cherasse ; ou aussi les commentaires musicaux pour petit ensemble, composés par Pierre Froidebise pour la *Chanson du mal-aimé* (1958). Ces musiques cherchent à prolonger l'atmosphère du poème, ou parfois à l'illustrer à travers des jeux sonores, sans empiéter sur la récitation. Dans le deuxième cas, on peut signaler *Le pont Mirabeau* de Serge Reggiani (1963, musique de Louis Bessières) et de Mouloudji (1968) ; *Petit colibri* (trait de *Zone*) du groupe electropop Vive la fête (2009), dans lequel les vers d'*Alcools* sont utilisés pour leur puissance rythmique ; l'incipit de *Cara sposa* d'Arielle Dombasle (2000), remaniement du début de la *Chanson du mal-aimé* ; et la partie finale de *La collectionneuse* écrite par Beck pour Charlotte Gainsbourg (2009), dans laquelle se mêlent trois poèmes apollinariens.

De nombreux autres cas d'hybridité poétique, théâtrale et musicale se retrouvent dans l'interprétation des poèmes d'Apollinaire, qu'ils appartiennent ou non à *Alcools*. Citons en unique, mais précieux exemple le spectacle *Poèmes à Lou* de Jean-Louis et Marie Trintignant (1999), dans lequel l'interprétation scénique des poèmes rencontre et fusionne avec la musique réalisée par Daniel Mille (accordéon) et Paul Baile (saxophone) à partir de certaines partitions de Satie.

D'autre part, si *Alcools* reste le recueil de prédilection des compositeurs, cela est également le fait de l'âme duelle d'Apollinaire et de ses deux faces, tournées vers l'Ordre et vers l'Aventure – comme il le disait lui-même dans *La jolie rousse.* Elles correspondent entre autres, selon Roger Rothman, au « triomphe et l'enthousiasme d'un côté, l'ironie et la mélancolie de l'autre[40] ». Entre ces deux aspects, les musiciens choisirent, à de rares exceptions près, le second aspect, celui mélancolique

40 Roger Rothman, « Modernist melancholy : Guillaume Apollinaire and Francis Picabia after 1912 », *French Cultural Studies*, vol. 20, n° 1, 2009, p. 10.

de *L'adieu* ou du *Pont Mirabeau*, et celui ironique de *Saltimbanques* et d'*Hôtels*. L'Apollinaire *enthousiaste*, celui qui écrivait *Lettre-Océan* ou qui brisait la langue, la syntaxe et la perception avec *Lundi rue Christine*, sera laissé de côté par les mêmes compositeurs qui avaient adopté un langage musical novateur et avant-gardiste. Ils trouvaient plus d'affinité avec l'humeur sombre de certains textes qu'avec des techniques poétiques audacieuses. On doit noter en marge qu'un poème hardi comme *Zone*, texte capital de la poétique apollinarienne, a très rarement rencontré la faveur des musiciens, tandis que *Chantre*, qui est musique en soi, n'a fait l'objet que d'une expérience pour ainsi dire artificielle menée par l'Université de Rennes : en 1995, des chercheurs demandèrent à cinq compositeurs (Alain Bioteau, Arturo Gervasoni, Drake Mabry, Marc Poissenot et Catherine Schneider) de mettre en musique le *vers-univers*[41]. Il n'y a cependant pas de corrélation stable entre le style ou le genre musical et le ton des paroles apollinariennes : *L'adieu*, par exemple, sera mis en musique à la fois comme une chanson et comme un morceau cultivé. On peut en dire autant de *Saltimbanques* ou du *Pont Mirabeau*. Ce mélange de styles et de genres reflète inconsciemment la poétique même d'Apollinaire, aussi passionné par les cafés-concerts que par la musique de Savinio.

À bien y regarder, certains poèmes d'Apollinaire requièrent une attention analytique singulière, tant par la quantité de musiciens qu'ils ont intéressée que par leur qualité. Il s'agit par exemple du texte qui compte le plus grand nombre de mises en musique, surtout dans la sphère populaire, *Le pont Mirabeau*. C'est également le cas du *Bestiaire*, intéressant pour son caractère intermédia, ou de *L'adieu*, de *Saltimbanques* et de *La Chanson du mal-aimé*, mis en musique dans des domaines stylistiques, géographiques et chronologiques très différents. Outre ces travaux, de nombreuses autres mises en musique mériteraient d'être analysées en détail ou, du moins, d'être mentionnées à cause de l'importance de leur auteur. Je parle notamment de chansons comme *Si je mourais là-bas* de Jean Ferrat (1966) et *Marizibill* de Bernard Lavilliers (1971) ; de mélodies comme *Automne* de Lennox Berkeley et *L'adieu du cavalier* de Germaine Tailleferre (toutes deux de 1963 et composées en mémoire de Poulenc), ou aussi des ouvrages pour soprano et orchestre d'Ernesto

41 Yves Krier, « Cinq créations musicales sur *Chantre* – Processus et réflexions », *Que vlo-ve ?*, nº 24, 1996.

Halffter (*Automne malade*, 1929) et Bogusław Schaeffer (*Poezje Guillaume'a Apollinaire'a*, 1949) ; de la fusion d'*Il pleut* avec *Aussi bien que les cigales* dans l'œuvre pour six chanteurs et *live electronics Creuser pour bien sortir au soleil* de Jens-Peter Ostendorf (1979) ; de l'*oratorio* héxatonique *La maison des morts* (1953-1956) et des huit *Rhénanes d'automne* d'Antoine Duhamel ; ou enfin de *Sympathique*, la version pop-swing de *Hôtels* par les Pink Martini (1999). Nous nous limiterons ici à mettre en évidence les caractères principaux de certaines des œuvres les plus significatives, sans aucune prétention d'exhaustivité, et de renvoyer l'analyse détaillée de la relation poème/musique aux études spécifiques sur chaque composition et sur leurs compositeurs respectifs.

LE PONT MIRABEAU

Le pont Mirabeau est peut-être le poème d'Apollinaire le plus connu, tant en France qu'à l'étranger, et c'est probablement la raison pour laquelle il reste le plus mis en musique. Son succès est fondamentalement dû à son thème, la fin d'un amour, et à sa forme strophique, avec un court refrain soutenu par l'omniprésence des rimes. On a donné plusieurs interprétations du *Pont Mirabeau* et les analyses littéraires ont surtout insisté sur les images symboliques – l'eau, le temps, *etc.* – et sur la forme particulière des strophes et du refrain, qui d'une part contredisent la régularité des rimes[42], de l'autre entrent en collision avec l'interprétation régulière et presque schématique du poème faite par Apollinaire lui-même dans l'enregistrement pour les Archives de la parole. Une certaine banalité poétique mêlée au raffinement des vers et de leur signification ont permis au poème à la fois de franchir les frontières nationales – il existe par exemple une version en tchèque de Lukáš Hurník (1991) et une en anglais par The Pogues (2004) – et de faire constamment l'objet de nouvelles reprises artistiques et musicales par de nombreux artistes, y compris amateurs.

Les deux formes les plus exploitées pour la mise en musique du *Pont Mirabeau* sont certainement la mélodie et la chanson pop, folk ou généralement légère, quoique certains musiciens, comme Jean Absil (1969), Lionel Daunais (1978) ou le groupe *a cappella* Pow woW (1995) l'aient

42 *Cf.* Alexander Dickow, « Une élégie (pas) comme les autres : *Le Pont Mirabeau* », *Revue des sciences humaines*, n° 3, 2012 (« Apollinaire en archipel », n° monographique 307, éd. L. Campa).

transformée en pièce chorale. On peut écouter les mélodies de Louis Beydts (1940), Georges Dandelot (1944), Jean Apothéloz (1952), Jean Rivier (1959), Howard Skempton (2004) et Will Todd (2004) ; et les chansons écrites et/ou interprétées par Léo Ferré (1952, chantée aussi par Yvette Giraud), Jacques Lasry (1954, confié à Michèle Arnaud, Hélène Martin et autres), Henri Tachan (1991), Jeanne Mas (2000), Marc Lavoine (2000), Sophie Auster (2005), Chanson plus bifluorée (2011), Desireless & Operation of the Sun (2015) et Margot Galante Garrone (2016). Des expérimentations plus ou moins réussies ont été faites également dans le champ de la musique électronique (DJ Spooky, 2004) ; du nu-soul (Brian Jackson et Mr Goo, 2011) ; de la musique savante d'avant-garde, dans la version en forme de madrigal de Hurník, ou pour deux sopranos, transcrite aussi pour deux clarinettes, de Manfred Trojahn (1993) ; ou enfin du parlé-chanté et de la récitation, comme dans les cas susmentionnés de Reggiani et de Mouloudji, et des Têtes Raides (2013).

La tendance générale est de retravailler la structure de la poésie en régularisant les vers en triolets et en couplets, à l'instar de la première version du *Pont* publiée, avec ponctuation, dans *Les Soirées de Paris* (1912). Il s'agit d'un choix visant à privilégier les mots clés à la fin de chaque vers. S'ils sont déjà mis en évidence par les rimes et occupent donc une valeur rythmo-mélodique particulière, ils permettent également de mieux délimiter le contenu du poème. Cette tendance est associée à la propension commune à utiliser les mesures à trois temps, probablement pour montrer « la circularité fluide [qui] accompagne la mélancolie d'un temps qui passe[43] ». L'idée d'un mouvement en trois temps, associé à la fluidité de l'eau, est remaniée dans la mélodie de Howard Skempton, qui construit une fausse valse constamment changeante, ou par les One Ring Zero, qui écrivirent la chanson chantée par Sophie Auster et dont la ligne vocale repose sur un rythme général déphasé alternant des mesures de trois et quatre quarts (« la Seine qui coule continue à couler, continue à changer. Comme telle, elle dure, elle endure[44] »).

43 Stéphane Hirschi, « Apollinaire en chanteurs », *Revue des sciences humaines*, n° 3, 2012 (« Apollinaire en archipel », n° monographique 307, éd. L. Campa), p. 172.

44 Robert Champigny, « Analyse du *Pont Mirabeau* », *PMLA*, vol. 78, n° 4, 1963, p. 378.

LE BESTIAIRE OU CORTÈGE D'ORPHÉE

Le Bestiaire ou Cortège d'Orphée (1911) est le premier recueil poétique d'Apollinaire. Il est composé de trente poèmes de quatre ou cinq vers, chacun d'eux accompagné d'une gravure de Raoul Dufy qui illustre et complète le sens du texte. L'œuvre, inspirée des anciens bestiaires médiévaux et de nombreuses sources modernes d'un esprit similaire, est conçue comme une longue explication, coordonnée et dirigée par Orphée, des attributs des animaux réels et mythologiques. Ces animaux, cependant, ne fournissent rien d'autre que l'occasion de raconter ou de poétiser quelque autre élément. Il s'agit, en somme, d'une œuvre intermédia parfois déséquilibrée sur le versant visuel : les images de Dufy ne sont pas seulement des illustrations, mais le deuxième terme d'un dialogue avec la poésie apollinarienne[45].

Il n'existe qu'une seule version musicale complète du *Bestiaire* (Claude Ballif, 1948). La tendance la plus courante est d'effectuer un choix plus ou moins large de quatrains : Durey (1919), par exemple, met en musique tous les poèmes sauf ceux dédiés à Orphée ; Poulenc (1919) et Absil (1964) en choisissent respectivement six et cinq, Régis Campo (2008) onze. Il est rare que les poèmes soient mis en musique indépendamment et hors du champ de la mélodie traditionnelle française pour voix et accompagnement. On en trouve quand même quelques exemples : c'est le cas de *Les dromadaires*, chanson drôle et exotique de Julos Beaucarne (1969) ; de la *Balada dromaderelor* (1998) de Nicu Alifantis, qui explore en langue roumaine le côté enfantin du *Dromadaire* ; de *The Owl* du musicien de jazz Steve Lacy (1973) et de la version chorale par Daunais de *L'Écrevisse* (1977).

Malgré la disparité des styles et des caractères technico-musicaux des artistes qui s'en sont inspirés, on peut observer que le *Bestiaire* attire l'attention des compositeurs pour sa qualité visuelle et que la tendance est d'accompagner les courts poèmes apollinariens d'*images sonores*, tout en respectant la mise en page synthétique, serrée, mais très complexe – simultanéiste, pourrait-on dire – de l'édition originale. Poulenc, par exemple, avouait : « Je n'ai jamais considéré cette œuvre comme une œuvre

45 Sur le *Bestiaire*, v. Anne Hyde Greet, *Apollinaire et le livre de peintre*, Paris, Minard, 1978, p. 57-151 ; Claude Debon, « Relire et revoir *Le Bestiaire ou Cortège d'Orphée* », *Que vlo-ve ?*, n° 1, 1998 ; Étienne-Alain Hubert, « Petit cortège pour le *Bestiaire* », *Que vlo-ve ?*, n° 2, 1998 ; *CGA*, p. 339-342 ; Anna Saint-Leger Lucas, « Bestiaire ou Cortège d'Orphée (Le) », *DA*, p. 109-114.

sentie profondément mais comme des images[46] ». Les musiciens tentent donc des compositions moins narratives (comme dans une œuvre *animalière* telles les *Histoires naturelles* de Ravel/Renard, 1906) qu'évocatrices des propriétés physiques de l'animal. Elles cherchent ainsi à se substituer aux gravures de Dufy, fixes dans le temps et dans l'espace. On peut s'intéresser, par exemple, à l'accompagnement *marchant* du *Dromadaire* de Poulenc ou à la fantaisie de Durey dans l'imitation des petits sauts de *La Puce*. Cette musique tente de remplacer l'image puisque, comme dans le livre imprimé, le son réel de l'animal, à savoir son cri ou les bruits dus à ses actions, n'est pas mis en valeur, sauf en quelques rares occasions. Un cas très particulier de cette sonorisation est celui de *The Owl* (*Le Hibou*), cheval de bataille de Steve Lacy qu'il aura enregistré plusieurs fois avec son quintet. Le saxophoniste tente de reconstruire le chant du hibou de trois manières différentes. Il souffle d'abord à vide dans l'instrument, puis développe une mélodie qui couvre tout le total chromatique en utilisant de rapides intervalles descendants pour fermer le vers et qui « émerge à travers l'espace, comme dans [...] les œuvres [d'Anton Webern][47] ». Enfin, les onomatopées déjà fournies par Apollinaire sont interprétées par la voix d'Irène Aebi, qui met l'accent sur les mots qui se terminent en [u] : « Mon pauvre cœur est un hibou / Qu'on cloue, qu'on décloue, qu'on recloue. / De sang, d'ardeur, il est à bout. / Tous ceux qui m'aiment, je les loue[48] ».

Si la relation entre texte et image est transformée en une relation entre l'*image verbale* du texte et son *image sonore*, on ne peut pas dire qu'il existe une corrélation tout aussi récurrente entre la structure musicale et la distribution métrique et sémantique particulière au sein des poèmes. « Souvent le poème a une structure double : deux ou trois vers sont consacrés à l'animal, puis les deux suivants ou le suivant l'introduisent comme comparant [...]. D'autres enfin ont une structure encore plus complexe, dans laquelle animal et humain sont inextricablement imbriqués[49] ». Il est rare, en effet, que l'intonation s'accorde avec la disparité des tons émotionnels ou avec la division entre une narration à la première,

46 Poulenc à Paul Collaer, 15 octobre 1920 ; Francis Poulenc, *Correspondance, 1910-1963*, *op. cit.*, p. 114.

47 Jason Weiss (dir.), *Steve Lacy : Conversations*, Durham, Duke University Press, 1996, p. 173.

48 *Po*, p. 30.

49 Claude Debon, « Relire et revoir *Le Bestiaire ou cortège d'Orphée* d'Apollinaire », *op. cit.*, p. 20.

deuxième ou troisième personne, ou encore avec la brièveté intentionnelle et programmatique des poèmes. Cette discordance entre les deux composantes des pièces musicales peut néanmoins être alternativement porteuse de significations supplémentaires ou, au contraire, d'une mauvaise interprétation – voire d'une modification délibérée – du sens poétique original. Raymond Pouilliart a affirmé, par exemple, qu'on trouve dans les versions chorales d'Absil le « comble de l'irrespect et de l'ironie[50] ». Dans certains cas cependant, et notamment dans le *Bestiaire* de Durey, la structure poétique originale est soigneusement reproduite. Les trois premiers vers du *Poulpe*, par exemple, forment la description de l'animal, le dernier une comparaison avec le poète. Durey divise la mélodie en deux parties, dont la première est construite presque comme un récitatif (trois premiers vers) qui parle de la bête, la seconde (dernier vers) combinée à un rapide accompagnement de triolets qui représente une espèce de *fulmen in clausula* et symbolise donc le changement brusque de sens. Quoi qu'il en soit, les différentes mises en musique du *Bestiaire* tentent de suivre l'invitation d'Apollinaire/Orphée au début du recueil à écouter « la voix de la ligne ». Les musiciens, après en avoir dessiné musicalement les contours, donnent la parole aux animaux, reproduisant leur chant, parfois imitant leurs bruits et les plaçant dans la temporalité du son.

L'ADIEU

L'Adieu, poème tiré d'*Alcools* mais rédigé au début du siècle, est apprécié des compositeurs très probablement en raison de ses thèmes : le concept de *fin* et de *fugacité*, le passage du temps, la douleur des adieux. La forme préférée pour sa mise en musique est la mélodie (Honegger, 1917 ; Daniel Ruyneman, 1926 ; Jean Rivier, 1929 ; Luigi Cortese, 1929 ; Jacques Leguerney, 1946 ; Pierre Capdevielle, 1948 ; Jean Apothéloz, 1952 ; Jacques Roussel, 1959 ; Guy Sacre, 1977), mais il en existe aussi trois chansons, une de Léo Ferré (1971), une en traduction vietnamienne (Pham Duy, 1965) et une de Desireless & Operation of the Sun (2015), une bossanova (Enrico Pieranunzi, 2018), une version pour piano solo (György Kurtág, 1984), un morceau pour soprano, guitare et flûte (Barbara Kolb, 1979) et trois versions pour chœur (Peter Paul Nash, 1971-1994 ; Régis Campo, 1990 ; Jacques Chailley, 1993).

---

50 Raymond Pouilliart, « Apollinaire et quelques musiciens », *AM*, p. 64.

La version de Honegger, avant-dernière composition du recueil *Six poèmes de Guillaume Apollinaire* (1917), semble vouloir recréer la situation d'incertitude temporelle de l'attente établie par Apollinaire dans les quatre premiers vers à travers une incertitude harmonique – mais avec une régularité rythmique rappelant l'octosyllabe apollinarien – qui ne s'effacera que dans le final lumineux. En revanche, Léo Ferré déplace le contexte de *L'adieu* au moment même où les mots du titre sont prononcés, en faisant presque un discours de l'amant à sa bien-aimée lorsqu'il la salue pour la dernière fois « sur terre ». On peut le constater en regardant la représentation du Monégasque au Théâtre des Champs-Élysées (1984) : chantant sans musique, il s'approche lentement du *proscenium*, s'agenouille et laisse un baiser sur ce que l'on peut imaginer être une pierre tombale. En 1986, au Théâtre Libertaire de Paris, Ferré lance au contraire sur scène et vers le public des baisers et des fleurs imaginaires, probablement des fleurs de bruyère. Il salue donc sa bien-aimée sans se laisser tomber dans l'incertitude de la temporalité terrestre : il est certain, et il le répète quatre fois pendant la chanson, qu'il la reverra. Ferré ne met pas en scène le flux de l'attente, mais plutôt une sorte de déclaration d'amour extrême qui, sans annuler le temps, superpose l'adieu terrestre précaire à la certitude d'une nouvelle rencontre dans l'au-delà. De même, *L'Adieu* de Barbara Kolb (1979) allonge le poème d'Apollinaire pour souligner l'aspect de la certitude de l'attente amoureuse en dépit de la séparation apportée par le temps et l'espace. Quatre fois, et jusqu'à la fin de la pièce, Kolb répète les mots « que je t'attends », avant que les voix ne s'éteignent en *niente*.

La relation intrinsèque de *L'adieu* avec une perception particulière de la temporalité, liée à l'amour et à la mort, transparaît également dans l'expérience de György Kurtág. Il ne s'agit pas là d'une véritable intonation, mais d'une pièce pour piano inspirée du poème d'Apollinaire, dont elle contient des fragments semblables à des indications agogiques. *Guillaume Apollinaire : L'adieu* (1984), inclus dans le cinquième volume de *Játékok* (*Jeux*), tente de se faire poésie sans mettre les mots en musique. En dessous de quatre des cinq mesures qui forment la pièce, le compositeur rapporte entre parenthèses un fragment de vers du poème, qui ne doit cependant être ni chanté ni récité. Ce dispositif technique joue un rôle d'une importance extraordinaire dans le répertoire de Kurtág et se retrouve également dans la pièce *Hommage à R. Sch.* (1990). À l'égard de cette dernière pièce, Florence Fabre a interprété l'effet de l'insertion des vers comme une *audition thymique*[51], c'est-à-dire comme la perception de la voix des dieux par les héros homériques. Il ne s'agit pas d'une écoute matérielle, mais de la compréhension d'un son qui se transmet d'intelligence en intelligence. Contrairement aux autres intonations, la version de Kurtág met l'accent sur le premier hémistiche du quatrième vers (« odeur du temps »), le déplaçant vers la fin et soulignant ainsi la valeur du temps dans la poésie apollinarienne. De ses fragments disparaissent toute trace de brin de bruyère et d'automne, disparition sanctionnée aussi par l'évidence donnée à « plus sur terre » ; on peut dire que Kurtág supprime toute référence à la matérialité, sans pour autant éliminer la spatialité : l'espace est créé par sa propre musique au moyen du son, de la distance entre les registres, de l'agencement des silences et de l'équilibre des notes. Ayant éliminé la matérialité tout en conservant la spatialité, il semble que le compositeur veuille s'inscrire dans cette temporalité intrinsèque à la poésie – cette odeur du temps qui sépare les deux êtres qui s'aiment – à travers sa musique, un art qui, comme l'affirmait Apollinaire, est obligé de se montrer dans sa *fluidité*.

SALTIMBANQUES

Bien qu'il ait peu été mis en voix (six fois au total), *Saltimbanques* est un poème choisi par des auteurs importants et devient le premier texte apollinarien à être mis en musique dans un contexte *popular*. Ce poème offre deux voies d'interprétation : il peut être lu et interprété à l'aide des outils de l'étude littéraire et présenter ainsi une multiplicité de références, souvent très érudites, mais sa lecture peut aussi demeurer au niveau de la pure narration des contes de fées, presque comme un jeu d'enfant[52]. Selon ces deux tendances, *Saltimbanques* a été mis en musique sous forme de mélodie par Honegger (*Six poèmes d'Apollinaire*, 1917) et Bohuslav Martinů (*Trois poèmes d'Apollinaire*, 1931) – sans compter Jean Rivier (1929), Luigi Cortese (1931), et Olivier Greif (1965) –, et sous forme de chanson par Louis Bessières (1950). Ce qui sépare les deux premiers artistes du troisième est principalement le ton général de

51 Florence Fabre, « Kreis : l'*Hommage à R. Sch.* op. 15d », in Pierre Maréchaux et Grégoire Tosser (dir.), *Ligatures – La pensée musicale de György Kurtág*, Rennes, PUR, 2009, p. 235-237.

52 *Cf.* Françoise. Dininman, « Naissance du *Crépuscule* ou les tours de Mercure », *Que vlo-ve ?*, n° 6-7, 1983 ; Michel Décaudin, *Le dossier d'« Alcools »*, *op. cit.*, p. 146-147.

l'œuvre, grotesque et mélancolique chez Honegger et Martinů, joyeux et insouciant chez Bessières.

En ce qui concerne la musique, le compositeur suisse et le tchèque se sont certainement tournés vers Debussy, auteur très distant de l'Apollinaire d'*Alcools*, et vers certaines de ses pièces pour piano inspirées de spectacles folkloriques exotiques (le *cakewalk* et le *minstrel show*) telles *Golliwog's Cakewalk* (*Children's corner*), *Général Lavine – Excentric* (*Préludes, II livre*) et surtout *Minstrels* (*Préludes, I livre*), tant pour leur caractère que pour leur style syncopé et bizarrement dissonant[53]. La mélodie de Martinů est très intéressante : les trois strophes répètent exactement les mêmes notes, avec de petites modifications rythmiques pour des raisons prosodiques. La pièce ressemble presque à un chant liturgique qui célèbre des acrobates, et dans laquelle peut se lire la sécularisation, la parodie ou même la profanation d'une procession religieuse. « On ne peut pas confondre ces saltimbanques avec des histrions. Leur spectateur doit être pieux, car ils célèbrent des rites muets avec une agilité difficile », disait Apollinaire dans les *Méditations esthétiques*[54] à propos de l'image picturale des saltimbanques, très diffusée au début du XXe siècle. Dans la version de Bessières, confiée au talent de comédien d'Yves Montand, le poème se transforme en un récit fantastique qui réussit à raconter « l'arrivée des saltimbanques dans un village, leur défilé puis leur éloignement vers d'autres horizons, alors que le poème d'Apollinaire croque, lui, *l'instantané d'un passage*[55] ». La section instrumentale, qui apparaît vers la fin de la chanson, sert exactement à cela : elle représente et illustre le passage typique de la fanfare dans le sillage d'un cortège de saltimbanques qui s'apprêtent à monter leur spectacle. Le récit d'Apollinaire n'est plus aussi mystérieux et magique qu'il l'était aux yeux d'Honegger et de Martinů, mais devient un conte de fées simple et serein dans lequel des acrobates, des animaux féeriques et des enfants font partie d'un grand spectacle.

53 Harry Halbreich, *Arthur Honegger*, *op. cit.*, p. 287.

54 *Pr2*, p. 21.

55 Stéphane Hirschi, « Apollinaire en chanteurs », *op. cit.*, p. 167. Je me réfère à l'enregistrement Odéon 282.318 (1950) ; remarquable c'est aussi l'interprétation de cette chanson par Jacques Douai (1977).

LA CHANSON DU MAL-AIMÉ

Si ces courts poèmes posent déjà plusieurs problèmes d'interprétation, la question se fait encore plus complexe avec un long poème comme *La Chanson du mal-aimé*. Peu de musiciens y ont réellement fait face en le mettant en musique dans son intégralité : on peut mentionner le ballet d'Elsa Barraine (1950), l'*oratorio* de Léo Ferré (1953 et 1972) et la cantate de Jacques Castérède (1960). D'autres compositeurs ont préféré sélectionner certains vers, les isolant de leur contexte et leur conférant un sens renouvelé. C'est le cas, par exemple, de la composition pour orchestre de Hans-Werner Henze intitulée *Voie lactée ô sœur lumineuse* (1996) ou de l'inclusion de *Réponse des cosaques* dans la *Symphonie n° 14* de Dimitri Chostakovitch (1969).

Le texte de la *Chanson* n'est pas chanté dans le morceau de Henze, mais est utilisé comme canevas inspirant et évocateur, de façon plus subtile que dans un poème symphonique. L'interaction entre le texte et la musique consiste à faire interpréter par les instruments, dans un sens littéralement scénique, les paroles poétiques, comme ce fut le cas dans le *Concerto pour violon n° 2* (1971), où « le poème [...] est représenté, réalisé acoustiquement. Il a déterminé la forme de la musique[56] ». Une fois de plus, nous ne sommes pas loin d'une nouvelle interprétation du concept d'*audition thymique*. La *Symphonie n° 14* est en revanche structurée comme une véritable suite vocale avec accompagnement orchestral, centrée sur le thème de la mort dans ses sens les plus divers. Outre la *Chanson*, le compositeur russe reprend également des extraits d'Apollinaire : *À la Santé*, *La Loreley*, *Les Attentives I* et *II*, et *Le suicidé* y figurent tous, il faut le noter, dans leur traduction russe[57]. Les six poèmes d'Apollinaire forment les six mouvements centraux de la symphonie, tandis que les autres mouvements sont basés sur des textes de García Lorca, Küchelbecker et Rilke. *La Réponse des cosaques* (huitième des onze mouvements) suit *À la Santé*, dans une sorte de diptyque où Chostakovitch tente de réfléchir – ou mieux, de réagir – à l'inéluctabilité de la mort. Chez Chostakovitch, la *Réponse* devient une invective contre la mort elle-même, celle qui, dans le poème précédent,

56 Cit. dans Virginia Palmer-Füchsel, « Henze e la forma del concerto », in Enzo Restagno (dir.), *Henze*, Turin, EdT, 1988, p. 347.

57 Chostakovich se base sur la traduction de Mikhail Koudinov ([*Poèmes*], éd. N. Balachov, Moscou, Nauka, 1967).

avait été figurée et scrutée de près. Le contraste avec *À la Santé* est brutal, non seulement par le ton mélancolique et délicat de ce poème mis en musique grâce à une ligne vocale déclamée et soutenue par plusieurs séries dodécaphoniques, mais aussi par la musique de l'orchestre, qui repose sur des notes courtes et détachées.

Léo Ferré, quant à lui, tente de mettre en valeur toutes les nuances de la *Chanson* en utilisant un très grand ensemble (quatre voix solistes, un chœur et un orchestre symphonique) pour une durée d'environ trois quarts d'heure, soit presque deux fois plus que la version de Jacques Castérède, qui utilisait également un baryton pour les parties chantées, un narrateur, un quatuor vocal féminin et un orchestre de chambre petit mais coloré, avec accordéon et guitare. Il s'agit ici d'une œuvre aux multiples facettes dans laquelle Ferré tente de rendre la multiplicité des voix, des perspectives et des tons en attribuant les strophes à des interprètes différents – ou, dans la deuxième version chantée par lui seul, à différents styles d'interprétation – et en utilisant diverses techniques de composition, souvent changeantes d'un vers à l'autre. Ses influences musicales sont nombreuses : de la sévérité polyphonique à la chanson de divertissement ou à l'harmonisation impressionniste. Il s'agit là d'influences qui, comme dans le cas de Poulenc, transforment le poème apollinarien au moyen d'une « lanterne de projection ».

CALLIGRAMMES

Des approches alternatives concernent les mises en musique qui utilisent des textes difficiles à interpréter, tant par leur contenu que par leur forme. La question des calligrammes est particulière, car ils ont souvent attiré des compositeurs liés à la tradition plutôt que des musiciens d'avant-garde qui auraient pu trouver leur inspiration dans les innombrables suggestions offertes par ces poèmes visuels. Un compositeur tel Poulenc, par exemple, traite aussi des poèmes écrits en forme calligrammatique dans son cycle *Calligrammes* (1948), extrait du recueil du même nom : *Il pleut*, *Aussi bien que les cigales*, *Voyage*. Cependant, la relation texte/musique s'arrête au sens des mots, rendu par ailleurs de manière profonde et raffinée[58], puisque les vers sont morphologiquement restructurés et, pour ainsi dire, régularisés en syntagmes visuellement

58 *Cf.* Hervé Lacombe, *Francis Poulenc*, *op. cit.*, p. 799-800.

et sémantiquement cohérents, qui ont peu à voir avec l'arrangement visuel du poème[59].

La version d'Oliver Knussen d'*Océan de terre* (1973-1976), une composition dans laquelle l'auteur oscille entre une adhésion au message, une ré-élaboration du langage et une reconstruction complète de la poésie, tant au sens sonore que morphologique, offre un cas particulier. Plusieurs parties d'*Océan de terre* de Knussen sont réservées uniquement aux instruments, surtout dans sa deuxième section : leur rôle est de créer un environnement aquatique dans lequel la voix est submergée, puis réapparaît de manière autonome. Dans ce contexte, la voix ne fait ressortir qu'une partie des images du poème, qui, complètement décontextualisées et immergées dans cet océan sonore, ne peuvent être comprises que comme des images et non plus comme des métaphores ou des allégories. Le compositeur anglais, tout en éliminant la plupart des significations stratifiées du poème, maintient cependant certaines stratégies rythmico-sonores, fusionnant ainsi le langage poético-verbal avec le langage musical. Ainsi, il répète les mots en décomposant le vers en différentes unités, réparties dans de petites cellules. Recombiner les mots jusqu'à reconstruire finalement le vers est un mécanisme qui, d'une part, désémantise tous les mots en les rendant des sons purs et, d'autre part, tente d'extraire des sons eux-mêmes le sens qui leur a été imposé à l'origine.

Avec *Il pleut*, mis en musique une dizaine de fois à partir de Carol-Bérard (1918), un compositeur comme Earl Kim a extrait et rendu dramatiquement l'esprit des vers (*It's raining*, dans le cycle *Where grief slumbers*, 1982). La plupart des musiciens ont pourtant été attirés par l'écriture *descendante* et en forme de « gouttelettes » du poème, qu'ils ont immédiatement tentée de traduire en image musicale. Poulenc, par exemple, soutient avoir essayé « d'obtenir une manière de calligramme musical[60] » en écrivant une mélodie dans laquelle l'accompagnement au piano répète les gouttes d'une pluie indécise qui s'abat de plus en plus impétueusement. Dans la version pour voix et piano de Kaija Saariaho (1986), les gouttes sont traduites de manière presque tautologique en notes lentes et descendantes ; aucune variation, aucune pause n'interrompt les trois flux de notes d'un Do très aigu à un Do très grave, presque

---

59 Voir p. ex. *Voyage*.

60 Francis Poulenc, *Diary of my songs*, *op. cit.*, p. 94.

comme l'eau qui descend des fenêtres. En revanche, Peter Paul Nash, dans le troisième livre des *Apollinaire choruses* (1971-1994), se concentre sur les « voix des femmes » ; grâce à la disposition spatiale des sopranos, à l'écriture fragmentée des lignes vocales et à quelques madrigalismes efficaces, le chœur parvient à rendre l'image de voix féminines qu'il pleut. La variante de l'australien Stephen Cummings (*It's raining*, 1999) constitue un troisième objet. Il s'agit d'une chanson pop-folk – le poème est traduit en anglais et retravaillé – qui ne se métamorphose pas, comme dans les autres versions, en gouttes d'eau, mais se transforme en une exhortation à écouter la pluie – à écouter le poète – par la mise en avant répétée du verbe *listen*. L'aspect perturbateur de *Il pleut* est au contraire rendu par le trio vietnamien controversé et révolutionnaire Đai Lâm Linh (*Giong Mua Đàn Bà*, 2009) à travers une mise en voix qui semble dépourvue de tout effet descriptif ou mimétique. Leur chanson mélange les sons et les instruments du *ca trù*, *musique de chambre* vietnamienne, avec des harmonies occidentales et un style de chant qui reprend l'enseignement traditionnel vietnamien, mais mêlé à des techniques rappelant la vocalité explosive de Björk[61].

THÉÂTRE ET SPECTACLE

Parmi les pièces théâtrales d'Apollinaire, seule la plus célèbre, *Les Mamelles de Tirésias*, aura suscité l'intérêt des musiciens et des metteurs en scène; ils ont pourtant rarement utilisé la partition originale de Germaine Albert-Birot. Quelques-unes des reprises historiques principales avec musique ont eu lieu en 1926 à Prague avec un groupe de jazz, en 1949 à Paris avec une musique de percussion de Dino Castro, en 1966 à Saint-Maur-des-Fossés avec une élaboration musicale de Pierre Doury. Plus récemment, on a vu sur scène le « surrealist musical » *The Breasts of Tirésias*, avec des musiques de Jeremy Bernstein et de Madeleine Besson (Théâtre de la Reine Blanche, Paris, 2010, mise en scène par Eric Wallach). La pièce utilise habilement des compositions originales dans le style américain et des reprises de chansons célèbres, chantées et jouées par les mêmes interprètes à la manière des spectacles de revue

61 Sur les Đai Lâm Linh, v. le documentaire *Hanoi Eclipse : The Music of Dai Lam Linh* de Barley Norton (2010). Je remercie Vincenzo Della Ratta pour ses suggestions sur les musiciens vietnamiens.

(le Peuple de Zanzibar, d'ailleurs, est interprété par Besson elle-même au piano). Notons aussi la reprise moderne et adaptée réalisée par la Compagnie Waou (Paris-Turin, 2017) à l'occasion du centenaire de la première des *Mamelles de Tirésias* et qui a utilisé en partie la musique d'Albert-Birot, quelques morceaux de Poulenc et d'autres chansons sur des paroles apollinariennes.

Les raisons de la survivance des *Mamelles de Tirésias* parmi la production apollinarienne ne sont pas tout à fait claires, mais on peut supposer qu'elles résident en partie dans l'incomplétude du *Marchand d'anchois* ou dans la disparition de la musique de *Casanova* depuis plus d'un demi-siècle, ou encore dans le vieillissement précoce des thèmes de *Couleur du temps*, et, sûrement, dans la qualité et dans la complexité des *Mamelles de Tirésias*. À vrai dire, quelques artistes ont essayé de remédier à ces problèmes : Pierre Della Torre, par exemple, a mis en scène une version retravaillée du *Marchand d'anchois* (1980-1982), tandis que Jean-Louis Petit a écrit une partition entièrement nouvelle pour la version de *Casanova* pour théâtre de marionnettes (Compagnie Jean-Loup Temporal) en 1985. Cependant, ces opérations ne sont pas comparables à l'affection que plusieurs artistes ont accordée aux *Mamelles de Tirésias* et dans laquelle Francis Poulenc se distingue une fois de plus.

Dans son opéra bouffe *Les Mamelles de Tirésias* (1939-1944), la présence du compositeur, voire son amour passionné pour le drame, est très forte[62]. Ce n'est pas qu'Apollinaire en soit absent, mais on sent ici le lourd lien du compositeur avec le poète. Tant en ce qui concerne la musique que la dramaturgie, Poulenc superpose sa propre interprétation au texte, laissant l'intrigue intacte mais réalisant une œuvre qui dépasse les intentions initiales d'Apollinaire. Les chercheurs ont constaté une imbrication des questions politiques, de genre et de société. Les interprétations de cette œuvre ont été nombreuses[63]. Poulenc l'a composée dans les derniers mois de la Seconde Guerre mondiale, lorsque le désir d'échapper à

---

62 Cet opéra bouffe a été créé le 3 juin 1947 à l'Opéra-Comique de Paris.

63 V. p. ex. Jacqueline Bellas, « *Les Mamelles de Tirésias* en habit d'arlequin », *op. cit.* ; Philip Purvis, « The "crisis" of masculinity in Poulenc's *Les Mamelles de Tirésias* », in Philip Purvis (dir.), *Masculinity in Opera – Gender, History, and New Musicology*, New York, Routledge, 2013 ; Daniel Albright, *Untwisting the serpent*, *op. cit.*, p. 297-310 ; Hervé Lacombe, *Francis Poulenc*, *op. cit.*, p. 559-603 et *passim* ; Hervé Lacombe, « *Les Mamelles de Tirésias* de Francis Poulenc », *Revue des sciences humaines*, n° 3, 2012 (« Apollinaire en archipel », n° monographique 307, éd. L. Campa).

l'horreur de la guerre – semblable, entre autres, à celle de l'Apollinaire de *Casanova* – l'amena à se plonger dans un monde imaginaire qui, comme il le dit lui-même, n'est pas tant le Zanzibar d'Apollinaire que Montecarlo, ville grandement exotique pour un Parisien[64]. Au sujet des *Mamelles de Tirésias* de Poulenc, plutôt que de parler de renouvellement, il serait plus juste de parler de reconstruction. *Les Mamelles de Tirésias* de Poulenc sont un opéra *méta-apollinarien*, c'est-à-dire un opéra qui tente de parler d'Apollinaire et de son époque avec ses propres mots.

La première opération de Poulenc fut de *décubifier*[65] le drame surréaliste original, c'est-à-dire de le priver de sa connotation cubiste en expulsant les parties textuelles ou scénographiques dans lesquelles le lien avec 1917 était trop étroit. *Les Mamelles de Tirésias* originales sont dépouillées de leurs relations actives avec la réalité quotidienne, cette même réalité que le drame lui-même était censé recréer. Les conséquences en sont particulièrement importantes. Tout d'abord, le conflit socioculturel qui, en 1917, opposait l'avant-garde surréaliste ou post-cubiste à la bourgeoisie naturaliste ou vériste, est aboli. Ensuite, Poulenc remplace les scènes et les costumes d'avant-garde par de véritables accessoires Art Déco, directement dérivés de ceux qu'Erté, scénographe de la première, avait conçus pour la collection Paul Poiret en 1912. Troisièmement, l'auteur ne vise pas à recréer la réalité en travaillant ses données matérielles, mais plutôt à mettre en lumière les éléments désormais relégués à la dimension de mémoire et de rêve. Son opération consiste donc à déplacer la sphère de travail de l'artiste depuis l'extérieur et la perception de la réalité vers la subjectivité et le monde intérieur. Si le drame d'Apollinaire est un « drame surréaliste » (avec un S minuscule), celui de Poulenc est davantage lié au développement du Surréalisme (avec un S majuscule), auquel le compositeur est d'ailleurs associé depuis 1936 grâce à son amitié et à sa collaboration avec Paul Éluard.

En passant par Breton et Éluard, et en ajoutant sa propre interprétation du texte, Poulenc est obligé de mettre la main à la dramaturgie sonore originale. Tout d'abord, il attribue la figure collective du Peuple de Zanzibar au chœur et à l'orchestre, supprimant ainsi tout contexte sonore purement *bruitiste*. En second lieu, il choisit et modifie radicalement certaines pièces de Germaine Albert-Birot – notamment parce

64 *Cf.* Francis Poulenc, *Moi et mes amis*, *op. cit.*, p. 68.
65 Francis Poulenc, *Entretiens avec Claude Rostand*, Paris, Julliard, 1954, p. 148.

qu'il ne l'appréciait pas vraiment, l'ayant qualifiée de « musicienne du dimanche[66] ». Quoique complètement réécrits, on retrouve l'*Entr'acte*, les *Chœurs* – qui pourtant ne mettent en musique qu'un des quatrains du premier acte, abolissant ainsi l'intention simultanéiste d'Apollinaire – et la scène funèbre, qui ne prélude pas au duel de Presto et Lacouf, mais n'intervient qu'après leur mort. Enfin, on peut noter que la chanson finale d'Albert-Birot, reprise de façon très similaire par Poulenc, est déplacée à la fin du premier acte et sert à fixer le refrain « Eh ! fumez la pipe Bergère » et non pas « Et puis chantez matin et soir », organisé plutôt comme un *concertato*. La réécriture des pièces d'Albert-Birot et l'achèvement de l'opéra se font dans le style de Poulenc, c'est-à-dire à la manière du collage, avec de nombreuses références à différentes musiques et divers styles : à Chabrier pour le ton général, à Debussy pour la couleur de certains passages (surtout dans le *Prologue*), à Maurice Chevalier pour certaines mélodies, à Verdi, à Wagner et, bien sûr, au Leoncavallo de *Pagliacci*[67]. Les matériaux musicaux sont ensuite assemblés dans un ouvrage où coexistent la valse (dans l'air « Envolez-vous oiseaux de ma faiblesse »), un pas espagnol (« Je me sens viril en diable »), la polka (« Avec vous vieux Lacouf j'ai perdu au zanzi »), le ton liturgique (« Comme il perdait au Zanzibar »), la pavane et la gavotte dans l'*Entr'acte*, le ton d'opérette (« Eh oui c'est simple comme un périscope » et « J'ai pensé que vous ne seriez pas fâchés »), le boston et le galop dans le final. Ce collage de styles et d'influences est rendu cohérent par une interprétation du texte qui est le résultat d'une étude minutieuse du sens et du son des mots, du contexte historique et de la poétique apollinarienne. Poulenc lui-même l'explique : « Je n'ai eu qu'à suivre strictement le texte d'Apollinaire pour trouver le ton musical. [...] Connaissant le sens secret qu'Apollinaire attribuait à certains mots, lorsqu'il est question de Paris et de la Seine, on remarquera que la musique s'émeut[68] ».

Prises globalement, c'est précisément dans la comparaison entre surréalisme et Surréalisme que se trouve un des traits essentiels qui caractérisent *Les Mamelles de Tirésias* de Poulenc. Le poète tenait, d'une part, à recréer la réalité en recomposant ses éléments et en forçant le sens logique des choses, dans le sens d'une explicitation de ce *sens*

66 *Ibid.*, p. 145.
67 Hervé Lacombe, « *Les Mamelles de Tirésias* de Francis Poulenc », *op. cit.*, p. 153-156.
68 Francis Poulenc, *Entretiens avec Claude Rostand*, *op. cit.*, p. 146-147.

métaphysique savinien contenu dans les plis de la vie quotidienne. De l'autre, Poulenc désirait reconstruire une époque édénique en faisant ressurgir les significations présentes uniquement dans la mémoire et le rêve, c'est-à-dire en utilisant et en remixant les éléments qui proviennent du monde intérieur de l'auteur. Reprendre la musique d'Albert-Birot, c'est aussi explorer dans son intégralité la mémoire des *Mamelles de Tirésias* pour la rendre entièrement à sa mission reconstructrice de la réalité. Mais cette juxtaposition systématique de styles, de rythmes et d'inspirations renvoie l'origine des *Mamelles de Tirésias* de Poulenc à une des idées d'Apollinaire exprimée dans les derniers mois de sa vie : la *surprise*, mise en œuvre dans *Les Mamelles de Tirésias*, puis théorisée dans *L'Esprit nouveau et les poètes*.

Il faut ici réaffirmer le rapport du compositeur avec toute l'esthétique du poète. Avec raison, Lacombe reprend les mots de Jacqueline Bellas pour parler d'une « musique de surprise[69] », puisque le compositeur semble suivre rigoureusement les prescriptions du poète : « la surprise, l'inattendu est un des principaux ressorts[70] » de l'art nouveau et on verra précisément dans les *Mamelles de Tirésias* « les changements de tons du pathétique au burlesque / Et l'usage raisonnable des invraisemblances[71] ». « Sous sa mosaïque de réminiscences et ses allures parodiques », dit Bellas, « la musique de Poulenc n'est, en réalité, qu'une musique de "surprise". C'est de la multiplication et de la mobilité des contrastes qu'elle tire sa raison d'être. [...] C'est donc par fidélité absolue au poète que *Les Mamelles de Tirésias* ont revêtu, pour entrer à l'Opéra-Comique, un habit d'Arlequin[72] ».

Une version peu connue des *Mamelles de Tirésias* est celle, intégrale et fidèle, de Jean-Christophe Averty. En 1981, il transforme le drame surréaliste en film pour la télévision française (TF1, 24 juin 1982). C'est peut-être la première œuvre d'Apollinaire à passer au multimédia grâce à l'utilisation de la musique, de récitations, d'images, de cinéma, de peintures et à l'emploi de quelques effets spéciaux simples mais efficaces, tels les surimpressions, les animations bidimensionnelles, les sonorisations variés et l'usage constant de l'incrustation. « Averty a su mêler

69 Hervé Lacombe, *Francis Poulenc*, *op. cit.*, p. 589 *sq.*
70 *L'Esprit nouveau et les poètes* (*Pr2*, p. 951).
71 *Les Mamelles de Tirésias* (*Po*, p. 881).
72 Jacqueline Bellas, « *Les Mamelles de Tirésias* en habit d'arlequin », *op. cit.*, p. 35.

à son spectacle la rigueur d'un rythme rapide, l'alternance des scènes burlesques intimement encastrées dans le propos sérieux du poète. [...] C'est bien ce genre de réalisation qu'[Apollinaire] attendait, libéré des contraintes de la scène à l'italienne dont il nous disait dans son prologue qu'elle était dépassée[73] ». D'un point de vue morphologique, Averty ne change le scénario original ni par rapport au texte ni par rapport aux musiques et aux images, mais il ajoute savamment des éléments verbaux, sonores, et figuratifs qui intègrent l'intrigue sans en altérer l'essence. Ce réalisateur, précurseur de l'art vidéo dans les années 60, amateur et fin connaisseur autant des arts du début du siècle que de la musique de masse, travaille intensément la dramaturgie musicale. Cependant, contrairement à Poulenc, il n'efface pas la partition de Germaine Albert-Birot, qu'il reprend dans sa totalité, mais cherche à en élargir le sens en confiant l'exécution à deux musiciens de jazz très solides : le pianiste Claude Bolling et le batteur Daniel Humair. La relecture des partitions d'Albert-Birot en version jazz ne modifie en rien leur nature. L'ajout de quelques accords ou de quelques notes dans les mélodies adoucit tantôt la dureté du texte original, tantôt pousse ses sonorités jusqu'à celles du free jazz contemporain, surtout dans les *Chœurs*.

Outre l'interprétation de la musique originale, les deux musiciens de jazz composent également les parties non spécifiées par Apollinaire (danses, mélodies, *etc.*), tandis que Humair lui-même est chargé de l'interprétation du Peuple de Zanzibar. La musique créée spécifiquement pour cette mise en scène est plus qu'appropriée. On peut le constater en écoutant le « petit air de musette » qui devient une simple mélodie avec flûte et piano se répétant deux fois au cours du premier acte, la « marche militaire » réalisée avec accordéon, piano et roulements de tambour, ainsi que les diverses musiques à l'américaine – le *cakewalk* surtout, comme Apollinaire l'avait demandé dans les brouillons – qui accompagnent l'entrée du Gendarme au premier acte et la présence du Journaliste au deuxième acte. Si les indications concernant les bruits sont toujours respectées, Daniel Humair, qui se montre comme une sorte de clown cubiste en *blackface*, ajoute toutefois d'autres effets percussifs, rythmiques ou simplement évocateurs, notamment dans le premier acte. Il contribue ainsi à créer un contrepoids à la présence envahissante des pleurs des enfants dans le deuxième acte. En dehors du drame, il

73 Denis Bordat et Bernard Veck, *Apollinaire*, *op. cit.*, p. 216.

crée une musique percussive simple pour le générique du début, tandis que pour la fermeture, Bolling invente une danse amusante dérivée du refrain qu'Albert-Birot a écrit pour le final du drame, et qu'Averty utilise également pour la *scie* « Eh ! Fumez la pipe Bergère ».

Au milieu de ce spectacle rutilant de couleurs et d'images, l'utilisation intelligente de la musique permet au réalisateur de mettre en œuvre certains dispositifs théâtraux et certaines idées scéniques implicites (mais plausibles) dans le drame. Elle permet, par exemple, de réaliser une scène parfaite de *slapstick* entre le Mari et le Journaliste, lorsque ce dernier est contraint de partir, sans qu'il soit nécessaire de faire d'ajouts au scénario. Elle pousse également Averty à caractériser le Peuple de Zanzibar comme un personnage multi-instrumentiste en le faisant apparaître simultanément comme accordéoniste et comme batteur, au moyen de superpositions singulières qui le montrent tout à la fois au milieu des danses des autres personnages et assis dans son petit pavillon où un grand écriteau le qualifie, lui seul, de « Jazz Band ».

UN COURT BILAN

Ce qui ressort de cette très rapide analyse est une tendance générale à détacher les poèmes de la poétique apollinarienne et à les utiliser comme source d'une convergence toujours nouvelle avec la poétique du musicien. À l'exception du cas de Poulenc, on retrouve bien peu de la pensée théorique de notre auteur dans les différentes mises en musique de ses textes. Même dans les expériences les plus audacieuses, on ne fait qu'entrevoir la *mimesis*, qui sera entre autres l'essence même de nombreuses musiques sur *Bestiaire*. Ce n'est que dans de rares circonstances que l'on peut trouver une correspondance entre la forme poétique et la forme musicale. La musique du *Pont Mirabeau* peut, à cet égard, servir d'exemple. Les compositeurs, sauf bien sûr ceux qui cherchent dans Apollinaire un support littéraire pour un but artistique plus spécifique, comme la musique *de mort* de Chostakovitch, cherchent plutôt chez le poète une source littéraire capable de donner, selon les intentions, un ton mélancolique ou ironique à la musique.

En conclusion, la plupart des mises en musique des textes apollinariens ne contribue pas à une meilleure compréhension des idées de notre auteur, pas plus qu'elles n'exposent – et souvent avec plus de clarté – la poétique de leur compositeur. Ces musiques ont cependant le mérite d'ajouter des significations supplémentaires à celles déjà établies par le poète, notamment par la mise en évidence de certains aspects textuels (formels ou de contenu) cachés à la lecture ou à l'interprétation littéraire. En outre, les compositeurs se sont chargés de diffuser la poésie apollinarienne dans des lieux, artistiques ou géographiques, non prévus ou approuvés par leur auteur : de la musique de chambre à la symphonie, du Vietnam au Royaume Uni jusqu'au Japon et à l'Australie. Il en va de même pour les genres musicaux qui n'étaient pas encore nés ou diffusés au moment de la mort de notre poète comme le free jazz ou le pop-folk. Enfin, ces artistes sont complémentaires d'une poétique et d'une esthétique qui, bien qu'imprévue dans son essence, concevait la musique comme l'élément fondamental et incontournable de l'art total.

ÉPILOGUE

On disait d'Apollinaire qu'il était précurseur, guide, voire impré-sario, en raison de tout ce qu'il avait fait pour les arts[1]. En allait-il de même pour la musique ? Ce n'est qu'avec beaucoup de difficulté que l'on pourrait répondre à cette question par un oui franc. Cette attitude ambiguë et bigarrée est emblématique non seulement de la pensée de notre auteur, mais aussi de son époque. Les développements de la pensée musicale apollinarienne ont traversé les bouleversements de la fin du long XIXe siècle, mais ils ont aussi croisé la dure épreuve de la guerre, au cours de laquelle toutes les tentatives de délimitation, de confinement et de modelage de son esthétique ont fini par se subsumer à la refondation, sur une base figurative et picturale, de toute la culture de son époque. Cette aspiration, dénommée orphisme, surréalisme ou esprit nouveau, embrasse tous les arts et vise à inclure toutes les écoles ; « ne faut-il plus prendre à la lettre les dénominations de cubistes, orphistes, futuristes, simultanéistes, etc. Il y a longtemps déjà qu'elles ne signifient plus rien[2] ». Ce faisant, notre auteur permet au siècle nouveau de se détacher définitivement des pratiques artistiques du XIXe siècle, qui considéraient la musique cultivée comme un pendant inévitable de la littérature. D'un autre côté, il promeut une dynamique poético-artistique plus distante de la musique cultivée. Il illustre le profond clivage artistique qui sépare la Belle Époque de l'après-guerre, tout en mettant en évidence certaines dynamiques artistiques qui, si elles sont déjà partagées par ses amis les plus proches (Picasso ou Salmon, par exemple, n'écoutaient que des musiques populaires et à la mode[3]), sont aussi l'un des signes distinctifs de ces années. Le nouveau paradigme artistique, du moins selon Apollinaire et ses dernières œuvres (*Les Mamelles de Tirésias* et peut-être même *Casanova*), voit une étroite collaboration de toutes les

1 *Cf.* « The impresario of the avant-garde » dans Roger Shattuck, *The Banquet Years*, *op. cit.*

2 « Les arts – Écoles », *Paris-Journal*, 16 juin 1914 (*Pr2*, p. 772).

3 Sur Picasso, v. p. ex. John Richardson, *A Life of Picasso*, *op. cit.*, p. 246.

techniques artistiques, dans le sens d'un nouvel art total – « la synthèse des arts, de la musique, de la peinture et de la littérature[4] » – ou de ce qui plus tard, avec l'apport fondamental de la technologie, sera appelé multimédia et dont notre poète peut être considéré à juste titre comme un précurseur. Cette dernière branche de sa pensée n'aurait pas vu le jour sans l'exploration de deux voies alternatives à l'ancienne route tracée jusqu'à la fin du siècle précédent : les arts figuratifs et la musique populaire ou de divertissement.

Si les premiers seront l'un des facteurs les plus forts de rupture avec le passé et le terrain central des expérimentations d'avant-garde, la prédilection des artistes pour la musique populaire sera un trait évident de la culture musicale post-apollinarienne. En ont été les témoins Cocteau et certains des Six (Poulenc, Auric, le jeune Milhaud), ou encore les surréalistes nourris au jazz, musique qui jouira en France d'un accueil immense. Ainsi, la musique populaire deviendra une option fréquemment choisie par des écrivains et des peintres éloignés de la musique cultivée. Quelques décennies plus tard, Savinio résumera ainsi ce tournant :

> ceux qui ont un demi-siècle de vie sur les épaules se souviennent de la promesse solennelle qu'à l'époque du haut-européanisme avait faite au monde le *varietà*, pour plus de décorum appelée music-hall [...] et comment le music-hall allait créer une nouvelle forme de spectacle de théâtre et remplacer ce qui avait été le théâtre de Bayreuth et, éphémère comme un rêve d'été, le spectacle des Ballets russes[5].

Mais ce qui est le plus intéressant ici, ce n'est pas seulement qu'Apollinaire ait préféré Mayol à Ravel, ou plutôt, pas seulement. Ce qui nous importe, c'est le fait que, pour la musique et le théâtre, selon Apollinaire, la direction n'était pas indiquée par l'art cultivé, par le meilleur fruit de l'académie, mais par l'art populaire, celui qui allait bientôt être déprécié comme art de masse par opposition à un art de pointe élitiste. En regardant *Le Marchand d'anchois* et *Les Mamelles de Tirésias*, on voit clairement comment la polarisation art de masse / art élitiste est complètement renversée : l'art cultivé ne puise plus dans le populaire, et à l'inverse la musique de masse prend ce dont elle a besoin dans la musique d'art.

---

4 *L'Esprit nouveau et les poètes* (*Pr2*, p. 944).

5 Alberto Savinio, « Il figlio della rana » [1945], in Id., *Souvenirs*, Milan, Adelphi, 1989, p. 170-171.

Cette dernière est poussée vers le bas du piédestal sur lequel les autres arts l'avaient placée et s'efforcera, dans les années à venir, de retrouver la position que cette révolution a tenté de lui enlever.

De la musique populaire aux possibilités les plus variées offertes par le théâtre léger, nouveau *Gesamtkunstwerk*, sans effacer les ressources offertes par la poésie et les arts figuratifs, on accède aux territoires fertiles du multimédia en ajoutant les inventions technologiques les plus récentes.

> Il eût été étrange qu'à une époque où l'art populaire par excellence, le cinéma, est un livre d'images, les poètes n'eussent pas essayé de composer des images pour les esprits méditatifs et plus raffinés qui ne se contentent point des imaginations grossières des fabricants de films. Ceux-ci se raffineront, et l'on peut prévoir le jour où le phonographe et le cinéma étant devenus les seules formes d'impression en usage, les poètes auront une liberté inconnue jusqu'à présent[6].

Si l'époque du phonographe a déjà commencée, le temps du cinéma ne s'est pas encore imposé, bien que le chemin qui l'élèvera au rang de septième art partage avec l'invention de Cros et Edison une origine et des conditions communes. Apollinaire pense au cinéma à plusieurs reprises, allant même jusqu'à écrire en 1917 un scénario complet et un *synopsis*, sans jamais les voir sur grand écran : *La Bréhatine*, avec André Billy, et *C'est un oiseau qui vient de France*[7]. Il s'agit certes de films muets et en noir et blanc, mais leur conception part de l'idée d'un art total et d'avant-garde, dans lequel la musique est constamment présente. « Le poète épique s'exprimera au moyen du cinéma, disait Apollinaire à Pierre Albert-Birot, et dans une belle époque où se rejoindront tous les arts, le musicien jouera aussi son rôle pour accompagner les phrases lyriques du récitant. [...] Le grand théâtre qui produit une dramaturgie totale c'est sans aucun doute le cinéma[8] ». En ce qui concerne le cinéma (et l'idée du cinéma) d'Apollinaire, on ne peut pas parler d'une véritable dramaturgie musicale. Mais il y a un jeu subtil de références, d'échos pas trop éloignés (pensons au rôle du Peuple de Zanzibar dans *Les Mamelles de Tirésias*), entre musique et cinéma qui mettent en

6 *L'Esprit nouveau et les poètes* (*Pr2*, p. 944).

7 Sur le cinéma d'Apollinaire, v. Nadja Cohen, *Les Poètes modernes et le cinéma (1910-1930)*, Paris, Classiques Garnier, 2013, p. 9-25 et *passim*.

8 Pierre Albert-Birot, « Les tendances nouvelles – Interview avec Guillaume Apollinaire », *SIC*, n° 8-9-10, 1916, p. 3 (*Pr2*, p. 986-987).

évidence, une fois de plus, l'esprit musical qui a toujours soufflé sur la poétique d'Apollinaire. Ainsi le titre de *C'est un oiseau qui vient de France* provient de la chanson revancharde des années 1880 du même nom[9], et *La Bréhatine*, film romantique à décor breton, contient et s'inspire en partie de la *Chanson de Paimpol*, qui pourrait être identifiée avec *La Paimpolaise*, célébrissime ballade mélancolique écrite par Théodore Botrel en 1895[10]. L'art et la musique populaires avant tout, donc : même dans le cinéma d'Apollinaire, la chanson populaire et la mélodie traditionnelle s'opposent à la musique cultivée – qui, dans ces années-là, dominait également le *cinéma d'art* naissant avec Saint-Saëns (*L'assassinat du duc de Guise*, 1908), Mascagni (*Rhapsodie satanique*, 1917) et, après eux, le Satie avant-gardiste d'*Entr'acte* (1924).

Lorsque le moment fut venu d'étudier la relation d'Apollinaire avec la musique, ce sont ses changements d'attitude envers la musique cultivée, perçue comme un vide ou un manque, qui laissèrent les critiques dans le doute. Les analyses de plusieurs chercheurs ne prennent en considération que l'indifférence de notre auteur pour la musique cultivée ou, au contraire, tentent de retracer une pensée musicale *classique* là même où elle est plus que difficile à trouver. Or, le passage du poète à d'autres voies constitue une clé pour comprendre cette question. Essayer d'analyser Apollinaire comme s'il était Proust ne peut donner aucun résultat valable. Pas seulement pour des raisons artistiques, sociales et politiques, mais aussi parce que la relation des deux écrivains avec la musique se situe à des niveaux complètement différents. Les commentateurs ont considéré l'indifférence d'Apollinaire pour la musique comme une juste déviation des thèmes symbolistes, mais ils n'ont, dans le même temps, pas envisagé avec attention les chemins alternatifs pris par le poète. Dans certains cas, ils ont cherché des indices de ses opinions sur les compositeurs cultivés et, ne trouvant que de rares traces, se sont limités à une évaluation négative de ses relations avec des auteurs indépendants tels Varèse, Savinio et Germaine Albert-Birot. Et pourtant, selon Apollinaire, la musique se situe toujours au plus haut

9 *C'est un oiseau qui vient de France* a été écrite par Camille Soubise avec la musique de Frédéric Boissière.

10 La chanson, dont la musique est signée Eugène Feautrier, est inspirée du roman *Pêcheur d'Islande* de Pierre Loti (1886) ; elle est restée au répertoire de Mayol jusque dans les années 1930.

niveau de l'échelle des valeurs artistiques, à côté de la nouvelle peinture. Elle est en effet si élevée qu'elle disparaît presque de la vue des autres arts et finit par devenir une pure abstraction, un modèle idéal pour construire une nouvelle musique – et avec elle une nouvelle poésie – qui ne coïncide pas avec la musique savante.

Le silence d'Apollinaire face à la musique cultivée était aussi conditionné par l'intense politisation et intellectualisation du débat musical et musicologique dans les années 1900. Au sein de ces dynamiques, différents équilibres se sont développés – comme celui entre Wagner et Berlioz, ou entre l'opéra français et étranger – sans toutefois qu'il y ait une grande liberté pour dissocier le facteur socio-politique du facteur artistique. L'évolution de la pensée musicale d'Apollinaire est elle-même emblématique de ce contexte. On pourrait dire qu'au début, à l'époque symboliste du *Festin d'Ésope*, il était placé en équilibre entre des idéologies opposées, puis qu'il a abandonné toute position inconfortable pour augmenter la distance – sociale, politique, économique, artistique – entre les différents champs existants dans les deux dernières décennies de la Belle Époque. Ceux champs ne changeront qu'après la guerre, lorsque les artistes d'avant-garde se mêleront aux Ballets russes, que Stravinsky commencera à être considéré comme un cubiste et qu'Apollinaire deviendra presque néoclassique. D'autre part, s'affranchir des contraintes intellectuelles ou bourgeoises permit à Apollinaire et aux artistes qui lui étaient liés de travailler dans un domaine autonome, international, libre. De cette liberté, malheureusement, n'émana aucune élaboration conceptuelle de la musique, surtout dans les quinze premières années du XXe siècle, période entre le symbolisme et le surréalisme de Breton. Les poètes et les artistes d'avant-garde semblaient la snober.

Mais la musique, esprit souterrain qui anime la vie d'Apollinaire, revient finalement sous une forme définitive dans notre recherche, comme pour sanctionner l'inéluctabilité d'un discours qui se déroule dans le non-dit et ne peut que se manifester sous une forme *visible*. Ce n'est pas un hasard si Pablo Picasso, l'un de ceux qui a le mieux connu Guillaume en tant que personne et en tant qu'artiste, trois ans après sa mort, inclut son vieil ami et Max Jacob dans *Trois musiciens*, peinture cubiste en deux versions de 1921. Il s'agit d'un tableau qui reflète l'interaction entre les arts dans les années d'avant-guerre en représentant les deux poètes et Picasso lui-même en tant que musiciens d'une *cobla* catalane et comme acteurs de théâtre traditionnel : le peintre et Max sont respectivement un arlequin et un moine qui jouent et chantent, Apollinaire un pierrot qui joue d'une chalemie catalane. C'était un univers tout particulier, vécu par Picasso avec nostalgie, le regret d'une époque désormais révolue, dans laquelle les trois amis coordonnaient ensemble tous les arts et par lesquels ils parvenaient à atteindre un équilibre qui les élevait tous ensemble vers un concert parfait.

BIBLIOGRAPHIE

A. S. [Alberto Savinio], notes au concert du 24 mai 1914, *Les Soirées de Paris*, nº 24, 1914, p. 246.

ACQUISTO, Joseph, *Symbolist poetry and the idea of music*, Aldershot, Ashgate, 2006.

ADÉMA, Pierre-Marcel (dir.), *Guillaume Apollinaire*, cahier spécial de *Rimes et Raisons*, Paris, La tête noire, 1946.

ADÉMA, Pierre-Marcel, *Guillaume Apollinaire*, Paris, La Table Ronde, 1968.

ALBERT-BIROT, Germaine, « Réflexions sur la danse I », *SIC*, nº 25, 1918, p. 2-3.

ALBERT-BIROT, Pierre, « Les tendances nouvelles – Interview avec Guillaume Apollinaire », *SIC*, nº 8-9-10, 1916, p. 2-3.

ALBRIGHT, Daniel, *Untwisting the Serpent – Modernism in Music, Literature, and Other Arts*, Chicago, University of Chicago Press, 2000.

ALEXANDRE, Didier et THIERRY Roger (dir.), *Puretés et impuretés de la littérature (1860-1940)*, Paris, Classiques Garnier, 2015.

ALEXANDRE, Didier, *Apollinaire : Alcools*, Paris, PUF, 1994.

APOLLINAIRE, Guillaume *et al.*, « Enquête sur l'Orchestre », *Le Festin d'Ésope*, nº 4, 1904, p. 61-67.

APOLLINAIRE, Guillaume *et al.*, « Enquête sur l'Orchestre », *Le Festin d'Ésope*, nº 5, 1904, p. 82-86.

APOLLINAIRE, Guillaume et Jean COCTEAU, *Correspondance Jean Cocteau – Guillaume Apollinaire*, éd. P. Caizergues et M. Décaudin, Paris, Jean-Michel Place, 1991.

APOLLINAIRE, Guillaume, *Calligrammes*, éd. A. Hyde Greet, Berkeley, University of California Press, 1980.

APOLLINAIRE, Guillaume, *Correspondance avec les artistes (1903-1918)*, éd. L. Campa et P. Read, Paris, Gallimard, 2009.

APOLLINAIRE, Guillaume, *Correspondance générale*, éd. V. Martin-Schmets, Paris, Honoré Champion, « Bibliothèque des correspondances », 2015.

APOLLINAIRE, Guillaume, *Guillaume Apollinaire, 202 Bd. Saint-Germain, Paris*, éd. F. Bruera, Rome, Bulzoni, 1992, vol. 2.

APOLLINAIRE, Guillaume, *Guillaume Apollinaire, 202 Bd. Saint-Germain, Paris*, éd. L. Bonato, Rome, Bulzoni, 1992, vol. 1.

APOLLINAIRE, Guillaume, *Le Théâtre italien*, Paris, Louis Michaud, 1911.

APOLLINAIRE, Guillaume, *Œuvres en prose complètes*, vol. 1, éd. M. Décaudin, Paris, Gallimard, « Bibliothèque de la Pléiade », 1977.

APOLLINAIRE, Guillaume, *Œuvres en prose complètes*, vol. 2, éd. P. Caizergues et M. Décaudin, Paris, Gallimard, « Bibliothèque de la Pléiade », 1991.

APOLLINAIRE, Guillaume, *Œuvres en prose complètes*, vol. 3, éd. P. Caizergues et M. Décaudin, Paris, Gallimard, « Bibliothèque de la Pléiade », 1993.

APOLLINAIRE, Guillaume, *Œuvres poétiques*, éd. P.-M. Adéma et M. Décaudin, Paris, Gallimard, « Bibliothèque de la Pléiade », 1965.

APOLLINAIRE, Guillaume, *Teatro*, éd. F. Bruera, Rome, Carocci, 2020.

AQUIEN, Michèle, « La voix d'Apollinaire », *Poétique*, nº 111, 1997, p. 289-306.

ARAGON, Louis, « Le 24 juin 1917 », *SIC*, nº 27, 1918, p. 4-5.

ARFOUILLOUX, Sébastien, *Que la nuit tombe sur l'orchestre – Surréalisme et musique*, Paris, Fayard, 2009.

AURIC, Georges, « Apollinaire et la musique », *Revue musicale*, nº 210, 1952, p. 147-149.

BALDI, Stefano et Cristina TRINCHERO « *Le Sacre du Printemps* di Sébastien Voirol e Igor' Stravinskij fra musica, poesia e arte », in Nicoletta BETTA et Marida RIZZUTI (dir.), *Cento primavere : ferocità e feracità del "Sacre du printemps"*, Alexandrie, Edizioni dell'Orso, 2014, p. 95-124.

BATTIER, Marc, « De la symphonie du monde à la symphonie de bruits », *Filigrane. Musique, esthétique, sciences, société*, nº 7 (*Musique et bruits*), 2008.

BATTIER, Marc, « Des unanimistes à l'art sonore : quand la littérature, l'art et la musique recréent la technologie », in Sylvain CARON, FRANÇOIS de MEDICIS et Michel DUCHESNEAU (dir.), *Musique et modernité en France*, Montréal, Presses de l'Université de Montréal, 2006, p. 389-416.

BATTIER, Marc, « What the GRM brought to music : from musique concrète to acousmatic music », *Organised Sound*, vol. 12, nº 3, 2007, p. 189-202.

BAUDELAIRE, Charles, *Salon de 1846*, Paris, Michel Lévy, 1846.

BELLAIGUE, Camille, *Propos de musique et de guerre*, Paris, Nouvelle Librairie Nationale, 1917.

BELLAIGUE, Camille, *Verdi. Biographie critique*, Paris, Henri Laurens, 1912.

BELLAS, Jacqueline, « Apollinaire et Poulenc : peut-on mettre *Alcools* en musique ? », in Michel DÉCAUDIN (dir.), *Apollinaire et la Musique – Actes du colloque*, (Journées Apollinaire, Stavelot, 27-29 août 1965), Stavelot, Éditions "Les amis de G. Apollinaire", 1967, p. 49-57.

BELLAS, Jacqueline, « Apollinaire librettiste – *Casanova* et l'écriture parodique », *La Revue des Lettres modernes*, série « Guillaume Apollinaire », nº 18 (*Le Casanova d'Apollinaire, Comédie parodique*), 1991, p. 67-102.

BELLAS, Jacqueline, « *Les Mamelles de Tirésias* en habit d'arlequin », *La Revue des*

Lettres modernes, série « Guillaume Apollinaire », n° 4 (*Autour des Mamelles de Tirésias – L'Hérésiarque et Cie*), 1965, p. 30-54.

BELLAS, Jacqueline, « Lul et l'Or du Rhin », *La Revue des Lettres modernes*, série « Guillaume Apollinaire », n° 11 (*Méthodes et approches critiques (2)*), 1972, p. 95-100.

BELLELI, Maria Luisa, « Apollinaire et Proust », *La Revue des Lettres modernes*, série « Guillaume Apollinaire », n° 18 (*Le Casanova d'Apollinaire, Comédie parodique*), 1991, p. 105-127.

BEREST, Anne et Claire, *Gabriële*, Paris, Stock, 2017.

BERNARD, Suzanne, *Mallarmé et la musique*, Paris, Nizet, 1959.

BERTRAND, J., « Le compositeur Carol-Bérard », *L'Homme libre*, 14 septembre 1920.

BETTA, Nicoletta et Marida RIZZUTI (dir.), *Cento primavere : ferocità e feracità del "Sacre du printemps"*, Alexandrie, Edizioni dell'Orso, 2014.

BILLY, André, *Apollinaire vivant*, Paris, La Sirène, 1923.

BLUMENKRANZ, Noëmi, « Sur la rédaction de l'*Antitradition futuriste* », *Que vlo-ve ?*, n° 15, 2001, p. 77-80.

BODIN, Thierry, « Robert Caby, musicien-poète. Brève esquisse », *Que vlo-ve ?*, n° 33, 1990, p. 6-12.

BOHN, Willard, « Apollinaire, Soler Casabon et *L'Homme sans visage* », *Que vlo-ve ?*, n° 27-28, 2004, p. 55-61.

BOHN, Willard, « Autour des *Mamelles de Tirésias* », *Que vlo-ve ?*, n° 20, 2002, p. 110-117.

BOHN, Willard, « Sur la butte : Apollinaire et Savinio », *Que vlo-ve ?*, n° 13, 1985, p. 5-9.

BOHN, Willard, *Apollinaire and the Faceless Man – The Creation and Evolution of a Modern Motif*, Londres, Associated Universities Presses, 1991.

BOHN, Willard, *Apollinaire on the Edge – Modern Art, Popular Culture, and the Avant-Garde*, Amsterdam et New York, Rodopi, 2010.

BOHN, Willard, *The Rise of Surrealism – Cubism, Dada, and the Pursuit of the Marvelous*, New York, State University of New York, 2001.

BOISSON, Madeleine, *Apollinaire et les mythologies antiques*, Paris, Schena-Nizet, 1989.

BOIVIN, Jean, « Musique et nature », in Jean-Jacques NATTIEZ (dir.), *Musiques. Une encyclopédie pour le XXIe siècle*, Arles, Actes Sud, 2003, t. I, p. 484-511.

BONNET, Antoine et Pierre-Henry FRAGNE (dir.), *Mallarmé et la musique, la musique et Mallarmé. L'écriture, l'orchestre, la scène, la voix*, Rennes, PUR, 2016.

BORDAT, Denis et Bernard VECK, *Apollinaire*, Paris, Hachette, 1983.

BOSCHETTI, Anna, *La poésie partout – Apollinaire, homme-époque (1898-1918)*, Paris, Seuil, 2001.

BOSCHOT, Adolphe, « Le "Sacre du Printemps" – Ballet de MM. Roerich, Stravinsky et Nijinsky », *L'Écho de Paris*, 30 mai 1913.

BOUDAR, Gilbert (dir.), *Catalogue de la bibliothèque de Guillaume Apollinaire*, avec la collaboration de Pierre CAIZERGUES et Michel DÉCAUDIN, Paris, Éditions du CNRS, 1983, 2 vol.

BOUDAR, Gilbert, « Complément aux catalogues de la Bibliothèque d'Apollinaire », *Que vlo-ve ?*, n° 27, 1988, p. 3-38.

BOURDIEU, Pierre, *Raisons pratiques. Sur la théorie de l'action*, Paris, Éditions du Seuil, 1994.

BOUYER, Raymond, « Berlioz et Wagner en 1903 », *La Nouvelle revue*, vol. 24, 1903, p. 417-423.

BRETON, André et Philippe SOUPAULT (dir.), « Quelques préférences », *Littérature*, n° 2, 1922, p. 1-4.

BRETON, André, *Anthologie de l'humour noir*, Paris, Pauvert, 1966 (I éd. 1940).

BRETON, André, *Le surréalisme et la peinture*, Paris, Gallimard, 1965 (I éd. 1928).

BRUERA, Franca, « "Mon beau navire ô ma mémoire" : Savinio et Apollinaire », *Que vlo-ve ?*, n° 1, 1991, p. 9-13.

BRUERA, Franca, « Des expériences théâtrales oubliées : Guillaume Apollinaire, André Salmon et l'échec du *Marchand d'anchois* », in Barbara MEAZZI et Jean-Pol MADOU (dir.), *Les oubliés des avant-gardes*, Chambery, Université de Savoie, 2006, p. 9-22.

BRUERA, Franca, « Due personaggi in cerca di allori : il teatro scanzonato di Apollinaire e Salmon », in Enrica GALAZZI e Giuseppe BERNARDELLI (dir.), *Lingua, cultura e testo – Miscellanea di studi francesi in onore di Sergio Cigada*, Milan, Vita e Pensiero, 2003, vol. 2, p. 153-163.

BRUERA, Franca, « Una rosa per Stravinskij », in Nicoletta BETTA et Marida RIZZUTI (dir.), *Cento primavere : ferocità e feracità del "Sacre du printemps", Cento primavere : ferocità e feracità del "Sacre du printemps"*, Alexandrie, Edizioni dell'Orso, 2014, p. 79-93.

BRUERA, Franca, *Apollinaire & C. – Ungaretti, Savinio, Sanguineti*, Rome, Bulzoni, 1991.

BRUNEAU, Alfred, *La Musique française*, Paris, Charpentier, 1901.

BUFFARD-MORET, Brigitte, *La chanson poétique du XIXe siècle – Origine, statut et formes*, Rennes, PUR, 2006.

BUFFET, Gabrielle, « Musique d'aujourd'hui », *Les Soirées de Paris*, n° 22, 1914, p. 181-183.

BURGOS, Jean, « *Casanova*, ou le sourire tragique », *La Revue des Lettres modernes*, série « Guillaume Apollinaire », n° 18 (*Le Casanova d'Apollinaire, Comédie parodique*), 1991, p. 29-40.

BURGOS, Jean, « Moyen Âge », in Daniel DELBREIL (dir.), *Dictionnaire Apollinaire*, Paris, Honoré Champion, 2020, p. 695-697.

BURGOS, Jean, « Stravinsky, Igor », in Daniel DELBREIL (dir.), *Dictionnaire Apollinaire*, Paris, Honoré Champion, 2020, p. 1061-1062.

BUTLER Christopher, *Early Modernism – Literature, Music and Painting in Europe (1900-1916)*, Oxford, Clarendon Press, 1994.

BUTLER, Christopher, « Stravinsky as modernist », in Jonathan CROSS (dir.), *The Cambridge Companion to Stravinsky*, Cambridge, Cambridge University Press, 2003, p. 19-36.

CABY, Robert, « Cent poèmes d'Apollinaire », *Que vlo-ve ?*, nº 33, 1990, p. 13-16.

CADDY, Davinia, « Parisian Cake Walks », *19th-Century Music*, vol. 30, nº 3, 2007, p. 288-317.

CADDY, Davinia, *The Ballets Russes and Beyond – Music and Dance in Belle-Époque Paris*, Cambridge, Cambridge University Press, 2012.

CÁMARA DE LANDA, Enrique « Scandales et condamnations : l'introduction du tango en Italie (1913-1914) », in Ramón PELINSKI (dir.), *Tango nomade. Études sur le tango transculturel*, Montréal, Tryptique, 1995, p. 173-234.

CAMPA, Laurence, *Guillaume Apollinaire*, Paris, Gallimard, 2013.

CARADEC, François et Alain WEILL, *Le café-concert (1848-1914)*, Paris, Fayard, 2007.

CARLEY, Lionel, *Delius : The Paris Years*, Londres, Triad Press, 1975.

CAROL-BÉRARD, « Recorded noises ? Tomorrows's instrumentation », *Modern Music*, vol. 6, nº 2, 1929, p. 26-29.

CARON, Sylvain, François DE MEDICIS et Michel DUCHESNEAU (dir.), *Musique et modernité en France*, Montréal, Presses de l'Université de Montréal, 2006.

CARRÉ, Jean-Jacques, « Ardengo Soffici et Guillaume Apollinaire : au-delà du Futurisme », *La Revue des Lettres modernes*, série « Guillaume Apollinaire », nº 7 (*1918-1968*), 1968, p. 112-124.

CERUSSE, Jean [pseud. de Serge FÉRAT], « L'audition des œuvres musicales de M. Albert Savinio », *Les Soirées de Paris*, nº 25, 1914, p. 301-302.

CHADOURNE, André, *Les cafés-concert*, Paris, Dentu, 1889.

CHAMPIGNY, Robert, « Analyse du *Pont Mirabeau* », *PMLA*, vol. 78, nº 4, 1963.

CHARLE, Christophe, « Le carnaval du temps présent – Les revues d'actualités à Paris et à Bruxelles, 1852-1912 », *Actes de la recherche en sciences sociales*, nº 1-2, 2011, p. 58-79.

CHARLE, Christophe, « Opera in France, 1870-1914 : Between nationalism and foreign imports », in Victoria JOHNSON, Jane F. FULCHER et Thomas ERTMANN (dir.), *Opera and Society in Italy and France from Monteverdi to Bourdieu*, Londres, Cambridge University Press, 2007.

CHARLE, Christophe, *Naissance des intellectuels 1880-1900*, Paris, Les Éditions du Minuit, 1990.

CIRILLO, Silvana, *Alberto Savinio – Le molte facce di un artista di genio*, Milan, Bruno Mondadori, 1997.

COCTEAU, Jean, « Le Sacre du Printemps », in *Le Coq et l'Arlequin*, Paris, La Sirène, 1918.

COCTEAU, Jean, *Carte blanche*, Paris, La Sirène, 1920.

COCTEAU, Jean, *La difficulté d'être*, Paris, Éditions du Rocher, 1989 (I éd. 1947).

COCTEAU, Jean, *Le Coq et l'Arlequin*, Paris, La Sirène, 1918.

COHEN, Nadja, *Les Poètes modernes et le cinéma (1910-1930)*, Paris, Classiques Garnier, 2013.

CONDEMI, Concetta, *Les cafés-concerts : histoire d'un divertissement (1849-1914)*, Paris, Quai Voltaire, 1992.

COULANGEON, Philippe, « La stratification sociale des goûts musicaux. Le modèle de la légitimité culturelle en question », *Revue française de sociologie*, vol. 44, n° 1, 2003, p. 3-33.

CURTIN, Adrian, *Avant-Garde Theatre Sound – Staging Sonic Modernity*, Basingstoke, Palgrave-Macmillan, 2014.

D'AGOSTINO, Gianluca, « Nuove annotazioni su Leonardo e la musica », *Studi musicali*, n° 30, 2001, p. 281-320.

DAVIES, Margaret, « La petite musique d'Apollinaire », in Michel DÉCAUDIN (dir.), *Apollinaire et la Musique – Actes du colloque*, (Journées Apollinaire, Stavelot, 27-29 août 1965), Stavelot, Éditions "Les amis de G. Apollinaire", 1967, p. 43-48.

DAVIS, Mary E., *Erik Satie*, Londres, Reaktion Books, 2007.

DAYAN, Peter, « Apollinaire's music », *Forum for Modern Language Studies*, vol. 47, n° 1, 2011, p. 36-48.

DE AGOSTINI, Daniela, « Una creazione "simultanea" : *Le Sacre du Printemps* di Sébastien Voirol e di Igor Stravinsky », in Sergio ZOPPI (dir.), *Simultanéisme / Simultaneità*, Rome, Bulzoni, 1987, p. 109-123.

DE LA BÉDOLLIÈRE, Émile, *Histoire de la mode en France*, Bruxelles, Meline, Cans et Cie, 1858.

DE MONTESQUIOU, Robert, *Les chauves-souris – Clairs obscurs*, Paris, Richard, 1907 (I éd. 1892).

DE SANTIS, Mila, « Opera o altro. Sul complemento del titolo nella drammaturgia musicale italiana del Novecento », in Marco VINCENZI (dir.), *Drammaturgie musicali del Novecento : teorie e testi*, Lucques, LIM, 2008, p. 43-103.

DEBON, Claude et François NAUDIN, « Surréalisme », in Daniel Delbreil (dir.), *Dictionnaire Apollinaire*, Paris, Honoré Champion, 2020, p. 1065-1070.

DEBON, Claude, « Apollinaire et la pensée nietzschéenne », in Samir MARZOUKI (dir.) *Apollinaire au carrefour des cultures*, Tunis, ENS, 1998, p. 25-50.

DEBON, Claude, « Apollinaire lecteur de Salmon, Casanova et quelques autres », *La Revue des Lettres modernes*, série « Guillaume Apollinaire », n° 14 (*Recours aux sources 1*), 1978, p. 65-82.

DEBON, Claude, « Barzun Martin, dit Barzun », in Daniel Delbreil (dir.), *Dictionnaire Apollinaire*, Paris, Honoré Champion, 2020, p. 98-100.

DEBON, Claude, « *Couleur du temps* – D'une réception l'autre », *La Revue des Lettres modernes*, série « Guillaume Apollinaire », n° 20 (*Clés pour Couleur du temps*), 2000, p. 59-75.

DEBON, Claude, « Danse », in Daniel Delbreil (dir.), *Dictionnaire Apollinaire*, Paris, Honoré Champion, 2020, p. 284-285.

DEBON, Claude, « Relire et revoir *Le Bestiaire ou Cortège d'Orphée* », *Que vlo-ve ?*, n° 1, 1998, p. 1-32.

DEBON, Claude, « Un prix pour *Casanova*, livret d'Apollinaire, musique de Henry Defosse », *La Revue des Lettres modernes*, série « Guillaume Apollinaire », n° 18 (*Le Casanova d'Apollinaire, Comédie parodique*), 1991, p. 23-27.

DEBON, Claude, « Verlaine, Paul », in Daniel Delbreil (dir.), *Dictionnaire Apollinaire*, Paris, Honoré Champion, 2020, p. 1120-1122.

DEBUSSY, Claude, « Musiques de plein air », *Gil blas*, 19 janvier 1903.

DEBUSSY, Claude, « Préface » à Jean BACH-SISLEY, *Pour la musique française : douze causeries*, Paris, Grès, 1917.

DEBUSSY, Claude, *Monsieur Croche, antidilettante*, Paris, Dorbon-aîné, 1921.

DÉCAUDIN, Michel (dir.), *Apollinaire et la musique – Actes du colloque*, (Journées Apollinaire, Stavelot, 27-29 août 1965), Stavelot, Éditions "Les amis de G. Apollinaire", 1967.

DÉCAUDIN, Michel et Peter READ, « Une rose à qui ? », *Que vlo-ve ?*, n° 15, 2001, p. 81-87.

DÉCAUDIN, Michel, « Décadents et symbolistes français devant Wagner », in Giorgio BEVILACQUA (dir.), *Parole e musica – L'esperienza wagneriana nella cultura fra romanticismo e decadentismo*, Florence, Leo Olschki, 1986, p. 97-105.

DÉCAUDIN, Michel, « Histoire d'un texte », *La Revue des Lettres modernes*, série « Guillaume Apollinaire », n° 18 (*Le Casanova d'Apollinaire, Comédie parodique*), 1991, p. 9-21.

DÉCAUDIN, Michel, « *La Temperature* : une collaboration d'Apollinaire et d'André Salmon », *Que vlo-ve ?*, n° 6, 1985, p. 8-10.

DÉCAUDIN, Michel, *Apollinaire*, Paris, Librairie Générale Française, 2002.

DÉCAUDIN, Michel, *La crise des valeurs symbolistes – Vingt ans de poésie française (1895-1914)*, Toulouse, Privat, 1960.

DÉCAUDIN, Michel, *Le dossier d'« Alcools »*, Paris, Droz, 1960.

DELAUNAY, Robert, « Art et curiosité – Les commencements du cubisme », *Le Temps*, 14 octobre 1912.

DELAUNAY, Robert, *Du cubisme à l'art abstrait*, éd. P. Francastel, Paris, SEVPEN, 1957.

DELBREIL, Daniel (dir.), *Dictionnaire Apollinaire*, Paris, Honoré Champion, 2020.

DICKOW, Alexander, « Une élégie (pas) comme les autres : *Le Pont Mirabeau* », *Revue des sciences humaines*, n° 3, 2012 (« Apollinaire en archipel », n° monographique 307, éd. L. Campa), p. 75-94.

DININMAN, Françoise, « *Chantre* et les sirènes », *Que vlo-ve ?*, n° 10, 1984, p. 17-19.

DININMAN, Françoise, « Naissance du *Crépuscule* ou les tours de Mercure », *Que vlo-ve ?*, n° 6-7, 1983, p. 1-28.

DREYFUS, Robert, *Petite histoire de la revue de fin d'année*, Paris, Charpentier et Fasquelle, 1909.

DUCHESNEAU Michel, *L'avant-garde musicale et ses sociétés à Paris de 1871 à 1939*, Sprimont, Mardaga, 1997.

DUHAMEL, Georges, « *Alcools* d'Apollinaire », *Mercure de France*, 16 juin 1913.

DURRY, Marie-Jeanne, *Guillaume Apollinaire – Alcools*, Paris, Société d'édition d'enseignement supérieur, 1964.

ECCOTT, David, « Florent Schmitt », in Lionel CARLEY (dir.), *Frederick Delius – Music, Art and Literature*, Abingdon, Routledge, 2018, p. 113-153.

ÉCORCHEVILLE, Jules, « Un quintette de Fanelli », *Revue musicale S.I.M.*, vol. 8, n° 4, 1912, p. 37-47.

ESTAY STANGE, Verónica, *Sens et musicalité – Les Voix secrètes du symbolisme*, Paris, Classiques Garnier, 2014.

ESTRUGA, José, « José Soler Casabon y Apollinaire », *Revista de Cultura Aragonesa*, n° 123, 2007, p. 28-37.

FAGIOLO DELL'ARCO, Maurizio (dir.), *Alberto Savinio*, Rome, De Luca, 1978.

FAULK, Barry J., *Music Hall and Modernity – The Late-Victorian Discovery of Popular Culture*, Athens, Ohio University Press, 2004.

FAURE-FAVIER, Louise, « Apollinaire et la musique », in Pierre-Marcel ADÉMA (dir.), *Guillaume Apollinaire*, cahier spécial de *Rimes et Raisons*, Paris, La tête noire, 1946, p. 15-22.

FERRÉ, Léo, « À Charles Baudelaire », dans les notes aux concerts *Ferré chante les poètes* au Théâtre Libertaire de Paris (TLP-Déjazet), 28 octobre – 16 novembre 1986.

FERRÉ, Léo, « Il y a vingt ans que je n'écris pas de musique », notes d'accompagnement à *Léo Ferré chante et dirige la Chanson du mal-aimé de Guillaume Apollinaire*, LP, Barclay – 90363, 1972.

FERRÉ, Léo, *Vous savez qui je suis, maintenant ?*, éd. Q. Dupont, Monaco, La mémoire et la mer, 2003.

FESCHOTTE, Jacques, *Histoire du music-hall*, Paris, PUF, 1965.

FLEURET, Fernand, « Guillaume Apollinaire », in Eugène MONTFORT (dir.), *Vingt-cinq ans de littérature française*, Paris, Librairie de France, 1920, t. II, p. 225-231.

FLORENT SCHMITT, « Les concerts », *Le Temps*, 6 décembre 1930.

FONGARO, Antoine, « À propos d'*Un fantôme de nuées* », *Que vlo-ve ?*, n° 14, 1985, p. 3-15.

FONGARO, Antoine, « *Le théâtre italien* de Guillaume Apollinaire », *Que vlo-ve ?*, n° 17, 1995, p. 1-36.

FONGARO, Antoine, « Un vers univers », *La Revue des Lettres modernes*, série « Guillaume Apollinaire », n° 13 (*Apollinaire et la guerre (2)*), 1991, p. 109-118.

FRECENON, Elisabetta, « Le *Casanova* d'Apollinaire, ou les fidélités et les trahisons d'une biographie parodique », in Agnès MORINI (dir.), *Figure, figures – Portraits de femmes et d'hommes célèbres, ou moins, dans la littérature italienne*, Saint-Étienne, Université de Saint-Étienne, 2002, p. 113-130.

FULCHER, Jane F., « Symbolic domination and contestation in French music : Shifting the paradigm from Adorno to Bourdieu », in Victoria JOHNSON, Jane F. FULCHER et Thomas ERTMANN (dir.), *Opera and Society in Italy and France from Monteverdi to Bourdieu*, Londres, Cambridge University Press, 2007 p. 312-329.

FULCHER, Jane F., *French Cultural Politics and Music from the Dreyfus Affair to the First World War*, Londres, Oxford University Press, 1999.

FULCHER, Jane F., *The Composer as Intellectual – Music and Ideology in France (1914-1940)*, New York, Oxford University Press, 2005.

GASCO, Alberto, « La stagione sinfonica all'Augusteo – Il concerto d'inaugurazione », *La Tribuna*, 13 novembre 1934.

GENNARO, Sara et Gianmario BORIO, « Multimedialità e metamorfosi del concetto di opera », in Gianmario BORIO et Carlo GENTILI (dir.), *Storia dei concetti musicali. Espressione, forma, opera*, Rome, Carocci, 2007, vol. 2, p. 335-353.

GOJARD, Jacqueline, « Guillaume Apollinaire et André Salmon sur le pont des reviens-t'en », *Revue d'histoire littéraire de la France*, vol. 121, n° 1.

GONNARD, Henri, « La voix et le surréalisme, une rencontre problématique », in Pascal LÈCROART et Frédérique TOUDOIRE-SURLAPIERRE (dir.), *Éclats de voix – L'expression de la voix en littérature et en musique*, Paris, L'improviste, 2005, p. 211-223.

HAINE, Malou, « Jean Cocteau, impresario musical à la croisée des arts », in Sylvain CARON, François DE MÉDICIS et Michel DUCHESNEAU (dir.), *Musique et modernité en France*, Montréal, Presses de l'Université de Montréal, 2006 p. 69-134.

HALBREICH, Harry, *Arthur Honegger*, Portland, Amadeus Press, 1999.

HEUDE, Jean-Jacques, « Le *Casanova* de Henri Defosse », *La Revue des Lettres modernes*, série « Guillaume Apollinaire », n° 18 (*Le Casanova d'Apollinaire, Comédie parodique*), 1991, p. 41-65.

HICKEN, Adrian, « Apollinaire, De Chirico et Chagall – L'influence d'idées allemandes concernant les "mouvements inconscients de la personnalité" autour de 1914 », *Que vlo-ve ?*, n° 19, 2002, p. 71-80.

HICKEN, Adrian, *Apollinaire, Cubism and Orphism*, Londres, Ashgate, 2002.

HIGGINS, Dick, « Intermedia », *Something Else Newsletter*, vol. 1, n° 1, 1966 (republié dans *Leonardo*, vol. 34, n° 1, 2001, p. 49-54).

HIRSCH, Charles-Henri, « Revue du mois », *Mercure de France*, 1 avril 1904.

HIRSCHI, Stéphane, « Apollinaire en chanteurs », *Revue des sciences humaines*, n° 3, 2012 (« Apollinaire en archipel », n° monographique 307, éd. L. Campa), p. 163-184.

HUBERT, Étienne-Alain, « Petit cortège pour le *Bestiaire* », *Que vlo-ve ?*, n° 2, 1998, p. 33-40.

HUMBERT, Béatrice, « Le tango à Paris de 1907 à 1920 », in Ramón PELINSKI (dir.), *Tango nomade. Études sur le tango transculturel*, Montréal, Tryptique, 1995, p. 99-162.

HUYSSEN, Andreas, *After the Great Divide – Modernism, Mass Culture, Postmodernism*, Bloomington et Indianapolis, Indiana University Press, 1986.

HYDE GREET, Anne, *Apollinaire et le livre de peintre*, Paris, Minard, 1978.

ISNARDON, Jacques, *Le chant théâtral*, Paris, Marcel & Jane Vieu, 1911.

JANNINI, Pasquale A., *Le avanguardie letterarie nell'idea critica di Apollinaire*, Rome, Bulzoni, 1979.

JAUSS, Hans Robert, « 1912 : Threshold to an epoch. Apollinaire's *Zone* and *Lundi rue Christine* », *Yale French Studies*, n° 74, 1988, p. 39-66.

JOHNSON, Victoria, Jane F. FULCHER et Thomas ERTMANN (dir.), *Opera and Society in Italy and France from Monteverdi to Bourdieu*, Londres, Cambridge University Press, 2007.

JOURDAN-MORHANGE, Hélène, *Mes amis musiciens*, Paris, Éditeurs Français Réunis, 1955.

JUMEAU-LAFOND, Jean-David, « Gabriel Fabre (1858-1921) : un symboliste oublié », *Revue de musicologie*, vol. 90, n° 1, 2004, p. 83-114.

JÜNKE, Claudia, « Intermédialité chez Apollinaire. Pureté esthétique et impureté médiatique de la littérature », in Didier ALEXANDRE et Thierry ROGER (dir.), *Puretés et impuretés de la littérature (1860-1940)*, Paris, Classiques Garnier, 2015, p. 163-175.

KANE, Brian, *Sound Unseen : Acousmatic Sound in Theory and Practice*, Londres, Oxford University Press, 2014.

KIEFFER, Alexandra, *Debussy's Critics – Sound, Affect, and the Experience of Modernism*, Oxford, Oxford University Press, 2019.

KNAUTH, K. Alfons, « La guerre des langues des avant-gardes littéraires autour de 1914-1918 », in Michèle FINCK, Tatiana VICTOROFF, Enrica ZANIN, Pascal DETHURENS, Guy DUCREY, Yves-Michel ERGAL et Patrick WERLY (dir.), *Littérature et expériences croisées de la guerre, apports comparatistes.* <http://sflgc.org/acte/k-alfons-knauth-la-guerre-des-langues-des-avant-gardes-litteraires-autour-de-1914-1918/>, page consultée le 3 avril 2020.

Koechlin, Charles, « Le théâtre comique et plus généralement le comique en musique », in Id., *Musique et société*, éd. M. Duchesneau, Wavre, Mardaga, 2009, vol. 2, p. 31-48.

Krauss, Rosalind E., *The Picasso Papers*, Cambridge, MIT Press, 1999.

Krier, Yves, « Cinq créations musicales sur *Chantre* – Processus et réflexions », *Que vlo-ve ?*, n° 24, 1996, p. 106-108.

Krzywkowski, Isabelle, *Le Temps et l'Espace sont morts hier. Les années 1910-1920 : Poésie et poétique de la première avant-garde*, Paris, L'Improviste, 2006.

La Revue des Lettres modernes, série « Guillaume Apollinaire », nos 1 à 21, Paris, Minard, 1962-2001.

Lacombe, Hervé, « *Les Mamelles de Tirésias* de Francis Poulenc », *Revue des sciences humaines*, n° 3, 2012 (« Apollinaire en archipel », n° monographique 307, éd. L. Campa), p. 139-162.

Lacombe, Hervé, *Francis Poulenc*, Paris, Fayard, 2013.

Lacoue-Labarthe, Philippe, *Musica Ficta. Figures de Wagner*, Paris, Christian Bourgois, 1991.

Lapacherie, Jean-Gérard, « Breton critique d'Apollinaire : les *Calligrammes* comme bégaiement », *Que vlo-ve ?*, n° 14, 1985, p. 16-20.

Lawler, James R., *The Language of French Symbolism*, Princeton, Princeton University Press, 1969.

Le Bot, Marc, *Francis Picabia et la crise des valeurs figuratives*, Paris, Klincksieck, 1968.

Le Coq, n° 1, 1920.

Le Flem, Paul, « Les projets de nos compositeurs – M. Marc Delmas », *Comoedia*, 28 septembre 1925.

Léblanc, Cécile, *Wagnérisme et création en France (1883-1889)*, Paris, Honoré Champion, 2005.

Lees, Heath, *Mallarmé and Wagner : Music and Poetic Language*, Aldershot, Ashgate, 2007.

Lentengre, Marie-Louise, *Pierre Albert-Birot – L'invention de soi*, Paris, Jean-Michel Place, 1993.

Leoncavallo, Ruggero, *Pagliacci* (livret), Milan, Sonzogno, 1893.

Lesure, François, *Debussy avant Pelléas ou les années symbolistes*, Paris, Klincksieck, 1992.

Lettere a F. T. Marinetti, éd. P. A. Jannini, Milan, All'insegna del pesce d'oro, 1978.

Lockerbie, S. I., « Le musicien de Saint-Merry », *Cahiers de l'Association internationale des études françaises*, vol. 23, n° 1, 1971, p. 197-209.

LUCA, Ange Toussaint, *Guillaume Apollinaire – Souvenirs d'un ami*, Paris, La Phalange, 1920.

LYTTON, Henry A., *The secrets of a savoyard*, Londres, Jarrolds, 1922.

MACCHIA, Giovanni, *Le théâtre de la dissimulation*, Paris, Gallimard, 1993.

MALLARMÉ, Stéphane, *La Musique et les Lettres*, Paris, Perrin et cie., 1895.

MARAS, Alessandro, « Germaine Albert-Birot – Musique entre Futurisme, Esprit nouveau et Dada », in Franca BRUERA et Cathy MARGAILLAN (dir.), *Le troisième sexe de l'avant-garde*, Paris, Classiques Garnier, 2017, p. 91-105.

MARAS, Alessandro, « Intersezioni geosemantiche fra classico e neoclassico : la furlana », *Italogramma*, n° 17, 2019, p. 1-10.

MARAS, Alessandro, « La revue de fin d'année entre divertissement et avant-garde : le cas Apollinaire », in Micaela NICCOLAI et Clair ROWDEN (dir.), *Musical Theatre in Europe 1830-1945*, Turnhout, Brepols, 2017, p. 49-62.

MARCEAU, Félicien, *Casanova ou l'anti-Don Juan*, Paris, Gallimard, 1949.

MARCHAL, Betrand, *La religion de Mallarmé*, Genève, Droz, 2018 (I éd. 1988).

MARÉCHAUX, Pierre et Grégoire TOSSER (dir.), *Ligatures – La pensée musicale de György Kurtág*, Rennes, PUR, 2009.

MARINETTI, Filippo Tommaso, « La declamazione dinamica e sinottica » [1916], in ID., *Teoria e invenzione futurista*, éd. L. De Maria, Milan, Mondadori, 1968, p. 122-129.

MARNOLD, Jean, « Musique », *Mercure de France*, 1 avril 1911.

MARNOLD, Jean, « Musique », *Mercure de France*, 16 avril 1912.

MARZOUKI, Samir, « *Couleur du temps* ou la paix utopique », *La Revue des Lettres modernes*, série « Guillaume Apollinaire », n° 20 (*Clés pour Couleur du temps*), 2000, p. 121-133.

MCCOMBIE, Elizabeth, *Mallarmé and Debussy – Unheard Music, Unseen Text*, Oxford, Clarendon Press, 2004.

MEAZZI, Barbara, « Le Manifeste de l'*Antitradition futuriste :* Apollinaire et le Futurisme », in Michel DÉCAUDIN et Sergio ZOPPI (éd.), *Quaderni del Novecento francese*, vol. 17, 1997, p. 141-166.

MEAZZI, Barbara, « Simultanéité », in Daniel Delbreil (dir.), *Dictionnaire Apollinaire*, Paris, Honoré Champion, 2020, p. 1034-1039.

MELLERS, Wilfrid, *Francis Poulenc*, Oxford, Oxford University Press, 1993.

MESSINA, Maria Grazia, « L'esperienza della simultaneità fra pittura e musica a Parigi intorno agli anni Dieci del Novecento », in Mario RUFFINI et Gerhard WOLF (éd.), *Musica e Arti figurative – Rinascimento e Novecento*, Venise, Marsilio, 2008, p. 236-255.

MESSINA, Maria Grazia, « Parigi 1914. Quale modernità per De Chirico », in Paolo BALDACCI (dir.), *Origine e sviluppi dell'arte metafisica*, Milan, Scalpendi, 2011, p. 81-97.

MEYER, Felix et Heidy ZIMMERMANN (dir.), *Edgard Varèse – Composer, Sound sculptor, Visionary*, Woodbridge, Boydell & Brewer, 2006.

MILLER, Catherine, *Jean Cocteau, Guillaume Apollinaire, Paul Claudel et le Groupe des Six*, Sprimont, Mardaga, 2003.

MILLER, Paul D., *Rhythm Science*, MIT Press, Cambridge (MA), 2004.

MILLROTH, Thomas, *Molards salong*, Stockholm, Forum, 1993.

MINORS, Helen Julia, « Exploring interart dialogue » in Caroline POTTER (dir.), *Erik Satie – Music, Art and Literature*, Farnham, Ashgate, 2013, p. 115-135.

MOREL, Jean-Paul, « William Molard ou le *Molards Salong*, un foyer scandinave au cœur de Paris-Montparnasse », *Frederick Delius et la France*, éd. J. Rossi, Paris, Delatour France, 2012.

MORITA, Ikuko, « Apollinaire en musique. Discographie sélective », *Revue des sciences humaines*, n° 3, 2012 (« Apollinaire en archipel », n° monographique 307, éd. L. Campa), p. 185-201.

MORITA, Ikuko, « Le théâtre de Guillaume Apollinaire : ses rapports avec la culture populaire », *Études de langue et littérature française*, vol. 38, 2008, p. 73-103.

MURAT, Michel, « Dire la poésie en 1913 : les Archives de la parole de Ferdinand Brunot », in Jean-François PUFF (dir.), *Dire la poésie ?*, Nantes, Cécile Defaut, 2015, p. 101-128.

NECTOUX, Jean-Michel, *Harmonie en bleu et or : Debussy, la musique et les arts*, Paris, Fayard, 2005.

NECTOUX, Jean-Michel, *Mallarmé, un clair regard dans les ténèbres : peinture, musique, poésie*, Paris, Adam Biro, 1998.

NÉE, Patrick, « Orphée », in Daniel Delbreil (dir.), *Dictionnaire Apollinaire*, Paris, Honoré Champion, 2020, p. 740-743.

NICHOLS, Roger, *The Harlequin Years – Music in Paris 1917-1929*, Londres, University of California Press, 2003.

NICOLODI, Fiamma, *Gusti e tendenze del Novecento musicale in Italia*, Florence, Sansoni, 1982.

OLIVIER, Jean-Jacques, *Les comédiens français dans les cours d'Allemagne au XVIIIe siècle*, (4e série – *La cour du landgrave Frédéric II de Hesse-Cassel*), Paris, Société française d'imprimerie et de librairie, 1905.

ORY, Pascal et Jean-François SIRINELLI, *Les intellectuels en France, de l'affaire Dreyfus à nos jours*, Paris, Armand Colin, 2002 (I éd. 1986).

PALMER-FÜCHSEL, Virginia, « Henze e la forma del concerto », in Enzo RESTAGNO (dir.), *Henze*, Turin, EdT, 1988, p. 335-352.

PARDO, Céline, « Le poète au micro et l'utopie poétique : Paul Éluard, *Les chemins et les routes de la poésie* (1949) », *Études littéraires*, vol. 41, n° 2, 2010, p. 47-58.

PASLER, Jann, *Composing the Citizen – Music as Public Utility in Third Republic France*, Berkeley et Los Angeles, University of California Press, 2009.

PASLER, Jann, *Writing through music – Essays on Music, Culture, and Politics*, Londres, Oxford University Press, 2007.

PELINSKI, Ramón (dir.), *Tango nomade. Études sur le tango transculturel*, Montréal, Tryptique, 1995.

PÉREZ-JORBA, Joan, « Interview à Apollinaire », *La Publicidad*, 24 juillet 1918.

PERLOFF, Nancy, *Art and the Everyday – Popular Entertainment and the Circle of Erik Satie*, Oxford, Clarendon Press, 1991.

POR, Peter, « Notes en marge des textes d'Apollinaire », *La Revue des Lettres modernes*, série « Guillaume Apollinaire », n° 18 (*Le Casanova d'Apollinaire, Comédie parodique*), 1991, p. 133-148.

PORZIO, Michele, *Savinio musicista : il suono metafisico*, Venise, Marsilio, 1988.

POTTER, Caroline (dir.), *Erik Satie – Music, Art and Literature*, Farnham, Ashgate, 2013.

POTTER, Caroline, « Debussy and nature », in Simon TREZISE (dir.), *The Cambridge Companion to Debussy*, Cambridge, Cambridge University Press, 2003, p. 137-151.

POTTER, Caroline, *Erik Satie – A Parisian Composer and His World*, Woodbridge, Boydell, 2016.

POUILLIART, Raymond, « Apollinaire et quelques musiciens », in Michel DÉCAUDIN (dir.), *Apollinaire et la Musique – Actes du colloque*, (Journées Apollinaire, Stavelot, 27-29 août 1965), Stavelot, Éditions "Les amis de G. Apollinaire", 1967, p. 59-67.

POULENC, Francis, « Mes mélodies et leurs poètes », *Conferencia. Les Annales*, vol. 36, n° 11, 1947, p. 507-513.

POULENC, Francis, *Correspondance*, éd. M. Chimènes, Paris, Fayard, 1994.

POULENC, Francis, *Diary of my songs – Journal de mes mélodies*, Londres, Gollancz, 1989 (I éd. 1964).

POULENC, Francis, *Entretiens avec Claude Rostand*, Paris, Julliard, 1954.

POULENC, Francis, *Moi et mes amis*, Paris-Génève, La Palatine, 1963.

POUPON, Marc, « Le Musicien de Saint-Merry », *Cahiers de l'Association internationale des études françaises*, vol. 23, n° 1, 1971, p. 211-213.

POUPON, Marc, « Sources allemandes d'Apollinaire », *La Revue des Lettres modernes*, série « Guillaume Apollinaire », n° 14 (*Recours aux sources 1*), 1978, p. 7-49.

POUPON, Marc, « Un parangon de poésie apollinarienne : *Chantre* », *La Revue des Lettres modernes*, série « Guillaume Apollinaire », n° 13 (*Apollinaire et la guerre (2)*), 1976, p. 129-124.

PRADELS, Octave (PAULUS), *Trente ans de café-concert, souvenirs de Paulus*, Paris, Société d'édition et de publications, 1908.

PRATELLA, Francesco Balilla, *Manifeste des musiciens futuristes* [1911], publié dans *Futuristie*, éd. G. Lista, Paris, L'age de l'homme, 1973, p. 307-311.

PURVIS, Philip, « The "crisis" of masculinity in Poulenc's *Les Mamelles de Tirésias* », in Philip PURVIS (dir.), *Masculinity in Opera – Gender, History, and New Musicology*, New York, Routledge, 2013, p. 236-255.

READ, Peter, « Apollinaire et Armory, chansonnier montmartrois », *Que vlove ?*, n° 12, 1984, p. 13-17.

READ, Peter, *Apollinaire et Les Mamelles de Tirésias – La revanche d'éros*, Rennes, PUR, 2000.

RENAUD, Philippe, « Le musicien de Saint-Merry », *Cahiers de l'Association internationale des études françaises*, vol. 23, n° 1, 1971, p. 181-195.

RENAUD, Philippe, « *Ondes* ou les métamorphoses de la musique », in Michel DÉCAUDIN (dir.), *Apollinaire et la Musique – Actes du colloque*, (Journées Apollinaire, Stavelot, 27-29 août 1965), Stavelot, Éditions "Les amis de G. Apollinaire", 1967, p. 21-32.

Revue d'histoire littéraire de la France, vol. 121, n° 1 (« Métamorphoses d'Apollinaire », éd. F. Bruera, L. Campa, P. Read).

Revue des sciences humaines, n° 3, 2012 (« Apollinaire en archipel », n° monographique 307, éd. L. Campa).

RICHARDSON, John, *A Life of Picasso – The Triumphant Years (1917-1932)*, New York, Alfred Knopf, 2007.

RICHTER, Mario, *Apollinaire – Le renouvellement de l'écriture poétique du XXe siècle*, Paris, Classiques Garnier, 2014 (I éd. 1990).

ROBERTS, David, *The Total Work of Art in European Modernism*, Ithaca (NY), Cornell University Press, 2011.

ROLLAND, Romain, *Histoire de l'opéra en Europe avant Lully et Scarlatti*, Paris, Ernest Thorin, 1895.

ROLLAND, Romain, *Musiciens d'aujourd'hui*, Paris, Hachette, 1919.

ROQUES, Mario, « Guillaume Apollinaire et les vieilles chansons », *Revue des deux mondes*, n° 2, 1948, p. 311-321.

ROTHMAN, Roger, « Modernist melancholy : Guillaume Apollinaire and Francis Picabia after 1912 », *French Cultural Studies*, vol. 20, n° 1, 2009, p. 5-26.

ROUSSEAU, Pascal, « "L'art pur", Guillaume Apollinaire et l'orphisme », *Revue des sciences humaines*, n° 3, 2012 (« Apollinaire en archipel », n° monographique 307, éd. L. Campa), p. 19-34.

RUSSOLO, Luigi, *L'art des bruits* [1913], Paris, Allia, 2006.

S. A., « Paris has a new theatre », *New York Times*, 1 avril 1913.

S. A., « Représentations privées des *Miroirs* », *Revue d'art dramatique*, n° 1, 1898, p. 80.

SACHS, Maurice, *Le Sabbat – Souvenirs d'une jeunesse orageuse*, Paris, Correa, 1946.

SAINT-LEGER LUCAS, Anna, « Bestiaire ou Cortège d'Orphée (Le) », in Daniel Delbreil (dir.), *Dictionnaire Apollinaire*, Paris, Honoré Champion, 2020, p. 109-114.

SALMON, André, *Souvenirs sans fin (1903-1940)*, Paris, Gallimard, 2004 (I éd. 1955).

SANOUILLET, Michel, *Dada à Paris*, Paris, Éditions du CNRS, 2005.

SATIE, Erik, *Correspondance presque complète*, éd. O. Volta, Paris, Fayard, 2000.

SATIE, Erik, *Écrits*, éd. O. Volta, Paris, Champ libre, 1977.

SAVINIO, Alberto, « Dammi l'anatema, cosa lasciva », *291*, n° 4, 1915, p. 4.

SAVINIO, Alberto, « Il figlio della rana » [1945], in ID. *Souvenirs*, Palerme, Sellerio, 1989, p. 170-173.

SAVINIO, Alberto, « Le drame et la musique », *Les Soirées de Paris*, n° 23, 1914, p. 240-244.

SCHEIJEN, Sjeng, *Diaghilev : A Life*, Londres, Oxford University Press, 2009.

SCOTT, Derek B., *Sounds of the Metropolis – The 19th-Century Popular Music Revolution in London, New York, Paris, and Vienna*, New York, Oxford University Press, 2008.

SÉRÉ, Octave [pseud. de Jean POUEIGH], « Cubisme et musique », *La rampe*, vol. 3, n° 71, 1917, p. 1.

SEVERINI, Gino, *La vita di un pittore*, Milan, Abscondita, 2008 (I éd. 1965).

SHATTUCK, Roger, *The Banquet Years – The Origins of the Avant-Garde in France (1885 to World War I)*, New York, Vintage Books, 1968 (I éd. 1955).

SPATE, Virginia, *Orphism Orphism – The Evolution of Non-Figurative Painting in Paris (1910-1914)– The Evolution of Non-Figurative Painting in Paris (1910-1914)*, Oxford, Clarendon Press, 1979.

STEIN, Gertrude, *The Autobiography of Alice B. Toklas*, New York, Vintage Books, 1960 (I éd. 1933).

STIEGLITZ, Alfred, « Sincerism », *291*, n° 1, 1915, p. 2.

SURVAGE, Léopold, « Le rythme coloré », *Les Soirées de Paris*, n° 26-27, 1914, p. 426-429.

SURVAGE, Léopold, « Souvenirs sur Apollinaire », in Pierre-Marcel ADÉMA (dir.), *Guillaume Apollinaire*, cahier spécial de *Rimes et Raisons*, Paris, La tête noire, 1946, p. 71-74.

SUSCHITZKY, Anya, « *Fervaal*, *Parsifal*, and French National Identity », *19th-Century Music*, vol. 25, n° 2-3, 2002.

TARUSKIN, Richard, *Stravinsky and the Russian Traditions – A Biography of the Works through Mavra*, Oxford, Oxford University Press, 1996, vol. 2.

THRANK-SPIROBERG (Faïk BÉG KONITZA), « Esquisse d'une méthode pour se faire applaudir des bourgeois », *Le Festin d'Ésope*, n° 2, 1903, p. 30-34.

TINTERRI, Alessandro, *Savinio e lo spettacolo*, Bologne, Cue Press, 2018.

TOP, Damien, « À la recherche du ballet perdu, *Le Musicien de Saint-Merry*, de Guillaume Apollinaire et José Soler Casabon », *Que vlo-ve ?*, n° 25-26, 2004, p. 3-35.

TOUCHARD, Maurice, « Ballets Russes et Français », *La Nouvelle Revue*, vol. 8, n° 29, 1913, p. 116-125.

TOUYA DE MARENNE, Eric, *Musique et poétique à l'âge du symbolisme. Variations sur Wagner : Baudelaire, Mallarmé, Claudel, Valéry*, Paris, L'Harmattan, 2005.

VAN DRIE, Melissa, « Hearing through the théâtrophone : Sonically constructed spaces and embodied listening in late Nineteenth-century French theatre », *SoundEffects*, vol. 5, n° 1, 2015, p. 73-90.

VARÈSE, Edgard, « Chronique mensuelle – Le Quatuor Hongrois », *Les Soirées de Paris*, n° 21, 1914, p. 79.

VARÈSE, Edgard, « Que la musique sonne », *391*, n° 5, 1917, p. 1.

VARÈSE, Edgard, « The Liberation of Sound », *Perspectives of New Music*, vol. 5, n° 1, 1966, p. 11-19.

VARÈSE, Louise, *Varèse : A Looking-glass Diary*, New York, Norton & co., 1972, vol. 1.

VINCI, Léonard de, *Traité de la peinture*, trad. fr. A. Chastel, Paris, Calmann-Lévy, 2003.

VINCI, Léonard de, *Traité de la peinture*, trad. fr. J. Péladan, Paris, Delgrave, 1910.

VOLTA, Ornella, « Du côté de chez Satie », in Carlo DE INCONTRERA (dir.), *All'ombra delle fanciulle in fiore*, Trieste, Stella, 1987.

VOLTA, Ornella, *Satie/Cocteau – Les malentendus d'une entente*, Paris, Le Castor Astral, 1993.

WALSH, Stephen, *Stravinsky : A Creative Spring – Russia and France (1882-1934)*, Londres, Random House, 2002.

WALSH, Stephen, *The Music of Stravinsky*, Oxford, Oxford University Press, 1993.

WARREN, Rosanna, « Orpheus the painter : Apollinaire and Robert Delaunay », *Criticism*, vol. 30, n° 3, 1988, p. 279-301.

WATKINS, Glenn, *Pyramids at the Louvre – Music, Culture, and Collage from Stravinsky to Postmodernists*, Cambridge, Harvard University Press, 1994.

WEISS, Jason (dir.), *Steve Lacy : Conversations*, Durham, Duke University Press, 1996.

WINTERNITZ, Emanuel, *Leonardo da Vinci as a Musician*, New Haven et Londres, Yale University Press.

WRIGHT, Lesley, « Berlioz's impact in France », in Peter Bloom (dir.), *The Cambridge Companion to Berlioz*, Cambridge, Cambridge University Press, 2000, p. 253-268.

INDEX DES NOMS

INDEX DES ŒUVRES D'APOLLINAIRE

Les échos et les articles d'actualité ne sont pas indexés ; les titres des recueils sont indiqués entre crochets.

INDEX DES ŒUVRES MUSICALES

INDEX DES ŒUVRES LITTÉRAIRES, PLASTIQUES ET DRAMATIQUES

TABLE DES MATIÈRES

IMPRIM'VERT®

Achevé d'imprimer par Corlet,
Condé-en-Normandie (Calvados), en novembre 2021
N° d'impression : 173659 - dépôt légal : novembre 2021
Imprimé en France